iBT 고득점으로 가는

Grammar & Writing 1

2nd Edition

DARAKWON

김민호
선문대학교 통번역 대학원 석사(한영과)
전) 정이조 영어학원 동작캠퍼스 원장
전) 정이조 영어학원 목동캠퍼스 원장
현) 김민호 영어 원장

전진완
한국외국어대학교 대학원 영어과 석사
현) 정이조 영어학원 문법 전문 강사

Grammar & Writing ❶

지은이 김민호, 전진완
펴낸이 정규도
펴낸곳 (주)다락원

개정판 1쇄 발행 2014년 7월 31일
개정판 8쇄 발행 2023년 12월 4일

편집 최주연, 김민주
영문 교열 Michael A. Putlack, Mark Thorrowgood
디자인 조화연, 김금주

다락원 경기도 파주시 문발로 211
내용문의: (02)736-2031 내선 502
구입문의: (02)736-2031 내선 250~252
Fax: (02)732-2037
출판등록 1977년 9월 16일 제406-2008-000007호

ISBN 978-89-277-0732-5 54740
ISBN 978-89-277-0731-8 54740 (set)

http://www.darakwon.co.kr
다락원 홈페이지를 방문하시면 상세한 출판정보와 함께 동영상강좌, MP3자료 등 다양한 어학 정보를 얻으실 수 있습니다.

iBT 고득점으로 가는

Grammar & Writing

1

2nd Edition

DARAKWON

학생들에게 영어 문법을 강의하면서, 문법 시간에 배운 내용을 활용하여 문장을 만들고 자기 생각과 의견을 영어로 표현하는 데 도움을 주고 싶다는 생각을 오랫동안 해 왔습니다. 그러던 차에, iBT 토플 뿐만 아니라 토익 시험에도 Writing, Speaking 시험이 도입된다는 소식을 듣고, 영어 문법을 활용하여 Writing 훈련을 할 수 있는 책을 쓰는 일을 더 이상 미루면 안 되겠다고 마음먹게 되었습니다.

앞으로는 자기 생각과 의견을 영어로 표출하는 Output English가 대단히 중요한 시대가 될 것입니다. 학교 영어 교육에서도 Writing과 Speaking의 비중이 늘어났고 앞으로도 점점 더 커지게 되겠지요.

iBT 고득점으로 가는 Grammar & Writing은 영어 문법을 정확히 이해하여 기본을 탄탄히 다지고, 이를 바탕으로 영어 Writing과 Speaking을 잘 할 수 있도록 만든 교재입니다.

매 Unit의 구성과 특징을 살펴볼까요?

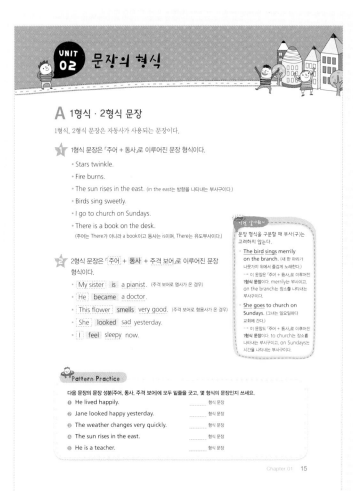

Unit의 핵심 문법 사항

먼저 그 Unit에서 꼭 알아두어야 할 핵심 문법 사항을 각 단계에 맞는 생생한 예문과 함께 쉽게 설명했습니다.

이건 알아둬~

Writing에 적용하기 / 독해에 적용하기

핵심 문법 사항 중에서도 특히 독해와 Writing에 적용할 수 있는 중요한 영어 팁은 필요할 때마다 상자 안에 따로 간추려 놓았습니다.

Pattern Practice

간단한 쪽지시험으로 지금 배운 문법 사항을 곧바로 확인해 볼 수 있습니다.

GRAMMAR PRACTICE · 문법 사항 복습하기

A 괄호 안의 표현 중 알맞은 것을 고르세요.

1. He (liked / liken) his new car.
2. I (studyed / studied) math very hard.
3. Mary finally (stoped / stopped) laughing.
4. She and I (was / were) there last Sunday.
5. Jane (watch / watches) that show every Monday.
6. They (was / were) all sick that night.
7. I (goed / went) to New York in 2012.
8. The sad news (broke / breaked) my heart.
9. Martin (cut / cutted) the paper with scissors.
10. My dad (teached / taught) math in school.

B 다음 동사들의 과거형을 쓰세요.

1. mix → _____   2. love → _____
3. brush → _____   4. try → _____
5. walk → _____   6. plan → _____
7. cut → _____   8. be → _____
9. talk → _____   10. visit → _____
11. marry → _____   12. listen → _____

C 다음 문장에서 밑줄 친 부분을 올바르게 고치세요.

1. The website have a lot of information.
2. I am writing a new book when you called me.
3. The wolf cry when the moon is full.
4. The boy telled her about the meeting.
5. He go to the library every day.
6. The plane flied high in the sky.

SENTENCE WRITING PRACTICE · 배운 내용을 바탕으로 영어 문장 만들기

A 다음 표현들을 어순에 맞게 배열하여 문장을 완성하세요.

1. John은 추운 날씨를 좋아한다. (weather / John / cold / likes)
2. 여름 방학은 7월에 시작한다. (begins / in / summer vacation / July)
3. Mary는 20살이다. (is / Mary / old / years / twenty)
4. 우리는 어제 David의 집을 방문했다. (yesterday / we / house / visited / David's)
5. 네가 여기에 있으면 좋을 텐데. (you / I / were / here / wish)

B 다음 문장을 영어로 옮기세요.

1. 그녀는 어제 사무실에 있었다. (office)
2. 5년 전 여기에 가게가 하나 있었다.
3. 우리 아빠는 어제 아프셨다.
4. 내 남자친구는 어제 홍콩으로 갔다. (Hong Kong)
5. 그는 침대를 만들었다.
6. John은 그녀에게 그 사실을 알렸다. (tell)
7. 나는 어제 그녀와 같이 수영했다.

Grammar Practice

알맞은 표현 고르거나 써 넣기, 틀린 부분 올바르게 고치기 등 다양한 유형의 문제로 그 Unit에서 배운 문법 사항을 한꺼번에 복습해 봅니다.

Sentence Writing Practice

배운 문법 사항을 바탕으로 영어 문장을 만들어 보면서 영작 실력을 연마합니다.

Chapter REVIEW TEST

A 다음 괄호 안에서 알맞은 표현을 고르세요.

1. He (plays / play) tennis.
2. (Don't made / Don't make) a sound.
3. Where (he goes / does he go)?
4. What (nice a car / a nice car)!
5. They (don't care / doesn't care) about it.
6. She (brushs / brushes) her teeth every day.
7. Which (your book is / is your book)?
8. We (call / calls) John a genius.
9. The sun (sets / set) in the west.
10. My teacher (doesn't teach / don't teach) English.
11. (Are / Am) I able to do the work?
12. (Do you can / Can you) solve the problem?
13. Why (you do think / do you think) so?
14. When (are / is) your birthday?
15. (Does / Do) the boss come on time?

B 다음 문장에서 틀린 부분을 올바르게 고치세요.

1. My dad isn't finish his work yesterday.
2. Keeping your promise?
3. Is she play the piano every day?
4. I thinked he was a nice guy.
5. The teacher mayn't be home now.
6. She paies the money for us.
7. She do goes to church every Sunday.
8. I didn't asked her about it.
9. She know what I did last night.
10. Do David work at that company?
11. Why he is angry?
12. How lovely is the room!
13. Why you are so angry at me?
14. Was they busy?

Chapter 03   35

Chapter Review Test

한 Chapter가 끝나면 단답형 및 영작 등 다양한 유형의 문제를 풀어보면서 배운 내용을 전체적으로 다시 한 번 복습합니다.

여러분이 이 책을 통해서 영어 문법을 쉽고 명확하게 정리하고, 정리한 문법을 활용하여 영어 문장을 만드는 감각을 멋지게 향상시킬 수 있기를 기대합니다.

김민호, 전진완

CONTENTS

CHAPTER 01

문장의 종류

UNIT 01 문장의 구성

A 주어와 동사

주어 자리에는 명사 형태가 올 수 있으며 동사는 크게 be동사와 일반동사로 나눌 수 있다.

 주어 자리에 오는 명사의 종류

- I am a student.
- You are very tall.
- She is smart. ..... 주어 자리에 대명사가 온 경우
- They are playing soccer.
- He is very kind.

- A dog is a faithful animal.
- Birds fly in the sky.
- My father is a businessman. ..... 주어 자리에 보통명사가 온 경우
- The giraffe has a long neck.
- This desk is made of wood.

- John studies English hard.
- Mary is beautiful.
- Seoul is a big city. ..... 주어 자리에 고유명사가 온 경우
- Korea is divided in two.
- South Africa hosted the 2010 World Cup.

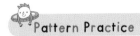 **Pattern Practice**

다음 문장에서 밑줄 친 주어 부분이 어떤 종류의 명사인지 쓰세요.

1. <u>We</u> played computer games together. _____
2. <u>Elephants</u> are big animals. _____
3. <u>China</u> is bigger than India. _____
4. <u>The dog</u> is a smart animal. _____
5. <u>John</u> likes soccer a lot. _____

2 동사의 두 가지 종류

- He is very tall.
- She is very beautiful. ----- 상태를 나타내는 be동사
- Elephants are big.

- He plays soccer very well. -----
- She dances very well. ----- 동작을 나타내는 일반동사
- Elephants walk slowly.

3 영어 문장에서 동사의 사용

(1) 영어 문장에서 동사는 기본적으로 **be동사**와 일반동사 중에서 하나만 쓴다.

(2) **be동사**와 일반동사를 함께 쓰는 것은 진행형 또는 수동태의 경우뿐이다.

- He ~~is play~~ computer games.   ✕ : be동사와 일반동사 중복
  - → He plays computer games.   ○ : 일반동사
  - → He is playing computer games.   ○ : 진행형(be + -ing)

- She ~~is do~~ her homework.   ✕ : be동사와 일반동사 중복
  - → She does her homework.   ○ : 일반동사
  - → She is doing her homework.   ○ : 진행형(be + -ing)

- He was killed in the accident.   ○ : 수동태(be + p.p.)

- The book was written by him.   ○ : 수동태(be + p.p.)

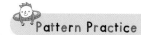

Pattern Practice

1 다음 문장에서 밑줄 친 동사가 상태를 나타내는지 동작을 나타내는지 빈칸에 쓰세요.

  ❶ Jane <u>is</u> not very pretty.   _____

  ❷ David <u>runs</u> very fast.   _____

  ❸ Lions <u>are</u> very scary.   _____

2 다음 문장에서 틀린 곳을 찾아 바르게 고치세요.

  ❶ They are play soccer now.   _____ → _____

  ❷ I am watch TV at the moment.   _____ → _____

  ❸ John is usually go to school by bike. _____ → _____

B 보어와 목적어

주격 보어는 주어를 보충 설명해 주는 말이고, 목적어는 동사의 동작 대상이 되는 말이다.

 주격 보어: 명사, 형용사, 전치사구가 올 수 있다.

(1) 명사가 보어로 올 때

- She is a teacher.   → She = a teacher
- He is a computer programmer.   → He = a computer programmer
- They are soccer players.   → They = soccer players

(2) 형용사가 보어로 올 때

- She is beautiful.   → She가 beautiful하다.
- He is clever.   → He가 clever하다.
- We are diligent.   → We가 diligent하다.

(3) 전치사구가 보어로 올 때

- She is in the park.   → She가 in the park에 있다.
- He is in Canada.   → He가 in Canada에 있다.

목적어: 명사 형태가 올 수 있다. ('~을[를]'로 해석)

- He studies English.   → studies의 대상: English
- They play soccer.   → play의 대상: soccer
- Elephants eat plants.   → eat의 대상: plants
- Jane loves her father.   → loves의 대상: her father
- Students read books.   → read의 대상: books
- David drives a bus.   → drives의 대상: a bus

> 》 대명사가 보어 또는 목적어로 올 때는 목적격을 사용한다.
> I like her. (like의 대상: her) * I like she.라고 하면 틀린 문장.
> He hates them. (hates의 대상: them) * He hates they.라고 하면 틀린 문장.

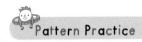
Pattern Practice

1 다음 문장에서 보어에 밑줄을 그으세요.

① Jane is a university student.

② David is very handsome.

③ She is tall and thin.

2 다음 문장에서 목적어에 밑줄을 그으세요.

① My father likes classical music.

② I have a nice car.

③ They like pizza.

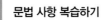

A 다음 문장에서 밑줄 친 부분이 보어인지 목적어인지 쓰세요.

1 They are <u>baseball players</u>. _____

2 I like <u>baseball</u> a lot. _____

3 Soccer is <u>a popular sport</u>. _____

4 People enjoy <u>sports</u>. _____

5 Basketball players are usually <u>tall</u>. _____

6 They are <u>handsome</u>. _____

B 다음 문장이 「주어 + 동사 + 보어」 형식인지 「주어 + 동사 + 목적어」 형식인지 쓰세요.

1 Jane is smart. _____ + _____ + _____

2 I enjoy swimming. _____ + _____ + _____

3 You look happy. _____ + _____ + _____

4 He drives a truck. _____ + _____ + _____

5 A week has seven days. _____ + _____ + _____

6 This soup smells good. _____ + _____ + _____

C 다음 문장에서 밑줄 친 부분을 올바르게 고치세요.

1 He <u>is read</u> books now. → _____

2 I <u>am do</u> my homework now. → _____

3 He <u>is play</u> baseball now. → _____

4 They <u>are watch</u> TV now. → _____

5 Jane <u>is exercise</u> every day. → _____

6 She <u>is play</u> the piano at the moment. → _____

A 각 괄호 안에 주어진 표현들을 어순에 맞게 배열하여 문장을 완성하세요.

1 나는 여동생이 둘 있다. (have / sisters / I / two)

→ _____

2 그녀는 대학생이다. (a / student / she / university / is)

→ _____

3 우리 엄마는 영어를 가르치신다. (English / teaches / mother / my)

→ _____

4 너 피곤해 보인다. (look / you / tired)

→ _____

5 그들은 컴퓨터 게임을 하고 있다. (are / computer / they / playing / games)

→ _____

B 괄호 안의 힌트를 참고하여 우리말 문장을 영어로 옮기세요.

1 원숭이는 바나나를 좋아한다. (like)

→ _____

2 David는 고등학생이다. (is)

→ _____

3 그들은 작문 숙제를 하고 있다. (are doing)

→ _____

4 Jane은 영어를 좋아한다. (likes)

→ _____

5 그 콘서트는 매우 흥미진진했다. (was)

→ _____

6 우리 학교에는 반이 50개 있다. (has)

→ _____

7 내 생일은 7월 22일이다. (is)

→ _____

UNIT 02 문장의 형식

A 1형식 · 2형식 문장

1형식, 2형식 문장은 자동사가 사용되는 문장이다.

 1형식 문장은 「주어 + 동사」로 이루어진 문장 형식이다.

- Stars twinkle.
- Fire burns.
- The sun rises in the east. (in the east는 방향을 나타내는 부사구이다.)
- Birds sing sweetly.
- I go to church on Sundays.
- There is a book on the desk.
  (주어는 There가 아니라 a book이고 동사는 is이며, There는 유도부사이다.)

 2형식 문장은 「주어 + 동사 + 주격 보어」로 이루어진 문장 형식이다.

- My sister is a pianist. (주격 보어로 명사가 온 경우)
- He became a doctor.
- This flower smells very good. (주격 보어로 형용사가 온 경우)
- She looked sad yesterday.
- I feel sleepy now.

> **Stop 이건 알아둬~**
>
> 문장 형식을 구분할 때 부사(구)는 고려하지 않는다.
> - The bird sings merrily on the branch. (새 한 마리가 나뭇가지 위에서 즐겁게 노래한다.)
>   → 이 문장은 「주어 + 동사」로 이루어진 **1형식 문장**이다. merrily는 부사이고, on the branch는 장소를 나타내는 부사구이다.
> - She goes to church on Sundays. (그녀는 일요일마다 교회에 간다.)
>   → 이 문장도 「주어 + 동사」로 이루어진 **1형식 문장**이다. to church는 장소를 나타내는 부사구이고, on Sundays는 시간을 나타내는 부사구이다.

Pattern Practice

다음 문장의 문장 성분(주어, 동사, 주격 보어)에 모두 밑줄을 긋고, 몇 형식의 문장인지 쓰세요.

❶ He lived happily. _____ 형식 문장

❷ Jane looked happy yesterday. _____ 형식 문장

❸ The weather changes very quickly. _____ 형식 문장

❹ The sun rises in the east. _____ 형식 문장

❺ He is a teacher. _____ 형식 문장

B 3형식 · 4형식 · 5형식 문장

3형식, 4형식, 5형식 문장은 목적어를 필요로 하는 타동사가 사용되는 문장이다.

 3형식 문장은 「주어 + 동사 + 목적어」로 이루어진 문장 형식이다.

- I love my job. → love하는 대상이 my job
- David drives a taxi.
- A day has 24 hours.
- Many students like pop songs.
- I bought a nice mobile phone.

 4형식 문장은 「주어 + 동사 + 간접목적어 + 직접목적어」로 이루어진 문장 형식이다.
사람(~에게) 사물(~을)

- I gave her a flower. → 그녀에게 꽃 한 송이를 ~
- She bought me a book.
- He made me a toy.
- I sent Jane an e-mail.
- The teacher asked me a question.

 5형식 문장은 「주어 + 동사 + 목적어 + 목적격보어」로 이루어진 문장 형식이다.
목적어를 보충 설명해 주는 말

- I consider him my best friend. → 목적어인 him이 my best friend이다.
- They elected David chairman.
- He painted the door green. → 목적어인 the door를 green으로 칠했다.
- She made me happy.
- We call him a genius.

Pattern Practice

다음 문장의 문장 성분(주어, 동사, 목적어, 목적격 보어)에 밑줄을 그어 표시하고, 몇 형식의 문장인지 쓰세요.

① She made me a cake. _____ 형식 문장

② They called him a fool. _____ 형식 문장

③ I like my teacher. _____ 형식 문장

④ He sent his son some money. _____ 형식 문장

⑤ You make me happy. _____ 형식 문장

문법 사항 복습하기

A 다음 문장에서 밑줄 친 부분의 문장 성분을 쓰세요.

1 She became a doctor. _____

2 Most people hate war. _____

3 They elected him the MVP. _____

4 Jane looks sad today. _____

5 John broke a window yesterday. _____

6 I consider him a gentleman. _____

7 This bread smells good. _____

8 She painted the wall blue. _____

9 My father is a fund manager. _____

10 I love my country. _____

B 다음 문장의 문장 성분에 모두 밑줄을 그어 표시하고, 몇 형식의 문장인지 쓰세요.

1 I bought her a flower. _____ 형식 문장

2 An hour has 60 minutes. _____ 형식 문장

3 There are many pictures in my room. _____ 형식 문장

4 This soup tastes good. _____ 형식 문장

5 Mary sent me an e-mail yesterday. _____ 형식 문장

6 I went to the library last Sunday. _____ 형식 문장

7 She is an elementary school student. _____ 형식 문장

8 I live in Seoul. _____ 형식 문장

9 I asked him a question. _____ 형식 문장

10 She has a nice computer. _____ 형식 문장

A 다음 괄호 안의 힌트를 어순에 맞게 배열하여 우리말 문장을 영어로 완성하세요.

1 나는 아버지에게 넥타이를 하나 사 드렸다. (bought / my / a / I / father / tie)

→ _____

2 우리 아버지는 영어 선생님이시다. (is / teacher / my / English / father / an)

→ _____

3 그들은 그녀를 바보라고 부른다. (fool / call / a / they / her)

→ _____

4 해는 서쪽에서 진다. (the / in / the / west / sun / sets)

→ _____

5 나는 학교 생활을 좋아한다. (like / life / I / school / my)

→ _____

B 다음 문장을 영어로 옮기세요.

1 나는 매일 사과를 하나씩 먹는다.

→ _____

2 그는 토요일마다 도서관에 간다.

→ _____

3 나는 그녀에게 어려운 질문을 했다.

→ _____

4 우리 누나는 선생님이다.

→ _____

5 우리는 John을 천재라고 부른다.

→ _____

6 나는 어제 그녀에게 꽃을 한 송이 사 주었다.

→ _____

7 Jason은 멋진 스마트폰을 가지고 있다.

→ _____

REVIEW TEST

A 다음 괄호 안에서 알맞은 표현을 고르세요.

1 He (is play / is playing) tennis now.

2 She is very (beautiful / beautifully).

3 Birds sing (sweet / sweetly) in the morning.

4 Jane looks (sad / sadly).

5 I gave (her / she) a doll.

6 He looked (happy / happily) yesterday.

B 다음 문장이 몇 형식의 문장인지 쓰세요.

1 My mom gave me a kiss. _____형식 문장

2 Mary is very kind. _____형식 문장

3 He made me angry. _____형식 문장

4 I played the guitar at the festival. _____형식 문장

5 Her face turned pale. _____형식 문장

6 The sun shines brightly in the sky. _____형식 문장

C 다음 문장에서 틀린 부분을 찾아 올바르게 고치세요.

1 They are play together now. _____ → _____

2 She likes I very much. _____ → _____

3 I gave a book her. _____ → _____

4 We love they. _____ → _____

5 Jane is play the piano now. _____ → _____

6 He bought a toy her. _____ → _____

다음 빈칸에 알맞은 영어 표현을 넣으세요.

1 그는 피자를 좋아하지 않는다.

→ He _____ _____ pizza.

2 그녀가 나에게 반지를 하나 줬다.

→ She gave _____ _____ _____.

3 제인은 오늘 아침에 매우 피곤해 보였다.

→ Jane _____ _____ _____ this morning.

4 엄마가 어제 나를 화나게 했다.

→ My mom _____ _____ _____ yesterday.

E

다음 빈칸에 알맞은 영어 표현을 넣으세요.

1 존의 가족은 현재 캐나다에 살고 있다.

→ _____ _____ _____ _____ _____ now.

2 그는 자기 차를 빨간색으로 페인트칠했다.

→ He _____ _____ _____ _____.

3 책상 위에 책 세 권이 있다.

→ There _____ _____ _____ _____ _____ _____.

4 그들은 지금 축구를 하고 있다.

→ They _____ _____ _____ now.

F

다음 우리말 문장을 영어로 옮기세요.

1 나는 패스트푸드를 좋아하지 않는다. (like)

→ _____

2 그들은 그 집을 하얀색으로 칠했다. (painted)

→ _____

3 그녀는 지금 L.A.에 살고 있다. (lives)

→ _____

4 선생님이 나에게 책을 한 권 주셨다. (gave)

→ _____

5 너 졸려 보인다. (look)

→ _____

CHAPTER 02

동사와 문장의 종류

UNIT 03 동사의 시제 · 인칭 · 수 변화

A 동사의 현재형

일반동사의 현재형은 주어가 3인칭 단수일 때 동사의 원형에 –(e)s를 붙이고, 주어가 1, 2인칭 및 복수인 경우에는 동사원형으로 쓴다. be동사는 주어가 3인칭 단수일 때 is를, 1인칭 단수일 때 am을, 1, 2, 3인칭 복수일 때 are를 쓴다.

 일반동사의 현재형은 -(e)s를 붙인다.

(1) 대부분의 동사는 동사원형에 **-s**를 붙인다. 단, **have**는 **has**가 된다.

- He walks around the neighborhood every night.   walk → walks
- Jane runs very fast.   run → runs
- My father loves me a lot.   love → loves
- Each student has his or her own desk.   have → has

(2) -s, -ss, -ch, -sh, -x, -o로 끝나는 동사는 뒤에 **-es**를 붙인다.

- My wife goes to church on Sundays.   go → goes
- The guard watches the gate.   watch → watches
- Jane brushes her teeth after each meal.   brush → brushes
- Her brother fixes machines very well.   fix → fixes
- She always passes tests.   pass → passes

(3) '자음 + y'로 끝나는 동사는 **y**를 **i**로 바꾸고 **-es**를 붙인다.

- She always tries hard in tests.   try → tries
- The student studies science very hard.   study → studies
- The airplane flies high up in the sky.   fly → flies
- His baby cries too much.   cry → cries

(4) '모음 + y'로 끝나는 동사는 y 뒤에 -s만 붙인다.

- He enjoys his job.   enjoy → enjoys
- My mother buys fruit for us.   buy → buys
- My boss pays for our dinner.   pay → pays
- The man always stays in the same hotel.   stay → stays
- Her brother plays with his friends.   play → plays

 be동사의 현재형은 am, are, is가 있다.

- I am very happy with the result.   주어가 1인칭 단수일 때
- We are going to the theater.   주어가 1인칭 복수일 때
- You are good at fixing computers.   주어가 2인칭 단수 · 복수일 때
- She is so funny.   주어가 3인칭 단수일 때
- That book is very interesting.   주어가 3인칭 단수일 때

괄호 안의 단어를 현재 시제로 바꾸어 빈칸에 쓰세요.

❶ Mr. Kim is a teacher. He _____ English. (teach)

❷ Mike and Tom _____ baseball every day. (play)

❸ The priest _____ happy couples. (marry)

❹ My mom _____ in church. (pray)

B 동사의 과거형

일반동사의 과거형은 주어의 인칭·수와는 상관없이 과거형으로 쓴다. 하지만 be동사의 과거형은 주어의 인칭·수와의 관계에 따라 was, were의 두 가지 형태가 있다.

 1 일반동사의 과거형은 -(e)d를 붙인다.

(1) 대부분의 동사는 동사원형에 -(e)d를 붙인다.

- He liked me a lot before.   like → liked
- Our boss canceled the meeting.   cancel → canceled
- I turned off the radio.   turn → turned
- She watched TV all night.   watch → watched
- I closed the door too hard.   close → closed

(2) '자음 + y'로 끝나는 동사는 y를 i로 바꾸고 -ed를 붙인다.

- David cried because his team lost the game.   cry → cried
- My sister studied hard for the test.   study → studied
- Jane tried to persuade him.   try → tried
- Fernando married his girlfriend last week.   marry → married

(3) '자음 + 모음 + 자음'로 끝나는 1음절 동사는 끝의 자음과 같은 것을 하나 더 쓰고 -ed를 붙인다.

- The man stopped to buy some beer.   stop → stopped
- She dropped the cup.   drop → dropped
- I planned to go abroad.   plan → planned
- The balloon popped in the air.   pop → popped

Pattern Practice

괄호 안의 단어를 과거 시제로 바꾸어 빈칸에 쓰세요.

❶ I _____ that he was telling the truth. (believe)

❷ They _____ the prisoner. (release)

❸ My mom _____ the flavors. (mix)

be동사의 과거형은 was 또는 were이다.

(1) 주어가 I 또는 3인칭 단수일 때는 was를 쓴다.

- I was happy to see him.

- Mary was disappointed with the result.

- It was sunny yesterday.

(2) 주어가 복수 또는 you일 때는 were를 쓴다.

- They were carrying boxes.

- You were there. I saw you.

- Bob and I were both sleepy.

 과거형이 불규칙적으로 변하는 동사들은 암기해야 한다.

(1) 동사의 형태가 변하는 경우

- She became a very famous woman.   become → became

- He brought two friends with him.   bring → brought

(2) 동사의 형태가 같은 경우

- I cut the newspaper.   cut → cut

- She put the pen down before you came in.   put → put

≫ 정답과 해석 46페이지의 불규칙 동사 변화표를 암기해 둔다.

Pattern Practice

괄호 안의 단어를 빈칸에 알맞도록 바꿔 쓰세요.

❶ I _____ nice to him when he was alive. (be)

❷ Jane _____ twelve years old two years ago. (be)

❸ You _____ the fastest student in our class last year. (be)

❹ The sailor _____ too much beer last night. (drink)

❺ He _____ a Nobel Prize winner yesterday. (become)

❻ She _____ a video tape last week. (bring)

❼ I _____ the pen down because he told me to. (put)

❽ The adventurer _____ an old temple this morning. (find)

❾ The soldiers _____ what to do then. (know)

❿ The cat _____ the vase yesterday. (break)

GRAMMAR PRACTICE

문법 사항 복습하기

A 괄호 안의 표현 중 알맞은 것을 고르세요.

1 He (liked / liken) his new car.

2 I (studyed / studied) math very hard.

3 Mary finally (stoped / stopped) laughing.

4 She and I (was / were) there last Sunday.

5 Jane (watch / watches) that show every Monday.

6 They (was / were) all sick that night.

7 I (goed / went) to New York in 2012.

8 The sad news (broke / breaked) my heart.

9 Martin (cut / cutted) the paper with scissors.

10 My dad (teached / taught) math in school.

B 다음 동사들의 과거형을 쓰세요.

1 mix → _____ 2 love → _____

3 brush → _____ 4 try → _____

5 walk → _____ 6 plan → _____

7 cut → _____ 8 be → _____

9 talk → _____ 10 visit → _____

11 marry → _____ 12 listen → _____

C 다음 문장에서 밑줄 친 부분을 올바르게 고치세요.

1 The website <u>have</u> a lot of information. → _____

2 I <u>am</u> writing a new book when you called me. → _____

3 The wolf <u>cry</u> when the moon is full. → _____

4 The boy <u>telled</u> her about the meeting. → _____

5 He <u>go</u> to the library every day. → _____

6 The plane <u>flied</u> high in the sky. → _____

SENTENCE WRITING PRACTICE

A 다음 표현들을 어순에 맞게 배열하여 문장을 완성하세요.

1 John은 추운 날씨를 좋아한다. (weather / John / cold / likes)

→ _____

2 여름 방학은 7월에 시작한다. (begins / in / summer vacation / July)

→ _____

3 Mary는 20살이다. (is / Mary / old / years / twenty)

→ _____

4 우리는 어제 David의 집을 방문했다. (yesterday / we / house / visited / David's)

→ _____

5 네가 여기에 있으면 좋을 텐데. (you / I / were / here / wish)

→ _____

B 다음 문장을 영어로 옮기세요.

1 그녀는 어제 사무실에 있었다. (office)

→ _____

2 5년 전 여기에 가게가 하나 있었다.

→ _____

3 우리 아빠는 어제 아프셨다.

→ _____

4 내 남자친구는 어제 홍콩으로 갔다. (Hong Kong)

→ _____

5 그는 침대를 만들었다.

→ _____

6 John은 그녀에게 그 사실을 말했다. (tell)

→ _____

7 나는 어제 그녀와 같이 수영했다.

→ _____

UNIT 04 부정문 · 의문문 · 명령문 · 감탄문

A 부정문

문장에 not, never 등의 부정어가 있는 문장을 부정문이라고 한다. 좋은 내용, 나쁜 내용과 상관없이 부정어가 있으면 부정문이다. 조동사, be동사, 일반동사의 부정문에 대해 알아보자.

 조동사의 부정형은 조동사 뒤에 not을 쓴다. 대체로 조동사와 not을 줄여서 쓸 수 있다.

- She cannot drive a truck.　　　　　　　　　　cannot → can't
- I must not sleep today.　　　　　　　　　　　must not → mustn't
- David may not be home now.　　　　　　　　　may not → mayn't (✕)

 be동사의 부정형은 be동사 뒤에 not을 쓴다. 대체로 be동사와 not을 줄여서 쓸 수 있다.

- The police officer was not in the car.　　　　was not → wasn't
- My mom is not happy with the result.　　　　is not → isn't
- My parents were not coming to the party.　　were not → weren't
- I am not surprised to hear the news.　　　　am not → amn't (✕)

 일반동사의 부정형은 일반동사 앞에 don't/doesn't/didn't 중 하나를 쓴다. do/does/did와 not을 줄여서 쓸 수 있다.

- I do not have any money.　　　　　　　　　do not → don't
- Mary does not like her math teacher.　　　does not → doesn't
- The students did not finish their test.　　　did not → didn't

　≫ 일반동사 do(하다)와 혼동하지 않도록 주의해야 한다.

 Pattern Practice

괄호 안의 단어를 빈칸에 부정형으로 쓰세요.
1. My mom _____ home early last night. (come)
2. I _____ swim yesterday. (can)
3. He _____ kind to me. (be)
4. You _____ go home now. (may)
5. She _____ alone this morning. (play)

28

B 의문문

의문문은 크게 의문사가 있는 의문문과 의문사가 없는 의문문으로 구분된다. 의문사가 있는 경우에는 의문사가 문장 맨 처음에 나온다. 의문사가 없는 경우에는 be동사 또는 Do/Does/Did 등의 조동사가 문장 맨 처음에 나온다.

 의문사(who, what, which, where, when, why, how)가 없는 의문문

(1) 조동사가 있는 경우: 조동사 + 주어 + 동사원형 ~?

- Can you <u>do</u> it?

- May I <u>go</u> home now?

- Will she <u>go</u> there?

(2) 조동사는 없고 be동사가 있는 경우: be동사 + 주어 ~?

- Are you happy with the result?

- Were you afraid to be alone?

- Am I allowed to play some computer games?

- Was she surprised to hear the news?

(3) 조동사나 be동사가 없고 일반동사가 있는 경우: Do/Does/Did + 주어 + 동사원형 ~?

- Do you <u>like</u> her?

- Does she <u>play</u> the guitar?

- Did Jane <u>go</u> to your house last week?

Pattern Practice

다음 문장들을 의문문으로 바꾸세요.

❶ David can do the work.
→ _____

❷ She will cook a nice dinner for us.
→ _____

❸ My friend finished his homework.
→ _____

❹ They told you not to leave this place.
→ _____

❺ He will be pleased to hear the news.
→ _____

의문사가 있는 의문문은 1에서 나온 문장 앞에 의문사가 붙은 형태이다. 의문사는 문장의 맨 처음에 쓴다.

(1) 조동사가 있는 경우: 의문사 + 조동사 + 주어 + 동사원형 ~?

- What <u>can</u> you do about it?
- Who <u>will</u> you invite to the party?
- How <u>should</u> I play the piano?
- Who <u>will</u> solve the problem? (의문사 자체가 주어인 경우)
- Why <u>should</u> he go home?

(2) 조동사는 없고 be동사가 있는 경우: 의문사 + be동사 + 주어 ~?

- Which <u>is</u> your car?
- Where <u>are</u> my socks?
- How <u>is</u> the weather there?
- When <u>is</u> your birthday?
- Who <u>are</u> they?

(3) 조동사나 be동사가 없고 일반동사가 있는 경우: 의문사 + do/does/did + 주어 + 동사원형 ~?

- When <u>do</u> you go to work?
- Why <u>does</u> she like him?
- What <u>did</u> he do yesterday?
- How <u>did</u> the teacher solve the problem?
- Who <u>did</u> my daughter meet yesterday?

각종 의문사의 뜻을 알아두자.
- who: 누가
- where: 어디서
- how: 어떻게, 얼마나
- when: 언제
- what: 무엇
- which: 어느 (것)
- why: 왜

Pattern Practice

1 빈칸에 알맞은 표현을 쓰세요.

❶ Where _____ John live? (현재)

❷ Why _____ you so happy? (과거)

❸ When _____ she first meet him?
(과거)

2 빈칸에 알맞은 의문사를 쓰세요.

❶ _____ did you meet him?
– At the airport.

❷ _____ do we go there?
– By train.

❸ _____ do they want?
– They want money.

C 명령문

명령문은 상대방에게 명령을 하는 내용을 지닌 문장이다. <u>명령문은 일반적으로 주어(You)가 생략된 특징을 가지고 있다.</u> 크게 긍정 명령문과 부정 명령문으로 구분된다.

 긍정 명령문은 동사원형으로 시작하고, '～해라'라고 해석한다.

- Do your homework right now!
- Take your umbrella with you.
- Be strong and healthy.
- Pass me the salt, please.
- Chase that stolen car!

 부정 명령문은 「Don't/Never + 동사원형」으로 시작하고, '～하지 마라'라고 해석한다.

- Don't be late for the meeting.
- Don't play too many computer games.
- Don't talk about him.
- Never laugh at the poor.
- Never do dangerous things.

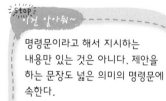

Stop 이건 알아둬~

명령문이라고 해서 지시하는 내용만 있는 것은 아니다. 제안을 하는 문장도 넓은 의미의 명령문에 속한다.

형태: Let's + 동사원형 ～. (우리 ～하자.)
- **Let's play soccer.** (축구 하자.)
- **Let's drink a cup of coffee.** (커피 한잔 마시자.)

 **Pattern Practice**

괄호 안의 표현 중 알맞은 것을 고르세요.

❶ (Not / Don't) worry, (be / to be) happy!

❷ (Kept / Keep) your promises.

❸ (Let / Let's) do some work.

D 감탄문

감정이 나타나는 문장으로 놀람, 기쁨, 슬픔 등을 표현한다. 문장의 어순에 주의해야 한다.

 What (a/an) + (형용사) + 명사 + (주어 + 동사) ~! (명사가 복수이면 관사를 쓰지 않는다.)

- What a nice car (you have)!
- What pretty flowers (they are)!
- What a lovely dress (you're wearing)!

 How + 형용사/부사 + (주어 + 동사) ~!

- How lovely the room is!
- How rich he is!
- How nice of you to say so!

 Pattern Practice

틀린 부분이 있으면 올바르게 고쳐 문장을 다시 쓰세요.

❶ What brave a man he is! → _____

❷ How faster he runs! → _____

❸ How she beautiful is! → _____

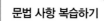

A 괄호 안의 표현 중 알맞은 것을 고르세요.

1 (Does / Did) you study last night?

2 I (doesn't / don't) like to play games.

3 (Stopped / Stop) laughing at her!

4 (Do / Does) Jane play the violin?

5 (Can / Does) you speak loudly?

6 (What / Who) did you meet at the party?

B 다음 빈칸에 알맞은 표현을 쓰세요.

1 David는 키가 크지 않다.

→ David _____ tall.

2 나는 더운 날씨를 좋아하지 않는다.

→ I _____ _____ hot weather.

3 그녀는 누구니?

→ _____ _____ she?

4 그는 컴퓨터를 수리하고 있니?

→ _____ _____ fixing a computer?

5 Jane은 노래를 잘 하니?

→ _____ _____ _____ songs well?

C 다음 문장에서 밑줄 친 부분을 올바르게 고치세요.

1 The president <u>don't</u> make a speech yesterday. → _____

2 <u>Kept</u> up the good work! → _____

3 Where <u>you are</u> going? → _____

4 <u>Does</u> they come here often? → _____

5 How pretty <u>is she</u>! → _____

6 <u>Not</u> talk too loud. → _____

A 다음 표현들을 어순에 맞게 배열하여 문장을 완성하세요.

1 나는 비웃음을 받는 게 싫다. (like / to / laughed / I / don't / be / at)

→ _____

2 내일 함께 야구 하자. (play / let's / together / baseball / tomorrow)

→ _____

3 우리는 그 파티에서 좋은 시간을 보내지 못했다.

(party / at / a / time / good / we / have / didn't / the)

→ _____

4 Mary는 학교에 걸어서 가니? (Mary / does / foot / go / school / on / to)

→ _____

5 그들은 그것을 끝내지 않았니? (they / it / finish / didn't)

→ _____

B 다음 문장을 영어로 옮기세요.

1 공원에 가자.

→ _____

2 학교에서 뛰지 마라.

→ _____

3 굉장히 큰 박스구나!

→ _____

4 그 학생은 아직도 울고 있니? (still)

→ _____

5 너는 내 친구 Jenny를 아니?

→ _____

6 오늘 몇 시에 회의가 시작하니? (meeting)

→ _____

7 너는 왜 수영을 못하니?

→ _____

REVIEW TEST

A 다음 괄호 안에서 알맞은 표현을 고르세요.

1 He (plays / play) tennis.

2 (Don't made / Don't make) a sound.

3 Where (he goes / does he go)?

4 What (nice a car / a nice car)!

5 They (don't care / doesn't care) about it.

6 She (brushs / brushes) her teeth every day.

7 Which (your book is / is your book)?

8 We (call / calls) John a genius.

9 The sun (sets / set) in the west.

10 My teacher (doesn't teach / don't teach) English.

11 (Are / Am) I able to do the work?

12 (Do you can / Can you) solve the problem?

13 Why (you do think / do you think) so?

14 When (are / is) your birthday?

15 (Does / Do) the boss come on time?

B 다음 문장에서 틀린 부분을 올바르게 고치세요.

1 My dad isn't finish his work yesterday. _____ → _____

2 Keeping your promise! _____ → _____

3 Is she play the piano every day? _____ → _____

4 I thinked he was a nice guy. _____ → _____

5 The teacher mayn't be home now. _____ → _____

6 She paies the money for us. _____ → _____

7 She do goes to church every Sunday. _____ → _____

8 I didn't asked her about it. _____ → _____

9 She know what I did last night. _____ → _____

10 Do David work at that company? _____ → _____

11 Why he is angry? _____ → _____

12 How lovely is the room! _____ → _____

13 Why you are so angry at me? _____ → _____

14 Was they busy? _____ → _____

C 다음 빈칸에 알맞은 표현을 쓰세요.

1 나는 어떠한 악기도 연주할 수 없다.

→ I _____ _____ any instruments.

2 태양은 밝게 빛난다.

→ The sun _____ brightly.

3 그녀는 어제 새 차를 샀다.

→ She _____ a new car yesterday.

4 조용히 하자.

→ _____ _____ quiet.

5 너는 작년에 그 책을 샀니?

→ _____ _____ _____ the book last year?

D 다음 빈칸에 알맞은 표현을 쓰세요.

1 그녀는 언제 결혼했습니까?

→ _____ _____ _____ get married?

2 그는 어디에 삽니까?

→ _____ _____ _____ live?

3 나는 아무것도 모르겠다.

→ _____ _____ _____ anything.

4 그들은 그 파티에 있지 않았다.

→ They _____ _____ _____ the party.

5 그 중요한 단어들을 기억해라.

→ _____ _____ _____ words.

E 다음 문장을 영어로 옮기세요.

1 우리는 어제 맛있는 음식을 먹었다.

→ _____

2 그건 아주 예쁜 책이구나!

→ _____

3 이것을 어디서 샀니?

→ _____

4 그는 컴퓨터 게임을 하고 있니?

→ _____

CHAPTER 03

시제

UNIT 05 단순 시제와 진행 시제

A 현재 시제

현재 시제는 현재의 상태나 동작을 나타내는 표현이다.

 현재 시제의 동사 변화: 주어가 3인칭 단수일 때 동사의 현재형은 기본형에 -s를 붙이면 되지만, 다음과 같이 예외의 경우도 있다.

(1) **-s, -ss, -ch, -x, -o로 끝나는 동사: 동사 뒤에 -es를 붙인다. (watch → watches, finish → finishes)**

- Monica catches the bus in the morning.　　　catch → catches
- Timmy goes to the Internet cafe every day.　　go → goes
- Mom mixes onions and garlic.　　　　　　　mix → mixes
- She misses classes sometimes.　　　　　　　miss → misses
- The teacher punishes the students.　　　　　punish → punishes

(2) **'자음 + y'로 끝나는 동사: y를 i로 바꾸고 -es를 붙인다. (study → studies)**

- She always tries hard in tests.　　　　　　try → tries
- David sometimes cries all day.　　　　　　cry → cries
- My mom dries our clothes.　　　　　　　　dry → dries

Pattern Practice

빈칸에 괄호 안의 단어를 알맞게 바꿔서 쓰세요.

❶ Messi _____ well in soccer games. (pass)

❷ She _____ at her aunt's house every summer. (stay)

❸ My dad always _____ my rent for me. (pay)

❹ _____ at 5 o'clock. (begin) (그 축구 경기는 5시에 시작한다.)

현재의 사실이나 반복적인 동작, 습관 등을 얘기할 때 사용: 불변의 진리, 격언 등도 항상 현재 시제임을 알아두자.

- Jeju-do is the biggest island in Korea.   현재의 사실
- I play the guitar for one hour every day.   현재의 반복적인 동작
- My mom goes to the market every Sunday.   현재의 반복적인 동작
- The Earth moves around the sun.   불변의 진리

B 과거 시제

과거 시제는 과거의 상태나 동작을 나타낸다. 과거 시제의 동사는 현재 시제와는 다르게 주어의 수나 인칭에 영향을 받지 않는다.

 과거 시제 만드는 방법

(1) 일반적으로 동사 뒤에 -(e)d를 붙인다. (want → wanted, learn → learned)

(2) -e로 끝나는 동사: 뒤에 -d를 붙인다. (like → liked, dance → danced)

(3) '자음 + y'로 끝나는 동사: y를 i로 바꾸고 -ed를 붙인다. (bury → buried)

(4) 불규칙하게 변하는 동사들도 있다. (meet → met, buy → bought) ≫ 정답과 해석 46페이지 불규칙 동사 변화표 참조

- He enjoyed the party last night.   enjoy → enjoyed ≫ '모음 + y'인 것에 주의
- She lived here at that time.   live → lived
- I studied hard when I was in high school.   study → studied
- She thought that he was a nice person.   think → thought

Pattern Practice

1 빈칸에 괄호 안의 단어를 알맞게 바꿔 쓰세요.

❶ Brazillians _____ Portuguese. (speak)

❷ BoA _____ (sing) and _____ (dance) very well.

❸ After lunch, she _____. (take) (점심 식사 후에 그녀는 낮잠을 잔다.)

2 빈칸에 괄호 안의 단어를 알맞게 바꿔 쓰세요.

❶ I _____ a big mistake on my test yesterday. (make)

❷ My sister _____ her smartphone all day long last Sunday. (use)

❸ _____ at the hotel for a week. (stay) (우리는 일주일 동안 그 호텔에 머물렀다.)

과거의 사실이나 반복적인 동작, 습관 등을 얘기할 때 사용: 과거의 사실이나 역사적 사실 등을 얘기할 때는 항상 과거로 쓴다.

- H.O.T. was very popular in the 90's.   과거의 사실
- I played tennis every day.   과거의 반복적인 동작
- The Korean War broke out in 1950.   역사적 사실

C 미래 시제

미래를 나타내는 표현에는 will과 be going to가 있다.

 will과 be going to

(1) will: 단순히 미래를 뜻하는 의미, 예정된 일과 예정되지 않은 일 모두 포함

(2) be going to: 단순히 미래를 뜻하는 의미, 특히 말하는 순간 이미 예정되어 있는 경우

- She will work hard tomorrow. (= is going to)

- A: The phone is ringing.
  B: I will answer it.

- Jane: Where are you going?
  David: To the theater.
  Jane: I will drive you to the theater. (예정되어 있지 않음)
  David: Thanks!

  John: Jane, where are you going?
  Jane: I am going to take David to the theater. (예정되었기 때문에 be going to를 씀)

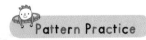
Pattern Practice

괄호 안의 단어를 알맞게 바꿔 빈칸에 쓰시오.

❶ Ann _____ her grandmother this weekend. (visit)

❷ I _____ a letter to my boyfriend tomorrow. (write)

❸ She _____. (go skiing) (그녀는 다음 주에 스키를 타러 갈 것이다.)

2 will / be going to + 동사원형: will과 be going to
뒤에는 반드시 동사원형을 써야 한다.

- Jane ~~will picking~~ up the phone. (×)
  Jane will <u>pick</u> up the phone. (○)

- My sister is going to <u>buy</u> a new dress. (○)

동사에 적용하기

미래를 나타내는 be going to와 '~에 가는
중이다'를 의미하는 be going to를 구별하자.

be going to + 동사원형: 미래를 나타내는 표현
- My mom is going to clean the living room.
  (엄마는 거실을 청소할 예정이다.)

be going to + 장소 명사: '~에 가는 중이다'라는 뜻
- My mom is going to the department store.
  (엄마는 백화점에 가는 중이다.)

🪐 **Pattern Practice**

빈칸에 괄호 안의 단어를 알맞게 바꿔 '예정'의 뜻을 강조하여 나타내는 문장을 만드세요.

❶ He _____ here tomorrow. (leave)

❷ I _____ my girlfriend tonight. (meet)

❸ A: What are you going to do this afternoon?
   B: I _____. (buy) (나는 책을 몇 권 살 예정이야.)

D 진행 시제

진행 시제는 어떤 시점에 진행 중인 상황을 표현한다. 기본적으로 「be동사 + -ing」 형태이다.

 현재 진행: 현재의 한 시점에 진행 중일 때 사용하며, 「is/am/are + -ing」 형태이다.

- My brother is studying very hard.
- I'm working on the computer right now.
- I'm drinking hot coffee.
- You are stepping on my feet!
- Her friend is reading a book now.

 과거 진행: 과거의 한 시점에 진행 중일 때 사용하며, 「was/were + -ing」 형태이다.

- I was sleeping when you called me yesterday.
- They were swimming in the pool two hours ago.
- Jane was listening to the radio when her mother came in.
- I was studying for the test at that time.
- When she came in, they were watching TV.

독해에 적용하기

왕래발착 동사(go, come, start, arrive)가 현재 진행으로 쓰이면 가까운 미래를 나타낼 수 있다. 일반적으로 미래를 나타내는 표현(soon, tonight, tomorrow 등)과 쓴다.

- My sister is coming home soon.
  (내 여동생은 곧 집에 온다.)
- They are leaving here tonight.
  (그들은 오늘 밤에 여기를 떠날 것이다.)
- She is going there tomorrow.
  (그녀는 내일 거기에 갈 것이다.)

Pattern Practice

괄호 안의 단어를 빈칸에 알맞게 진행 시제로 바꿔 쓰세요.

① I _____ a picture now. (draw)

② John _____ to music when Jane called him. (listen)

③ You _____ breakfast at that time. (have)

④ The lady _____ on the phone then. (talk)

⑤ Be quiet! The baby _____. (sleep)

3 소유 · 감정 · 인지를 나타내는 동사는 진행형으로 쓸 수 없다.

- She ~~is having~~ a beautiful garden. (×)
  → She has a beautiful garden. (○, 소유)

- He ~~is having~~ a good camera. (×)
  → He has a good camera. (○, 소유)
  cf. I am having lunch now. (○) ▷ have가 '먹다'의 의미로 쓰일 때는 진행형이 가능

- I ~~am liking~~ that game. (×)
  → I like that game. (○, 감정)

- She ~~is loving~~ her parents. (×)
  → She loves her parents. (○, 감정)

- Monica ~~is knowing~~ the lady in blue dress. (×)
  → Monica knows the lady in blue dress. (○, 인지)

Pattern Practice

다음 문장에서 밑줄 친 부분이 틀리면 고치세요.

❶ My parents <u>were having</u> a delicious lunch.　→ _____

❷ I <u>am having</u> a brand-new smartphone.　→ _____

❸ They <u>are knowing</u> what to do.　→ _____

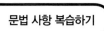

A 괄호 안의 표현 중 알맞은 것을 고르세요.

1 She (practice / practices) volleyball for two hours every day.

2 They (enjoy / enjoys) playing basketball after school.

3 He (plays / played) with his friend last night.

4 I (stops / stopped) to buy some snacks.

5 John (is having / has) a nice meal right now.

B 괄호 안의 동사를 빈칸에 알맞게 바꿔 쓰세요.

1 어제는 날씨가 정말 추웠다.

　→ It _____ really cold yesterday. (be)

2 내일 우리는 소풍을 갈 예정이다.

　→ We _____ on a picnic tomorrow. (go)

3 Jane은 매일 설거지를 한다.

　→ Jane _____ the dishes every day. (wash)

4 Mary는 너무 자주 손톱을 깨문다.

　→ Mary _____ her fingernails too often. (bite)

5 David는 지금 낮잠을 자는 중이다.

　→ David _____ a nap now. (take)

C 다음 문장에서 밑줄 친 부분을 올바르게 고치세요.

1 World War II <u>ends</u> in 1945.　　　　　→ _____

2 I <u>eat</u> pizza at that restaurant last week.　→ _____

3 She was a baby when she <u>comes</u> to this country.　→ _____

4 Summer <u>is usually beginning</u> in June.　→ _____

5 Mr. Kim <u>will teach</u> me when I was in sixth grade.　→ _____

Ⓐ 다음 표현들을 어순에 맞게 배열하여 문장을 완성하세요.

1 내 여동생은 하루에 8시간 잔다. (sleeps / day / my / sister / hours / a / eight)

  → _____

2 아빠는 매일 아침 커피를 마신다. (drinks / every / my / coffee / dad / morning)

  → _____

3 John은 작년에 제주도에 여행 갔었다. (took / John / Jeju-do / trip / to / a / last / year)

  → _____

4 Mary는 어제 공원에 가지 않았다. (didn't / Mary / to / go / park / the / yesterday)

  → _____

5 나는 Leo에게 선물을 주려고 한다. (going / Leo / gift / to / am / give / to / I / a)

  → _____

Ⓑ 다음 문장을 영어로 옮기세요.

1 누가 내 스마트폰을 사용했니?

  → _____

2 John은 항상 회의에 지각한다.

  → _____

3 지구는 태양 주위를 돈다.

  → _____

4 Mary는 다음 주에 한국에 올 것이다.

  → _____

5 나는 매일 샤워를 한다.

  → _____

6 차 사고가 있었다.

  → _____

7 미국은 베트남전(Vietnam War)에 패했다.

  → _____

UNIT 06 현재완료 시제

A 현재완료의 개념과 용법

현재완료는 동작이나 상태가 과거부터 시작하여 현재에 끝나거나 계속되는 경우에 사용하는 표현이다. 즉 어떤 기간 동안 지속된 행위를 나타낸다.

 1 현재완료의 형태와 의미: 형태는 「have + p.p.(과거분사)」이며, 완료, 경험, 계속, 결과의 의미를 담고 있다.

- I have just finished making ice cream.　　　　　완료
- I have been to Central Park.　　　　　　　　　경험
- I have known her for 17 years.　　　　　　　　계속
- I have lost my earrings.　　　　　　　　　　　결과

 2 현재완료는 현재와 관련 없는 분명한 과거의 어느 시점을 나타내는 부사(구)와 같이 쓸 수 <u>없다</u>.

- She ~~has done~~ her homework <u>yesterday</u>. (×)
  → She did her homework yesterday.
- Chris ~~has gone~~ to the market <u>two hours ago</u>. (×)
  → Chris went to the market two hours ago.
- <u>When</u> ~~have~~ you ~~met~~ her for the first time? (×)
  → When did you meet her for the first time?

🛸 Pattern Practice

1 괄호 안의 단어를 빈칸에 알맞게 바꿔 쓰세요.
　❶ She ＿＿＿＿＿＿ in Seoul since 1988. (live)

　❷ ＿＿＿＿＿ you ＿＿＿＿＿ to the N-Tower? (be)

　❸ ＿＿＿＿＿＿＿＿＿ to America. (go) (그는 미국으로 갔다. → 지금은 여기 없다.)

2 다음 문장에서 밑줄 친 부분을 올바르게 고치세요.
　❶ Mary <u>has finished</u> her work 30 minutes ago.　→ ＿＿＿＿＿＿＿＿＿

　❷ She <u>was</u> sick since last week.　→ ＿＿＿＿＿＿＿＿＿

　❸ My uncle <u>knew</u> her since 2002.　→ ＿＿＿＿＿＿＿＿＿

GRAMMAR PRACTICE

문법 사항 복습하기

A 괄호 안의 표현 중 알맞은 것을 고르세요.

1 I (have been / have gone) to Singapore.

2 Ms. Carol (have known / has known) me since I was a kid.

3 My father (lost / has lost) his watch, but he found it later.

4 When (did you meet / have you met) her for the first time?

5 I (have studied / studied) hard for the test yesterday.

6 My friend and I (knew / have known) each other since we were little.

7 She (has just finished / finished) her homework two hours ago.

B 괄호 안의 동사를 빈칸에 알맞은 형태로 바꿔 쓰세요.

1 My father _____ to learn Spanish three months ago. (begin)

2 He _____ ill since last night. (be)

3 She _____ it just now. (finish)

4 I _____ to Disneyland several times. (be)

5 I _____ here all my life. (live)

C 다음 문장에서 밑줄 친 부분을 올바르게 고치세요.

1 I <u>have gone</u> to L.A. three times. → _____

2 I <u>have been</u> to his office last Friday. → _____

3 It has rained <u>for</u> last Sunday. → _____

4 David has worked for this company <u>since</u> four years. → _____

5 She <u>has teached</u> English for ten years. → _____

Ⓐ 다음 괄호 안의 힌트를 어순에 맞게 배열하여 우리말 문장을 영어로 완성하세요.

1 3일째 계속 날씨가 덥다. (has / it / hot / for / been / three / days)

   →

2 나는 그 기자를 여러 번 본 적이 있다. (seen / I / have / the / reporter / times / several)

   →

3 John은 모자를 집에 놔두고 나왔다. (has / John / his / left / hat / home / at)

   →

4 엄마는 식사를 지금 막 끝내셨다. (finished / just / mom / has / meal / her)

   →

5 나는 그 영화를 예전에 본 적이 있다. (the / before / seen / I / have / movie)

   →

Ⓑ 다음 문장을 영어로 옮기세요.

1 내 여자친구는 지금 막 공항에 도착했다.

   →

2 Mary는 스마트폰을 잃어버렸다. (지금도 없음)

   →

3 나는 2013년 이래로 김포에서 살고 있다.

   →

4 Jane은 숙제를 아직 다 끝내지 못했다.

   →

5 너는 얼마나 오래 한국에 있었니? (how long)

   →

6 너는 테니스를 쳐본 적 있니?

   →

7 네 방 청소 끝냈니?

   →

REVIEW TEST

A 다음 괄호 안에서 알맞은 표현을 고르세요.

1 My dad (go / goes) to America on business once a month.

2 The Korean War (end / ended) in 1953.

3 He (took / is taking) a shower now.

4 She usually (goes / has gone) to bed at ten o'clock.

5 His brother (hates / is hating) him.

B 다음 문장에서 밑줄 친 부분을 올바르게 고치세요.

1 David <u>has seen</u> *World War Z* last summer. → _____

2 East and West Germany <u>have reunited</u> in 1990. → _____

3 <u>Will</u> you <u>have</u> lunch with him yesterday? → _____

4 John <u>works</u> at this company for ten years. → _____

5 Summer usually <u>began</u> in June in Korea. → _____

C 다음 빈칸에 알맞은 표현을 쓰세요.

1 그들은 러시아에 두 번 간 적이 있다.
→ They _____ _____ _____ Russia twice.

2 나는 내일 병원에 가지 않을 것이다.
→ I _____ _____ to the hospital tomorrow.

3 Jane은 매년 일본에 간다.
→ Jane _____ to Japan every year.

4 베를린은 독일의 수도이다.
→ Berlin _____ the capital of Germany.

5 대한민국은 독립 국가이다.
→ Korea _____ an independent country.

D 다음 빈칸에 알맞은 영어 표현을 넣으세요.

1 나는 10년 동안 영어를 공부해 왔다.

→ I _____ _____ English _____ _____ _____.

2 우리 부모님은 매일 아침 산책을 하신다.

→ My parents _____ _____ _____ _____ _____.

3 내 친구는 그날 매우 피곤해 보였다.

→ My friend _____ _____ _____ _____ _____.

4 Jane은 지금 요리를 하고 있는 중이다.

→ Jane _____ _____ _____.

5 나는 국립 박물관을 두 번 방문한 적이 있다.

→ I _____ _____ _____ _____ _____.

E 다음 문장을 영어로 옮기세요.

1 Mary는 내년에 스무 살이 될 것이다.

→ _____

2 나는 오늘 오후에 Susan을 만날 예정이다.

→ _____

3 그는 어제 그의 처남과 테니스를 쳤다. (처남: brother-in-law)

→ _____

4 그 선생님은 그녀가 아이였을 때부터 그녀를 가르치셨다.

→ _____

5 난 아직 그 책을 읽지 않았어.

→ _____

CHAPTER
04

조동사

UNIT 07 조동사의 형태와 의미

A 조동사의 형태

조동사는 본동사의 앞에 위치하며, 본동사의 의미를 다양하게 변화시킬 수 있도록 도와주는 역할을 하는 동사이다.

 조동사는 주어의 수 · 인칭에 관계없이 항상 같은 형태를 사용한다.

- I can play the guitar.
- He can play the guitar. ≫ 주어가 3인칭 단수인 경우에도 조동사는 cans가 아니라 can을 사용한다.
- She may be sad today.

 조동사 뒤에는 본동사가 필요하고, 본동사는 동사원형의 형태로 사용한다.

- I can speak English well.
- He must study English hard. ≫ 주어가 3인칭 단수인 경우에도 본동사는 studies가 아니라 study를 사용한다.
- Jane may be sick today.

 조동사의 부정형: 「조동사 + not」

- I cannot play the guitar. (cannot = can't)
  ≫ 조동사의 부정형에는 조동사 do를 사용하지 않는다. 즉 don't can은 틀린 표현이다.
- I will not eat spicy food again. (will not = won't)
- She may not be sick today.
- You must not eat too much. (must not = musn't)
- I do not like to play computer games. (do not = don't) ≫ do도 조동사에 포함된다. 의문문과 부정문을 만드는 것을 도와주는 조동사이다.

Pattern Practice

다음 문장의 밑줄 친 곳을 바르게 고치세요.

❶ Jane can speaks Chinese well. → _____

❷ He cans play the piano. → _____

❸ Mary may is happy today. → _____

❹ She can swims very well. → _____

❺ John mays be absent today. → _____

조동사의 의문문은 주어와 조동사의 위치를 바꾸어 준다.

- He can play the guitar.
  → Can he play the guitar?
- I will play soccer this afternoon.
  → Will you play soccer this afternoon?
- You may go to Lotte World with your friends.
  → May I go to Lotte World with my friends?
- He must exercise every day.
  → Must he exercise every day?
- She likes to play tennis.
  → Does she like to play tennis?

 조동사 두 개를 나란히 함께 쓸 수 <u>없다</u>.

- You will be able to speak English very well next year. (O)
  cf. You ~~will can~~ speak English very well next year. (X)
- She will have to go there with her father. (O)
  cf. She ~~will must~~ go there with her father. (X)
- I will be able to swim well in six months. (O)
- She will have to visit New York next month. (O)

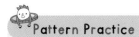

다음 문장의 밑줄 친 곳을 바르게 고치세요.

❶ You <u>don't must eat</u> fast food too much.

❷ I <u>don't can play</u> the piano.

❸ I <u>will can</u> swim well next year.

❹ <u>Can you plays</u> the violin ?

❺ He <u>will must</u> wear a school uniform next year.

B 조동사의 의미

각 조동사의 기본 의미와 관용 표현은 다음과 같다.

 can: '~할 수 있다'라는 능력의 의미와 '~해도 된다'라는 허락의 의미가 있다.

(1) 능력

- I can solve the math problem.
  = I am able to solve the math problem.
- I can't solve the math problem.
- Can you solve the math problem?

(2) 허락

- You can play the computer game.
- You can't play the computer game.
- Can I play the computer game?

(3) 관용 표현 : cannot be는 '~일 리가 없다'라는 의미로 부정적 추측을 나타낸다.

- David cannot be over 18.
- The story cannot be true.

 may: '~일지 모른다'라는 추측과 '~해도 된다'라는 허락의 의미가 있다.

(1) 추측

- She may be a teacher.
- She may not be a teacher.

(2) 허락

- You may come into the computer room.
- You may not come into the computer room.
- May I come into the computer room?

Pattern Practice

다음 문장을 해석하세요

① She can sing pop songs well. → _____

② You can go home early. → _____

③ He cannot be at home now. → _____

④ He may come to the party tonight. → _____

⑤ May I use your computer? → _____

must: '~해야만 한다'라는 강한 의무를 나타낸다.

(1) 강한 의무

- He must finish his homework by 9 o'clock.
  = He has to finish his homework by 9 o'clock.

- Must he finish his homework by 9 o'clock?.
  = Does he have to finish his homework by 9 o'clock?

(2) 강한 금지: must not(~해서는 안 된다)

- Students must not smoke.

- You mustn't park the car here.

(3) 불필요

- You don't have to get up early on Sunday.
  ≫ don't have to는 '~할 필요가 없다'라는 불필요의 의미를 나타낸다.

- I don't have to leave early.

(4) 관용 표현: must be는 '~임에 틀림없다'라는 강한 (긍정) 추측을 나타낸다.

- Jane must be over 18.

- The story must be true.

 will: 기본적으로 미래의 일을 나타내며, 화자의 의지가 담겨 있는 의지 미래(~하겠다)와 미래의 일을 추측하는 단순 미래(~일 것이다)로 구분할 수 있다.

(1) 의지 미래

- I will study English harder.

- I will do anything for you.

(2) 단순 미래

- The weather will be fine tomorrow.

- The festival will take place in September.

Pattern Practice

다음 문장을 해석하세요.

❶ You must not eat too much sugar. → _____

❷ She must be sick now. → _____

❸ She doesn't have to go there. → _____

❹ It will be cloudy tomorrow. → _____

❺ I will exercise hard from now on. → _____

A 괄호 안의 표현 중 알맞을 것을 고르세요.

1 (Can / May) you lift this rock?

2 (May / Will) I use your cell phone?

3 (May / Will) you get me a glass of orange juice, please?

4 (May / Can) you do me a favor?

5 A: Jane, (can / will) I speak to you for a minute?
   B: Sure. What's up?

B 다음 빈칸에 알맞은 표현을 쓰세요.

1 그것은 사실일 리가 없다.

  → It _____ _____ true.

2 그는 지금 틀림없이 집에 있을 것이다.

  → He _____ _____ at home now.

3 우리는 일요일에 학교에 가지 않아도 된다.

  → We _____ _____ _____ go to school on Sunday.

4 학생들은 술을 마셔서는 안 된다.

  → Students _____ _____ drink.

5 나는 오늘 오후에 영어를 공부 해야만 한다.

  → I _____ study English this afternoon.

  → I _____ _____ study English this afternoon.

C 다음 문장에서 밑줄 친 부분을 올바르게 고치세요.

1 He <u>have to</u> finish the homework by 10. → _____

2 <u>Can John speaks</u> English very well? → _____

3 She <u>will can</u> play the violin well next year. → _____

4 I <u>not will</u> go to the dentist. → _____

5 Jane <u>doesn't can</u> swim. → _____

56

A 다음 표현들을 어순에 맞게 배열하여 문장을 완성하세요.

1 그의 여자친구는 아마 예쁠 것이다. (may / be / his / girlfriend / pretty)

→ _____

2 나는 수영을 잘 할 수 있다. (swim / can / I / well)

→ _____

3 그녀는 곧 돌아올 것이다. (will / soon / come / she / back)

→ _____

4 너는 이 문제를 풀 수 있니? (this / problem / you / can / solve)

→ _____

5 너는 불을 가지고 장난을 해서는 안 된다. (must / you / not / with / fire / play)

→ _____

B 다음 문장을 영어로 옮기세요.

1 나는 내 숙제를 7시까지 끝내야만 한다. (have to)

→ _____

2 John이 디지털 카메라를 가지고 올지도 몰라. (may)

→ _____

3 너는 친구들과 함께 컴퓨터 게임을 해도 된다. (can/may)

→ _____

4 그 이야기는 거짓일 리가 없다. (cannot be)

→ _____

5 Jane은 지금 집에 있는 것이 틀림없다. (must be)

→ _____

6 십대들은 술을 마시면 안 된다. (must not)

→ _____

7 나는 일요일에 공부를 할 필요가 없다. (don't have to)

→ _____

UNIT 08 조동사의 시제

A 조동사의 과거형

과거의 일에 대한 '능력, 추측, 의무, 의지' 등을 나타낼 때는 조동사의 과거형을 사용한다.

 조동사의 과거형은 기본적으로 과거의 일을 의미한다.

(1) **can**의 과거형 **could**는 과거의 능력과 가능성을 나타내며 '~할 수 있었다'라고 해석된다.

- I could solve the math problem. = I was able to solve the math problem.
- I couldn't solve the math problem. = I wasn't able to solve the math problem.

(2) **may**의 과거형 **might**는 과거 시점에서의 추측을 나타내며, 이 둘의 의미상 차이는 거의 없다.

- He *said* that he might not be back.
- They *thought* that she might be at home.

(3) **must**의 과거형 **had to**는 과거의 의무를 나타내며 '~해야만 했었다'라고 해석한다.
부정형 **didn't have to**는 의미가 달라져서 '~할 필요가 없었다'라고 해석한다.

- I had to finish the report yesterday. ┐
- I had to cancel my trip because of the storm. ┘ ---- 의무
- I didn't have to do the homework yesterday. ┐
- Jane didn't have to go to the meeting last week. ┘ ---- 불필요

(4) **will**의 과거형 **would**는 과거의 의지 또는 추측을 나타내며 '~했을 것이다'라고 해석된다. 또한 과거의
불규칙적인 습관을 나타내며 '~하곤 했다'라고 해석되기도 한다.

- I *found* that the book would be perfect for my English study.   과거의 추측
- I *did* not think that Jane would marry David.   과거의 의지
- He would go fishing on weekends.   과거의 불규칙적인 습관

Pattern Practice

다음 문장을 해석하세요.

❶ I couldn't swim very well when I was 9.   → _____

❷ She had to turn in her report yesterday.   → _____

❸ I didn't have to fight with him.   → _____

❹ We would play together after school.   → _____

❺ I thought that he would come to the party.   → _____

공손함을 나타내는 조동사의 과거형: Will you ~보다는 Would you ~가 더 공손한 표현이고, Can you ~보다는 Could you ~가 더 격식을 갖춘 표현이다.

- Could you do me a favor?
- Could I use your cell phone?
- Would you open the window?
- Would you pass me the salt, please?

 「조동사 + have + p.p.」는 과거의 일에 대한 추측을 나타낸다.

• He must be sick now.	현재에 대한 추측
• He must have been sick then.	과거에 대한 추측
• She may be at home now.	현재에 대한 추측
• She may have been at home last night.	과거에 대한 추측
• The story cannot be true.	현재에 대한 추측
• The story cannot have been true.	과거에 대한 추측

Pattern Practice

1 다음 빈칸에 알맞은 말을 넣으세요.

❶ 설탕 좀 건네주시겠습니까? → _____ _____ pass me the sugar, please?

❷ 좀 더 크게 말씀해 주실 수 있습니까? → _____ _____ speak a little louder?

❸ 그 이야기를 좀 들려주시겠습니까? → _____ _____ tell me the story?

2 다음 문장을 해석하세요.

❶ The news cannot have been true. → _____

❷ She must have been asleep then. → _____

❸ Would you open the door? → _____

B 조동사의 미래형

미래의 일에 대한 '능력, 추측, 의무, 의지' 등을 나타낼 때는 조동사의 미래형을 사용한다.

 can과 must의 미래형

(1) can의 미래형은 will be able to이고, '~할 수 있을 것이다'라고 해석한다.

- I will be able to speak English quite well in two years.
   cf. I will can speak English quite well in two years. (✕)
- Jane will be able to play the guitar quite well next year.

(2) must 미래형은 will have to이고 '~해야만 할 것이다'라고 해석한다.

- We will have to take examinations to enter university in six years.
- I will have to wear a school uniform next year.

 may와 will은 현재형과 미래형의 구분이 없다.

- A: Where's Jane?
   B: She may be in her office.
- You may have a seat.
- The telephone is ringing. I will answer it.
- Will you please help her?

> **Writing에 적용하기**
>
> Writing을 할 때, 내가 표현하고자 하는 내용이 어느 시점의 일인지를 분명하게 인식해야 한다. 즉, 과거의 시간을 나타내는 부사(구)가 있을 때는 반드시 과거형 조동사를 사용하고, 미래의 시간을 나타내는 부사(구)가 있을 때는 미래형 조동사를 사용한다.
>
> - I had to visit New York last month. (나는 지난달에 뉴욕을 방문해야만 했다.)
> - I will have to visit New York next month. (나는 다음 달에 뉴욕을 방문해야만 할 것이다.)

Pattern Practice

1 다음 문장에서 밑줄 친 부분을 바르게 고치세요.

❶ She will can read English well next year. → _____

❷ I will must go to China next week. → _____

❸ He will is able to write English well next year. → _____

2 다음 문장을 해석하세요.

❶ He may be sick. → _____

❷ He will play computer games this afternoon. → _____

❸ Will you help me with my homework? → _____

A 괄호 안의 표현 중 알맞은 것을 고르세요.

1 (Could / Would) I use your phone?

2 (Could / Might) you do me a favor?

3 John thought that she (would / will) marry him.

4 We (must / had to) cancel our plan last month.

5 He said that Jane (may / might) be sick.

B 다음 빈칸에 알맞은 표현을 쓰세요.

1 TV 소리 좀 높여 주실 수 있겠습니까?

→ _____ you turn up the volume of the TV, please?

2 나는 어제 설거지를 해야만 했다.

→ I _____ _____ do the dishes yesterday.

3 Jane은 내년에 말하기 대회에서 우승할 수 있을 것이다.

→ Jane _____ _____ _____ _____ win the speech contest next year.

4 나는 내년에 교복을 입어야만 할 것이다.

→ I _____ _____ _____ wear a school uniform next year.

5 나는 그 문제를 풀 수 없었다.

→ I _____ not solve the problem.

→ I _____ _____ _____ _____ solve the problem.

6 그 소문은 사실이었을 리가 없다.

→ The rumor _____ _____ _____ true.

C 다음 문장에서 밑줄 친 부분을 올바르게 고치세요.

1 I <u>have to</u> visit London last month. → _____

2 I <u>don't have</u> to go to the meeting yesterday. → _____

3 Jane <u>can play</u> the piano well when she was young. → _____

4 John <u>will is able to</u> swim well in six months. → _____

5 Jane <u>have to</u> visit New York next month. → _____

A 다음 표현들을 어순에 맞게 배열하여 문장을 완성하세요.

1 창문 좀 열어 주시겠습니까? (open / you / could / window / the / please)

→ _____

2 나는 지난달에 할머니를 방문해야만 했다.

(had / to / my / visit / I / last / month / grandmother)

→ _____

3 그녀는 다음 주에 중국으로 떠나야만 할 것이다.

(China / next / week / she / have / to / will / for / leave)

→ _____

4 그는 더 열심히 공부할 것이라고 말했다. (said / harder / he / study / would / he)

→ _____

5 나는 어릴 때 수영을 잘 할 수 있었다.

(able / to / I / was / swim / when / well / was / young / I)

→ _____

B 다음 문장을 영어로 옮기세요.

1 나는 어렸을 때 피아노를 칠 줄 몰랐다. (could)

→ _____

2 나는 어제 감기약을 먹어야만 했다. (had to)

→ _____

3 우리는 지난 월요일에 학교에 갈 필요가 없었다. (didn't have to)

→ _____

4 당신은 5개월 후에는 영어 일기를 쓸 수 있을 것이다. (will be able to)

→ _____

5 문 좀 열어 주시겠습니까? (would)

→ _____

6 제 부탁 하나 들어 주실 수 있습니까? (could)

→ _____

7 나는 다음 달에 말하기 대회에 참석해야만 할 것이다. (will have to)

→ _____

REVIEW TEST

A 다음 괄호 안에서 알맞은 표현을 고르세요.

1 He (will can / will be able to) speak English well next year.

2 She (has to / had to) take the exam last month.

3 I thought that Jane (may / might) be at home.

4 I (can / could) ride a bicycle when I was 7 years old.

5 Jane (will have to / will must) wear a school uniform next year.

6 She (don't / doesn't) like to play computer games.

7 Students (don't have to / must not) smoke and drink.

B 다음 보기에서 알맞은 단어를 찾아서 빈칸에 쓰세요.

can't   could   may [might]   must not [mustn't]   had to   will   would

1 He was a very clever man. He _____ speak four languages fluently.

2 You must keep it a secret. You _____ tell anyone.

3 I'm afraid I _____ come to your birthday party tomorrow.

4 I got a toothache, so I _____ go to the dentist yesterday.

5 A: Where is John? – B: He _____ be in his office.

6 She was a very kind person. She _____ help poor people if she could.

7 I am a little bit overweight. I _____ exercise every day from now on.

C 다음 문장에서 틀린 부분을 찾아서 바르게 고치세요.

1 A: Are you in a hurry?   _____ → _____
   B: No, I've got plenty of time. I may wait.

2 It is Sunday. I don't has to work today.   _____ → _____

3 I felt sick yesterday. I can't do anything.   _____ → _____

4 Tim just had lunch. He must be hungry again already. _____ → _____

5 You've worked hard all day. You cannot be very tired. _____ → _____

6 The weatherman says it would be cloudy tomorrow. _____ → _____

다음 빈칸에 알맞은 단어를 쓰세요.

1 나는 내년에 수영을 잘 할 수 있을 거야.

→ I _____ _____ _____ _____ swim well next year.

2 어린이들은 성냥을 가지고 놀아서는 안 된다.

→ Children _____ _____ _____ with matches.

3 그 소문은 사실일 리가 없다.

→ The rumor _____ _____ _____.

4 너는 내일 학교에 갈 필요가 없다.

→ You _____ _____ _____ go to school tomorrow.

E

다음 빈칸에 알맞은 영어 표현을 넣으세요.

1 제인은 틀림없이 배가 고플 것이다.

→ Jane _____ _____ _____.

2 나는 어렸을 때 기타를 칠 줄 몰랐다.

→ I _____ _____ _____ _____ _____ when I was young.

3 제가 들어가도 됩니까?

→ May _____ _____ _____?

4 너는 이제 집에 가도 된다. (허락)

→ You _____ _____ _____ _____.

F

다음 문장을 영어로 옮기세요.

1 그 이야기는 사실일 리가 없다. (cannot be)

→ _____

2 그 이야기는 사실이었을 리가 없다. (cannot have been)

→ _____

3 그 이야기는 틀림없이 사실일 거야. (must be)

→ _____

4 피자 한 조각 더 먹어도 돼요? (may)

→ _____

5 밤 9시 이후에 여기서 농구를 하면 안 됩니다. (must not)

→ _____

CHAPTER 05

부정사

A 부정사의 개념

부정사는 「to + 동사원형」의 형태로, '품사가 정해져 있지 않은 단어'라는 뜻이다. 부정사는 문장 내에서 명사, 형용사 또는 부사의 역할을 한다.

- To get along well with friends is very important.
  = It is very important to get along well with friends.   주어 역할을 하는 명사의 성질

- She needs a friend to play with.   명사를 수식하는 형용사의 성질

- I went to the grocery store to buy some lettuce.   '목적'을 나타내는 부사의 성질

B 명사적 용법

부정사가 명사처럼 쓰여서 문장의 주어, 목적어, 보어 역할을 하는 용법이다. 기본적으로 '~하는 것, ~하기' 등으로 해석한다.

 문장의 주어로 사용되는 부정사

- To go outside makes me feel good. (밖으로 나가는 것)
  = It makes me feel good to go outside.

- To study math is difficult. (수학을 공부하는 것)
  = It is difficult to study math.

- To take a break after a lot of work is good.
  (고된 하루를 마친 후 휴식을 취하는 것)
  = It is good to take a break after a lot of work.

> **✎ Writing에 적용하기**
> 부정사가 주어로 쓰이면 보통 주어가 길어지므로 부정사를 뒤로 보내고 그 빈자리에 가주어 it을 쓴다. 이때 it은 해석하지 않는다.
> - To learn English is very useful.
>   → It is very useful to learn English.
>   가주어   진주어
>   (영어를 배우는 것은 매우 유용하다)

😊 Pattern Practice

괄호 안의 단어를 알맞게 바꿔 빈칸에 쓰거나 주어진 힌트에 맞게 영작하세요.

❶ _____ _____ games is a lot of fun. (play)

❷ It is exciting _____ _____ them dance on the stage. (watch)

❸ It is boring _____. (그녀와 함께 있는 것은)

문장의 목적어로 사용되는 부정사

- I decided to watch the game. (경기를 관람하기)
- Mary wants to go skiing. (스키를 타러 가기)
- John wishes to buy that computer. (그 컴퓨터를 사기)
- They expect to win the prize. (상을 타는 것)

 문장의 보어로 사용되는 부정사

- Jane's dream is to help the poor. (가난한 사람들을 도와주는 것)
- Her job is to teach English. (영어를 가르치는 것)
- Mom's plan is to take a trip to Hawaii this summer. (이번 여름에 하와이로 여행을 가는 것)

> **Writing에 적용하기**
>
> 부정사를 부정할 때는 to 앞에 not을 쓴다. 이 때 not을 부정사 앞의 동사에 붙이면 의미가 변하니까 주의하자.
> - Mom told me not to play games for too long. (엄마는 게임을 너무 오래 하지 말라고 말씀하셨다.)
> - Mom didn't tell me to play games for too long. (엄마는 게임을 오래 하라고 말씀하시지 않았다.)

 Pattern Practice

괄호 안의 단어를 알맞게 바꿔 빈칸에 쓰거나 주어진 힌트에 맞게 영작하세요.

❶ She doesn't like _____ _____ baseball. (play)

❷ I hope _____ _____ David tomorrow. (see)

❸ They expect _____. (너를 곧 만나기를)

❹ My wish is _____ _____ all English words. (memorize)

❺ Her schedule is _____ _____ the CEO tonight. (meet)

❻ John's schedule is _____. (그 회사를 방문하는 것)

C 형용사적 용법

부정사가 형용사처럼 쓰여서 명사를 수식하거나 문장에서 보어로 쓰이는 용법이다.

 명사를 수식하는 경우: 명사를 수식할 때는 명사 뒤에 쓰고, 기본적으로 '～할 '로 해석한다.

- There is a chair to sit on. (앉을)
- Please give me something to drink. (마실)
- I need a pen to write with. (쓸)
- I can't find a book to read. (읽을)
- There is no computer to use. (사용할)

 be to 용법(보어 역할): be동사 뒤에 쓰이는 부정사의 해석에 유의한다.

- The chairperson is to visit Seoul next month. (방문할 예정이다)   예정
- You are to obey the rules. (복종해야 한다)   의무
- If you are to pass the exam, you must study hard. (시험에 합격하려면)   의도
- He was never to return to his country again. (돌아오지 못할 운명이다) 운명

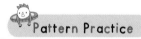
Pattern Practice

1 괄호 안의 단어를 알맞게 바꿔 빈칸에 쓰거나 주어진 힌트에 맞게 영작하세요.

❶ Do you have a lot of work _____ _____? (do)

❷ I bought a bike _____ _____. (ride)

❸ It's _____. (자야 할 시간)

2 다음 밑줄 친 부분을 우리말로 옮기세요.

❶ If you are to be happy, you must be healthy. → _____

❷ The President is to hold a party tomorrow. → _____

❸ You are to follow the guide. → _____

❹ There is no TV to watch. → _____

❺ We must find a bridge to cross. → _____

D 부사적 용법

부정사가 부사처럼 쓰여서 '목적, 결과, 감정의 원인, 판단의 근거' 등을 나타내는 용법이다.

 부사적 용법의 해석: 부정사의 부사적 용법은 문맥에 따라 여러 가지로 해석된다.

- I went to the bakery (in order) to buy some bread.   목적
- David grew up to be a professional gamer.   결과
- Jane was pleased to get a new smartphone.   감정의 원인
- Some smartphones are difficult to use.   형용사 수식
- Kimberly must be excited to meet PSY.   판단의 근거

 too ~ to ...와 ~ enough to ...

(1) too ~ to + 동사원형: 너무 ~해서 …할 수 없다

(2) enough to + 동사원형: …할 정도로 충분히 ~한

- David is too weak to lift that box.
- She is too old to run around.
- Mary was smart enough to solve the problem.
- The country is rich enough to take care of poor people.

Pattern Practice

1 다음 밑줄 친 부분을 우리말로 옮기세요.

❶ He was sorry <u>to hear the bad news</u>. → _____

❷ She lived <u>to be 100 years old</u>. → _____

❸ John came here <u>to show off his bike</u>. → _____

❹ Jeremy must be sad <u>to be leaving</u>. → _____

❺ I majored in English <u>to teach students</u>. → _____

2 다음 문장에서 틀린 부분을 찾아 올바르게 고치세요.

❶ My mom is too busy to doing another job. _____ → _____

❷ He is enough wise to know that. _____ → _____

❸ John is too slower to do the work. _____ → _____

A 괄호 안의 단어를 빈칸에 알맞게 바꾸고 문장을 해석하세요.

1 It is dangerous _____ alone. (swim)

   → _____

2 He looked around _____ a place to sleep. (find)

   → _____

3 _____ other countries is always exciting. (visit)

   → _____

4 She needs a sheet of paper _____ on. (write)

   → _____

5 I went to the theater _____ the latest *Transformers* movie. (see)

   → _____

B 밑줄 친 부분의 쓰임을 밝히고 해석하세요.

1 It is bad for your health <u>to sleep too much</u>.

   → 쓰임: _____   해석: _____

2 I don't want <u>to see you again</u>!

   → 쓰임: _____   해석: _____

3 Her wish is <u>to become the first female president</u>.

   → 쓰임: _____   해석: _____

4 Mary bought a book <u>to read</u>.

   → 쓰임: _____   해석: _____

5 <u>To wake up early</u> is very difficult.

   → 쓰임: _____   해석: _____

C 밑줄 친 부분을 바르게 고치세요.

1 Dad wants me <u>to washing</u> his car.   → _____

2 Everybody wants <u>to is</u> happy.   → _____

3 <u>Know ourselves</u> is very important.   → _____

4 John is <u>enough old to</u> drive.   → _____

5 We <u>decided eating</u> at that restaurant.   → _____

A 다음 표현들을 어순에 맞게 배열하여 문장을 완성하세요.

1 우리는 양파 수프를 만들기 위해 양파를 샀다.

(we / to / make / onions / bought / onion / soup)

→ _____

2 우리는 이 나라가 곧 통일되기를 희망한다. (we / this / country / to / unified / expect / soon / be)

→ _____

3 나는 친구들과 대화하기 위해 메신저를 사용한다.

(use / I / my / friends / talk / to / messenger / to)

→ _____

4 그는 자라서 유명한 배우가 되었다. (grew / up / he / a / actor / famous / be / to)

→ _____

5 그녀는 바다로 가고 싶어 한다. (wants / she / to / go / the beach / to)

→ _____

B 다음 문장을 영어로 옮기세요.

1 영어 일기를 쓰는 것은 어렵다. (keep a diary in English)

→ _____

2 내가 차를 운전하는 것은 어렵다. (drive)

→ _____

3 나는 그 영화를 보고 싶지 않다. (see)

→ _____

4 나는 바이올린 연주하는 것을 좋아한다. (play the violin)

→ _____

5 그는 게임을 하지 않기로 결정했다. (not, play games)

→ _____

6 나는 Jane과 함께 가게 되어서 기쁘다. (happy, go with)

→ _____

7 나는 운전할 차가 필요하다. (drive)

→ _____

UNIT 10 부정사의 의미상의 주어

A 의미상의 주어를 따로 쓰지 않는 경우

 1 문장의 주어와 부정사의 의미상의 주어가 일치할 때

- I want to go with you.   I가 to go의 의미상의 주어
- David decided to stay here.   David가 to stay의 의미상의 주어
- She is old enough to work.   She가 to work의 의미상의 주어

 2 문장의 목적어가 부정사의 의미상의 주어일 때

- I want her to do the work.   her가 to do의 의미상의 주어
- John allowed me to come in.   me가 to come in의 의미상의 주어
- She asked him to answer the question.   him이 to answer의 의미상의 주어
- Mary told her son to clean his room.   her son이 to clean의 의미상의 주어

 3 일반인이 부정사의 의미상의 주어일 때

- It is difficult to wake up early.   일반인이 to wake up의 의미상의 주어
- It is common to have snow in Gangwon-do.   일반인이 to have의 의미상의 주어

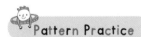

부정사의 의미상의 주어에 밑줄을 치세요. 없으면 '일반인'이라고 쓰세요.

① It is hard to learn Chinese.

② I want to tell you something.

③ I expect you to be on time.

④ She told him to take a shower.

⑤ Ms. Sanchez wishes to win the lottery.

72

B 의미상의 주어를 따로 써야 하는 경우

 of + 목적격: 의미상의 주어가 문장의 주어와 일치하지 않으면서 사람의 성질을 나타내는 단어가 앞에 있을 때는 「of + 목적격」으로 쓴다.

- It is *kind* of you <u>to say</u> so.
- It is *foolish* of you <u>to think</u> so.
- It is *nice* of you <u>to help</u> the poor.
- It is *rude* of you <u>to behave</u> like that.

for + 목적격: 의미상의 주어가 문장의 주어와 일치하지 않으면서 사람의 성질을 나타내는 단어가 앞에 <u>없을</u> 때는 「for + 목적격」으로 쓴다.

- It was *a mistake* for you <u>to talk</u> like that.
- It is *hard* for Mary <u>to meet</u> John.
- It is *difficult* for her <u>to do</u> that work.
- It is *impossible* for him <u>to finish</u> his homework.

Pattern Practice

1 우리말에 맞게 빈칸에 알맞은 표현을 쓰세요.

❶ 네가 그렇게 말한 것은 부주의한 것이었다.
→ It was careless _____ _____ to say so.

❷ 네가 조용히 있던 것은 현명한 것이었다.
→ It was wise _____ _____ to be quiet.

❸ 그가 그 아이를 나무란 것은 어리석은 것이었다.
→ It was silly _____ _____ to scold the kid.

❹ Bill이 한국어를 공부하는 것은 쉽지 않다.
→ It isn't easy _____ _____ to study Korean.

❺ 그들이 여기에 온 것은 소용이 없다.
→ It is useless _____ _____ to come here.

2 다음 문장에서 틀린 부분을 올바르게 고치세요.

❶ It is impossible of you to lift that box.　　_____ → _____

❷ This book is too difficult of me to read.　　_____ → _____

❸ There is no money me to spend.　　_____ → _____

❹ She wants me go home early.　　_____ → _____

❺ I expect for the team to win.　　_____ → _____

GRAMMAR PRACTICE

문법 사항 복습하기

A 괄호 안의 표현 중 알맞은 것을 고르세요.

1 It is difficult (for / of) him to understand.

2 It is easy (for / of) me to solve the problem.

3 It was wise (for / of) her to tell the truth.

4 Tell (for me / me) what to do.

5 The doctor advised (for me / me) to rest.

B 다음 빈칸에 알맞은 표현을 쓰세요.

1 그가 일주일 안에 그 일을 끝내기는 어려울 것이다.

→ It will be difficult _____ _____ to finish the work in a week.

2 컴퓨터를 쓰는 것은 내게는 쉬운 일이다.

→ It is easy _____ _____ to use a computer.

3 집에 저를 데려다 주시다니 친절하시군요.

→ It is kind _____ _____ to drive me home.

4 의사는 그가 담배를 끊도록 했다.

→ The doctor got _____ _____ _____ smoking.

5 그는 나에게 공부하라고 말했다.

→ He told _____ _____ _____ .

C 다음 문장에서 틀린 부분을 올바르게 고치세요.

1 It is easy use a remote control.   _____ → _____

2 I want to be run a marathon.   _____ → _____

3 He told for me to study hard.   _____ → _____

4 They advised of me to stop playing games. _____ → _____

5 He hopes for him to see her again.   _____ → _____

6 I went to the store buy some snacks.   _____ → _____

7 The girl grew up be a programmer.   _____ → _____

8 She wants sleeping now.   _____ → _____

9 The lady is too old skiing.   _____ → _____

74

Ⓐ 다음 표현들을 어순에 맞게 배열하여 문장을 완성하세요.

1 방을 치우는 것은 나에게는 쉽다. (for / to / it / easy / is / me / my / room / clean)

→ _____

2 그들은 내가 그 문제를 풀기를 원했다. (wanted / they / me / to / the / problem / solve)

→ _____

3 엄마는 내가 숙제를 하도록 시켰다. (me / got / mom / my / homework / do / to)

→ _____

4 나는 친구에게 쿠키를 만들어 달라고 부탁했다.

(asked / to / my / friend / I / some / cookies / make)

→ _____

5 그녀는 내년에 로스앤젤레스를 다시 방문하기를 희망한다.

(to / she / Los Angeles / again / hopes / visit / next / year)

→ _____

Ⓑ 다음 문장을 영어로 옮기세요.

1 그녀는 잡지를 읽기를 원한다. (to read)

→ _____

2 네가 아픈 사람들을 도와주다니 참 친절하구나. (to help)

→ _____

3 저 자전거는 어린 소녀가 들어올리기에는 쉽지 않다. (to lift)

→ _____

4 그녀는 좋은 성적을 받기 위해 열심히 공부한다. (to get)

→ _____

5 의사는 나에게 잠을 너무 자지 말라고 충고했다. (to sleep)

→ _____

6 Jane은 숙제를 끝내서 기쁘다. (to finish)

→ _____

7 우리는 그 책상을 옮길 필요가 있다. (to move)

→ _____

REVIEW TEST

A 다음 괄호 안에서 알맞은 표현을 고르세요.

1 We decided (to go / going) out.

2 It is difficult (for / of) him to cross the bridge.

3 It took four hours (for / of) her to finish the work.

4 It was rude (for / of) him to refuse her invitation.

5 It is impossible for us (imagine / to imagine) life without cars.

6 I asked Jack (fixing / to fix) my car.

7 It is very easy (to get / get) lost at night.

8 Jane wants (to read / reading) the book.

9 It was kind (for / of) you to help the old lady.

10 (Know / To know) oneself isn't an easy thing.

B 다음 문장에서 부정사의 문장 성분을 밝히세요.

1 To sleep well is good for your health. _____

2 My hobby is to play computer games. _____

3 It is important to drive carefully. _____

4 Children don't like to be alone. _____

5 I want to study a foreign language. _____

6 David decided to go alone. _____

7 My mom hopes to win the lottery. _____

8 It is impossible for me to lift that box. _____

9 Her plan is to go abroad next year. _____

10 To persuade him is impossible. _____

C 다음 문장에서 틀린 부분을 올바르게 고치세요.

1 It was very foolish for you to do that.

   _____ → _____

2 Her goal is be the CEO.

   _____ → _____

3 They decided cutting the price of the product.

   _____ → _____

4 Work together is helpful to build teamwork.

   _____ → _____

5 I need to be write a history essay.

   _____ → _____

D 다음 빈칸에 알맞은 표현을 쓰세요.

1 설거지를 하다니 너 참 친절하구나.

   → It is kind _____ _____ _____ _____ the dishes.

2 나의 계획은 오후에 쇼핑하러 가는 것이다.

   → My plan is _____ _____ shopping this afternoon.

3 여기에 네가 들을 씨디가 있다.

   → Here is a CD _____ _____ _____ listen to.

4 그는 그녀를 보고 싶지 않았다.

   → He _____ _____ _____ _____ her.

5 같이 있어서 즐거웠다.

   → It was pleasant _____ _____ _____ _____ with each other.

E 다음 빈칸에 알맞은 표현을 쓰세요.

1 나는 동전을 수집하고 싶다.
  → I _____ _____ _____ coins.

2 나는 그 표를 사기로 결정했다.
  → I _____ _____ _____ _____ _____.

3 그는 읽을 책이 한 권 있다.
  → He _____ _____ _____ _____ _____.

4 그는 얘기할 친구가 없다.
  → He _____ _____ _____ _____ to.

5 그렇게 말씀하시다니 당신은 친절하군요.
  → It _____ _____ _____ _____ _____ _____ so.

F 다음 문장을 영어로 옮기세요.

1 나는 오늘 밤에 영화 보러 가고 싶다.
  → _____

2 David는 그 시험에 합격하기를 희망한다.
  → _____

3 Mary는 단어를 공부할 필요가 있다.
  → _____

4 그녀는 아들이 축구 선수가 되기를 원한다.
  → _____

5 나는 내일 여행을 가기로 결정했다.
  → _____

CHAPTER 06

동명사

UNIT 11 동명사의 용법과 의미상의 주어

A 동명사의 용법

「동사 + -ing」 형태의 동명사는 명사의 성질을 가지고 있으므로 문장에서 주어, 목적어, 보어로 쓰일 수 있으며, '~하는 것, ~하기' 등으로 해석된다.

 1 주어로 쓰이는 동명사

- Playing computer games is fun. (컴퓨터 게임을 하는 것)
- Studying math is difficult for me. (수학을 공부하는 것)
- Using the mouse properly is important when using a computer. (마우스를 제대로 쓰는 것)
- Hitting someone is a bad thing to do. (누군가를 때리는 것)
- Learning English is very useful. (영어를 배우는 것)

Pattern Practice

괄호 안의 단어를 빈칸에 알맞게 바꿔 쓰세요.

❶ _____ English is difficult. (study)

❷ _____ naps is good for your health. (take)

❸ _____ at someone is rude. (yell)

❹ _____ is always exciting. (listen) (씨스타의 노래를 듣는 것)

목적어로 쓰이는 동명사

- David enjoys playing basketball. (농구 하는 것)

- Do you mind me sitting next to you? (당신 옆에 앉는 것)

- Jane finished doing her homework. (숙제를 하는 것)

- She stopped drinking soda. (탄산음료를 마시는 것)

- Don't give up studying English. (영어를 공부하는 것)

 보어로 쓰이는 동명사

- My hobby is going to the movies. (영화를 보러 가는 것)

- Her habit is biting her nails. (손톱을 깨무는 것)

- John's problem is not washing his hands before eating. (식사하기 전에 손을 씻지 않는 것)

- My job is answering the phones. (전화를 받는 것)

독해에 적용하기

「동사 + -ing」 형태로 되어 있다고 해서 무조건 동명사로 보면 해석할 때 엉뚱한 뜻이 될 수도 있다. 그 이유는 같은 형태의 '현재분사'가 있기 때문이다. 현재분사는 진행의 의미가 있어서 '~하는 중'으로 해석한다.

- She was answering the phone.
  현재분사: 진행의 의미
  (그녀는 전화를 받는 중이었다.)
- Her job was answering the phone.
  동명사: 보어로 쓰이고 있음
  (그녀의 직업은 전화를 받는 것이었다.)

Pattern Practice

1 괄호 안의 단어를 빈칸에 알맞게 바꿔 쓰세요.

❶ I like ＿＿＿＿＿＿＿＿＿ TV. (watch)

❷ Mary gave up ＿＿＿＿＿＿＿ her role in the movie. (play)

❸ John stopped ＿＿＿＿＿＿＿＿＿＿＿＿＿＿＿＿＿＿＿＿. (play) (컴퓨터 게임을 하는 것)

2 괄호 안의 단어를 빈칸에 알맞게 바꿔 쓰세요.

❶ ＿＿＿＿＿＿＿ a great singer isn't easy. (become)

❷ Jane's hobby is ＿＿＿＿＿＿＿ pretty dolls. (collect)

❸ ＿＿＿＿＿＿＿＿＿＿＿＿＿＿ is a big event in one's life. (get married) (결혼하는 것)

B 동명사의 의미상의 주어

동명사는 동사에서 온 것이기 때문에 동명사 자체도 하나의 행동을 나타낸다. 행동이 있으면
그 행동의 주체가 있기 마련인데, 이 주체가 바로 동명사의 의미상의 주어가 된다.

 동명사의 의미상의 주어가 문장의 주어와 일치하는 경우: 의미상의 주어를 따로 쓰지 않는다.

- She enjoys studying English.   studying의 의미상의 주어는 she
- David finished writing a report.   writing의 의미상의 주어는 David
- They like climbing mountains.   climbing의 의미상의 주어는 They
- Do you mind closing the door?   closing의 의미상의 주어는 you
- I hate waking up early in the morning.   waking up의 의미상의 주어는 I

 동명사의 의미상의 주어가 문장의 주어와 일치하지 않는 경우: 동명사의 의미상의 주어가
문장의 주어가 아닐 때는 동명사 앞에 의미상의 주어를 소유격으로 쓰는 것이 원칙이나,
구어체에서는 목적격으로 쓰는 것이 더 일반적이다.

- Do you mind me [my] sitting here?   sitting의 의미상의 주어는 me [my]
- I don't like him [his] coming here.   coming의 의미상의 주어는 him [his]
- John enjoyed her dancing.   dancing의 의미상의 주어는 her
- I am ashamed of his being lazy.   being의 의미상의 주어는 his

> **Writing에 적용하기**
> 전치사 뒤에 동사를 쓸 때는 동명사(-ing)를
> 써야 한다.
> - I'm afraid of losing the game. (○)
> - I'm afraid of ~~lose~~ the game. (✗)
> - I'm afraid of ~~to lose~~ the game. (✗)

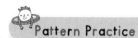 **Pattern Practice**

다음 문장에서 동명사의 의미상의 주어에 밑줄 치세요.

1. I remember going to the movies with you last year.

2. My dad likes repairing things.

3. She began crying again.

4. Mary didn't like watching TV when she was young.

5. I don't like Jane playing with us.

6. My mom is proud of me singing well.

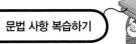

A 괄호 안의 표현 중 알맞은 것을 고르세요.

1 He stopped (smoking / to smoke) to be healthy.

2 They finished (doing / to do) the work.

3 (Swim / Swimming) makes your body look nice.

4 Her hobby is (made / making) cookies for her friends.

5 I don't mind her (coming / to come) here with her boyfriend.

B 다음 빈칸에 알맞은 표현을 쓰세요.

1 그의 취미는 바이올린을 연주하는 것이다.

→ His hobby is _____ the violin.

2 책을 읽는 것은 우리에게 좋다.

→ _____ books is good for us.

3 나는 작년에 홈런 친 것을 기억한다.

→ I remember _____ a homerun last year.

4 제인은 지난주에 나에게 편지 보낸 것을 잊었다.

→ Jane forgot _____ the letter to me last week.

5 내가 제일 좋아하는 취미는 요리하는 것이다.

→ My favorite hobby is _____.

C 다음 문장에서 밑줄 친 부분을 올바르게 고치세요.

1 <u>Exercise</u> too much can be harmful to your health. → _____

2 Her habit is <u>scratch</u> her skin.　　　　　　→ _____

3 She enjoys <u>to eat</u> scrambled eggs for breakfast.　→ _____

4 John gave up <u>to smoke</u>.　　　　　　　　→ _____

5 Thank you for <u>help</u> her.　　　　　　　　→ _____

A 다음 표현들을 어순에 맞게 배열하여 문장을 완성하세요.

1 자신을 아는 것은 매우 중요하다. (yourself / knowing / very / is / important)

→

2 그녀는 어제 수학 공부를 끝냈다. (studying / she / math / yesterday / finished)

→

3 그녀의 취미는 음악을 듣는 것이다. (hobby / her / music / listening / to / is)

→

4 나무를 심는 것은 자연에 좋다. (trees / planting / good / is / nature / for)

→

5 내 여동생은 카트 미는 것을 좋아한다. (likes / sister / carts / pushing / little / my)

→

B 다음 문장을 영어로 옮기세요.

1 컴퓨터를 사용하는 것은 쉽다. (using)

→

2 David의 취미는 컴퓨터 게임을 하는 것이다. (playing)

→

3 물건을 훔치는 것은 매우 나쁜 버릇이다. (stealing)

→

4 너무 적게 자는 것은 건강에 나쁘다. (sleeping)

→

5 그녀는 TV 보는 것을 즐긴다. (watching)

→

6 노트북을 고치는 것은 어렵다. (fixing)

→

7 나는 등산을 좋아한다. (hiking)

→

UNIT 12 동명사와 부정사

A 동사의 목적어로 쓰이는 동명사와 부정사

동사에 따라서 부정사만 목적어로 취하거나 동명사만 목적어로 취하는 동사들이 있다. 또한 둘 다 취하면서 뜻이 같은 경우도 있고 다른 경우도 있다.

 목적어로 동명사와 부정사 중 하나만 쓸 수 있는 동사

(1) 목적어로 동명사만 쓸 수 있는 동사들: enjoy, mind, finish, avoid 등

(2) 목적어로 부정사만 쓸 수 있는 동사들: want, decide, expect, wish, hope 등

- They enjoyed having a party on the beach.
- I want to sleep now.
- Mary finished taking the test.
- David decided to buy a new car.
- I try to avoid meeting her.
- She hopes to finish her homework soon.

Pattern Practice

괄호 안의 단어를 빈칸에 알맞게 바꿔 쓰세요.

❶ Jane finished _____ the report. (write)

❷ Mary is expected _____ the game. (win)

❸ He wishes _____ . (meet) (그녀와 만나는 것)

동사의 목적어로 양쪽 다 쓸 수 있는 동사

(1) 동명사와 부정사 둘 다 취하면서 뜻도 같은 경우: like, love, start, begin 등

- I <u>like</u> eating (= to eat) snacks.
- She <u>started</u> crying (= to cry) when she was seeing a sad movie.
- David <u>began</u> throwing (= to throw) balls at me.

(2 동명사와 부정사 둘 다 취하지만 뜻이 변하는 경우: stop, remember, forget, try 등

- I <u>forgot</u> to buy the book for her.　　　　～할 것을 잊다
- I <u>forgot</u> buying the book for her.　　　　～한 것을 잊다
- They <u>stopped</u> reading because they were tired.　　～을 멈추다
- They <u>stopped</u> to read the sign.　　　　～을 하기 위해 멈추다
- I <u>remembered</u> to buy milk.　　　　～할 것을 기억하다
- I <u>remember</u> buying milk at that store.　　～한 것을 기억하다

독해에 적용하기

remember와 forget은 뒤에 부정사를 쓰느냐 동명사를 쓰느냐에 따라 의미상의 변화가 생긴다. 주로 동명사는 과거의 의미, 부정사는 미래의 의미를 가진다. 아래의 예문을 다시 보자.

- I remember <u>to buy</u> milk. (나는 우유를 살 것을 기억한다.)
  → remember뒤에 부정사가 쓰였으므로 부정사 부분을 '～할 것'이라고 미래의 의미로 해석한다.
- I remember <u>buying</u> milk. (나는 우유를 산 것을 기억한다.)
  → remember 뒤에 동명사가 쓰였으므로 동명사 부분을 '～한 것'이라고 과거의 의미로 해석한다.

Pattern Practice

괄호 안의 단어를 빈칸에 알맞게 바꿔 쓰세요.

❶ She remembers _____ them last year. (meet)

❷ I did my best. I tried _____ hard. (study)

❸ My dad stopped _____ to be healthy. (drink)

❹ Don't forget _____ your dirty hands! (wash)

❺ John _____. (stop, call) (그녀에게 전화하려고 멈추었다)

A 괄호 안의 표현 중 알맞은 것을 고르세요.

1 She likes (to go / go) to the movies.

2 They enjoy (to learn / learning) about nature.

3 He expects (to receive / receiving) the package tonight.

4 Jane stopped (to check / checking) her mail box to look for any letters.

5 Mary avoided (to do / doing) the work.

B 다음 빈칸에 알맞은 표현을 쓰세요.

1 나는 출판사에 원고를 보낸 것을 기억한다.

→ I remember _____ the manuscript to the publisher.

2 David는 직장을 그만두기로 결정했다.

→ David decided _____ his job.

3 그녀는 물을 마실 것을 잊었다.

→ She forgot _____ the water.

4 나는 여러 번 그를 설득하려고 노력했지만 그는 내 말을 듣지 않으려고 했다.

→ I tried _____ him several times, but he wouldn't listen to me.

5 그만 시계를 봐라. 이 책에 집중해!

→ Stop _____ at your watch. Concentrate on this book!

C 다음 문장에서 틀린 부분을 올바르게 고치세요.

1 Her favorite activity is take naps.

_____ → _____

2 Ann avoided to answer his questions.

_____ → _____

3 The president wishes giving money to the poor.

_____ → _____

4 John remembers to give a present to her last month.

_____ → _____

5 Jane expects getting a good score on the test.

_____ → _____

SENTENCE WRITING PRACTICE

배운 내용을 바탕으로
영어 문장 만들기

A 다음 표현들을 어순에 맞게 배열하여 문장을 완성하세요.

1 나는 백악관을 방문했던 것을 결코 잊지 못할 것이다.

(will / forget / never / I / visiting / the / White House)

→ _____

2 Jane은 바이올린을 연주하는 것을 그만두었다. (quit / Jane / the / violin / playing)

→ _____

3 그녀는 자기의 방 청소를 끝냈다. (cleaning / finished / her / room / she)

→ _____

4 나는 그들과 저녁 식사를 한 기억이 난다. (remember / dinner / with / them / having / I)

→ _____

5 나는 이 회사에서 일하기를 희망한다. (I / to / work / at / hope / this / company)

→ _____

B 다음 문장을 영어로 옮기세요.

1 내 취미는 자전거를 타는 것이다. (riding)

→ _____

2 책을 읽는 것은 흥미롭다. (reading)

→ _____

3 일찍 일어나는 것은 어렵다. (getting up)

→ _____

4 프랑스어로 편지를 쓰는 것은 어렵다. (writing)

→ _____

5 내 꿈은 시험을 통과하는 것이다. (to pass)

→ _____

6 그것을 복사해도 괜찮겠습니까? (mind, copying)

→ _____

7 전화 통화 그만해. (talking)

→ _____

REVIEW TEST

A 다음 괄호 안에서 알맞은 표현을 고르세요.

1 Would you mind (to come / coming) home earlier?

2 What time do you expect (to arrive / arriving) at Seoul?

3 People enjoy (to be / being) with their family.

4 I remember (to meet / meeting) her last year.

5 I have no time. I should stop (to talk / talking) and do my homework.

B 다음 문장에서 동명사가 어떤 성분으로 쓰이고 있는지 밝히세요.

1 Making decisions isn't easy. _____

2 My dream is buying a big house. _____

3 We enjoyed swimming at the resort. _____

4 Reading many books is very useful. _____

5 I don't like doing that work. _____

C 다음 문장에서 틀린 부분을 올바르게 고치세요.

1 He finished write a letter to her. _____ → _____

2 Pass the ball isn't easy for a beginner. _____ → _____

3 I love play tennis with her. _____ → _____

4 It began ring with a noisy sound. _____ → _____

5 John's hobby is go fishing. _____ → _____

D 다음 문장들을 해석하세요.

1 I remembered to lock the door.

→ _____

2 I stopped to buy some bread.

→ _____

3 Do you mind closing the door?

→ _____

E 다음 빈칸에 알맞은 표현을 쓰세요.

1 왜 일하는 것을 멈추었니?

→ Why did you stop _____?

2 나는 내년에 해외로 가는 것을 기대한다.

→ I expect _____ _____ abroad next year.

3 그녀는 8시까지 그녀의 숙제를 끝내기를 희망한다.

→ She hopes _____ _____ her homework by 8.

4 나는 너에게 너의 책을 돌려주는 것을 잊었다.

→ I forgot _____ _____ you your book back.

5 컴퓨터 게임을 하는 것은 즐겁다.

→ _____ _____ _____ is fun.

6 그는 친구들에게 말하기 위해 걸음을 멈추었다.

→ He _____ _____ _____ to his friends.

7 거실 청소를 끝냈니?

→ Have you _____ _____ _____ _____ _____?

8 나는 그 회의에 참석할 것을 잊어버렸다.

→ I _____ _____ _____ _____ _____.

F 다음 문장을 영어로 옮기세요.

1 나는 손흥민과 얘기하는 것을 즐겼다.

→ _____

2 우리는 한국이 언젠가 월드컵에서 우승할 것을 기대한다.

→ _____

3 컴퓨터를 해킹하는 것은 좋지 않다.

→ _____

4 제가 여기에 앉아도 되겠습니까?

→ _____

5 나는 파일들을 업데이트하는 것을 끝냈다.

→ _____

CHAPTER

07

수동태

UNIT 13 능동과 수동

A 능동태와 수동태의 차이점

주어가 행동을 하느냐 혹은 받느냐에 따라 문장은 능동태와 수동태로 구분된다.

 능동태: 주어가 어떤 동작을 '하는' 주체로 표현한 문장이다.

- He hit the ball with a bat.   주어인 He가 hit 동작함
- Mary carried the box.   주어인 Mary가 carry 동작함
- She bought a grammar book.   주어인 She가 buy 동작함
- She broke the window.   주어인 She가 break 동작함
- The teacher passed the test sheet.   주어인 The teacher가 pass 동작함

괄호 안의 표현 중 알맞은 것을 고르세요.

① The student (put / was put) the pen down.

② Jane (turned / was turned) on the light.

③ The firefighter (rescued / was rescued) the boy in the house.

④ People (elected / were elected) him chairperson.

⑤ He _____. (그는 벽에 뭔가를 썼다.)

 수동태: 주어가 행동을 '받거나 당하는' 의미로 표현한 문장이다. 수동태의 기본 형태는 동사를 「be동사 + 과거분사(p.p.)」로 쓴다.

- The box was carried by Mary. (주어인 The box가 carry 동작을 받음)
- The window was broken by her. (주어인 The window가 break 동작을 받음)
- The test sheet was passed by the teacher. (주어인 The test sheet가 pass 동작을 받음)
- I was surprised at the news. (주어인 I가 소식에 의해 놀라게 된 것)
- The car is driven by Jane. (주어인 The car가 drive 동작을 받음)
- The palace was built by ancient Egyptians. (주어인 The palace가 build 동작을 받음)
- David was disappointed with his test result. (주어인 David가 실망을 받게 된 것)
- Computers are used for doing homework and playing games. (주어인 Computers가 use 동작을 받음)

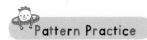

괄호 안의 표현 중 알맞은 것을 고르세요.

❶ I (touched / was touched) by him.

❷ The room (cleaned / was cleaned) by the old lady.

❸ The diamond watch (bought / was bought) by a millionaire.

❹ The patient (carried / was carried) to the hospital.

❺ The car _____. (그 차는 수리공에 의해 수리되었다.)

B 수동태 만드는 방법

능동태 문장 중에서 3, 4, 5형식 문장들은 목적어가 있으므로 수동태로 만들 수 있다.

 수동태 문장을 만드는 3단계 규칙

(1) 목적어를 찾아서 주어로 쓴다. (목적어가 있는 문장만 수동태 변환 가능)

(2) 동사를 「be동사 + p.p.」로 바꾼다. (be동사는 수동태 주어의 인칭·수·시제를 고려해서 써야 한다.)

(3) 능동태 문장의 주어를 수동태 문장에 「by + 행위자」로 쓴다. (by 뒤의 대명사는 목적격으로 쓴다.)

   • John broke <u>the window</u>. (the window가 목적어)
     → The window ~ (주어로 이동)

   • John <u>broke</u> the window. (broke를 「be동사+p.p.」로 바꾼다.)
     → The window was broken ~ (시제가 과거이고 주어인 the window가 단수이므로 was를 쓴다.)

   • <u>John</u> broke the window.
     → The window was broken by John. (능동태 문장의 주어 John을 수동태에서 by John으로 쓴다.)

 by 이외에 다른 전치사를 쓰는 경우도 있다.

   • Mary was surprised at the news. (~에 놀라다)

   • I'm interested in studying English. (~에 흥미 있다)

   • Jane is known to everybody in her school. (~에게 알려지다)

   • The street is covered with leaves. (~으로 덮여 있다)

   • David is scared of meeting his teacher. (~을 두려워하다)

   • John is disappointed with Mary. (~에 실망하다)

Pattern Practice

1 다음 문장들을 수동태로 바꾸거나 완성하세요.

① My mom punished me.

→ _____

② Mary wrote the story.

→ _____

③ The thief stole the money at the bank.

→ _____

④ The chairperson held the meeting.

→ _____

⑤ The ball _____.

(그 공은 David에 의해 던져졌다.)

2 다음 문장들을 수동태로 바꾸세요.

① The event surprised her.

→ _____

② Snow covered the roof of the house.

→ _____

③ His behavior disappointed me.

→ _____

A 괄호 안의 표현 중 알맞은 것을 고르세요.

1 My money was (stealing / stolen) by a pickpocket.

2 The mail (delivers / was delivered) in the morning.

3 She (didn't give / wasn't given) me a present.

4 John (gives / is given) her a letter every day.

5 The room (cleaned / was cleaned) by Jane.

B 다음 빈칸에 알맞은 표현을 쓰세요.

1 이 기계는 내가 발명했다.

→ This machine ＿＿＿＿＿＿＿ ＿＿＿＿＿＿＿ by me.

2 내 자전거는 아빠가 고쳤다.

→ My bike ＿＿＿＿＿＿＿ ＿＿＿＿＿＿＿ by my dad.

3 영어는 윤 선생님에 의해 가르쳐진다.

→ English ＿＿＿＿＿＿＿ ＿＿＿＿＿＿＿ by Ms. Yoon.

4 그 도둑은 경찰에 의해 붙잡혔다.

→ The thief ＿＿＿＿＿＿＿ ＿＿＿＿＿＿＿ by the police.

5 나는 그녀에 의해 파티에 초대받았다.

→ I ＿＿＿＿＿＿＿ ＿＿＿＿＿＿＿ to the party by her.

C 다음 문장에서 틀린 부분을 올바르게 고치세요.

1 Lots of pencils used every day.   ＿＿＿＿＿＿ → ＿＿＿＿＿＿

2 The project planned by the team. (과거 시제로)   ＿＿＿＿＿＿ → ＿＿＿＿＿＿

3 The *Harry Potter* books written by J.K. Rowling.   ＿＿＿＿＿＿ → ＿＿＿＿＿＿

4 This sweater was make by my aunt.   ＿＿＿＿＿＿ → ＿＿＿＿＿＿

5 The news was reporting by the reporter.   ＿＿＿＿＿＿ → ＿＿＿＿＿＿

A 다음 표현들을 어순에 맞게 배열하여 문장을 완성하세요.

1 이 집은 Harry에 의해 지어졌다. (built / this / house / was / Harry / by)

→ _____

2 그의 차는 공에 맞았다. (was / his / car / by / a / ball / hit)

→ _____

3 그 쥐는 고양이에 의해 죽었다. (the / cat / by / killed / the / mouse / was)

→ _____

4 전화선이 테러범에 의해 잘렸다. (by / the / phone line / a / terrorist / cut / was)

→ _____

5 이 그림은 Mary에 의해 그려졌다. (painted / Mary / was / by / this / picture)

→ _____

B 다음 문장을 영어로 옮기세요.

1 그는 다시 대통령으로 선출되었다. (elect)

→ _____

2 그 상자는 내 아버지에 의해 만들어졌다. (make)

→ _____

3 미국은 Columbus에 의해 발견되었다. (discover)

→ _____

4 '디아블로(Diablo)'는 Blizzard에 의해 만들어졌다. (make)

→ _____

5 Monica는 소방관에 의해 구조되었다. (rescue)

→ _____

6 그 책은 Shakespeare에 의해 쓰여지지 않았다. (write)

→ _____

7 오늘 저녁 식사는 Mary에 의해 요리되었다. (cook)

→ _____

UNIT 14 여러 가지 형식의 수동태

A 3형식(S + V + O)의 수동태

3형식 문장은 목적어가 하나밖에 없기 때문에 수동태로 전환하는 것이 비교적 간단하다.

 3형식 문장을 수동태로 바꾸면 다음과 같다.

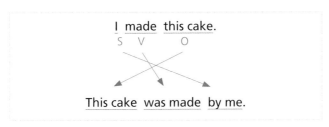

- Mary used my computer.
  → My computer was used by Mary.

- My friend didn't draw this picture.
  → This picture wasn't drawn by my friend.
  ≫ 부정문의 수동태는 부정어를 be동사 뒤에 쓴다.

- She opened the door.
  → The door was opened by her.

- I cut the paper.
  → The paper was cut by me.

「by + 행위자」는 행위자가 불분명한 경우나 일반인일 때 생략이 가능하다.

- He was killed in the war (by someone).
- Spanish is spoken in Mexico (by people).
- The tower was built in 1972 (by them).

Pattern Practice

1 빈칸에 알맞은 표현을 쓰세요.

❶ Jane finished the report.

→ _____ was finished _____.

❷ They expect Mary to win the game.

→ _____ is expected to win the game _____.

❸ The CD _____. (CD가 그 상자 안에서 David에 의해 발견되었다.)

2 다음 문장들을 수동태로 바꾸세요.

❶ People speak Korean in Korea.

→ _____

❷ Someone stole her bike.

→ _____

❸ The street _____. (그 길은 흰색으로 칠해졌다.)

B 4형식(S + V + I.O. + D.O.)의 수동태

4형식 문장은 목적어가 두 개이므로 각각의 목적어를 주어로 쓰는 수동태를 만들 수 있다.
간접목적어와 직접목적어를 정확하게 찾는 것이 중요하다.

 1 4형식은 목적어가 두 개이므로 두 가지 수동태가 가능하다.

(1) 간접목적어를 주어로 쓰는 수동태

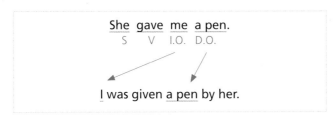

(2) 직접목적어를 주어로 쓰는 수동태(간접목적어 앞에 전치사를 쓴다.)

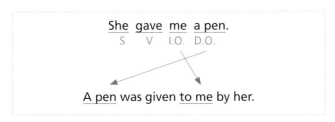

> **Writing에 적용하기**
>
> 직접목적어를 주어로 쓰는 수동태에서
> 간접목적어 앞에 쓰는 전치사는 동사에 따라
> 결정된다.
> · give, send, pay, show 류 → to
> · make, buy 류 → for
> · ask 류 → of

Pattern Practice

다음 문장들을 괄호 안의 지시에 따라 수동태로 바꾸세요.

❶ Jane wrote me a letter. (a letter를 주어로)

→ _____

❷ She bought him some chocolate. (some chocolate를 주어로)

→ _____

❸ He _____. (그는 10달러를 지급받았다.)

C 5형식(S + V + O + O.C.)의 수동태

5형식과 4형식 문장은 비슷한 구조를 가지고 있으므로 명확한 구분이 필요하다. 본 책의 Chapter 1 (문장의 구조)를 다시 확인하자.

 1 5형식 문장을 수동태로 바꿀 때: 목적격 보어를 주어로 같이 보내지 않도록 주의한다.

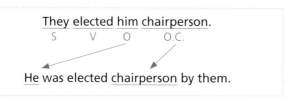

- She made him happy.
  - → He was made happy by her.

- You made me a better person.
  - → I was made a better person by you.

- His lie made the teacher angry.
  - → The teacher was made angry his lie.

Pattern Practice

다음 문장들을 수동태로 바꾸세요.

① He heard them singing. → _____

② I made my parents proud. → _____

③ They believed him innocent. → _____

A 괄호 안의 표현 중 알맞은 것을 고르세요.

1 The room (doesn't clean / wasn't cleaned) by Mary.

2 Steve Jobs (invented / was invented) iPhone.

3 The dishes (washed / were washed) by Jane.

4 The book was given (to / for) her by me.

5 This mouse was bought (to / for) my sister by me.

B 다음 빈칸에 알맞은 표현을 쓰세요.

1 그 소년은 Monica에게 도움을 받았다.

→ The boy _____ _____ by Monica.

2 그 스파이는 나에게서 정보를 받았다.

→ The spy was given _____ by me.

3 그 정보는 그 스파이에게 나에 의해 주어졌다.

→ The information _____ _____ _____ the spy by me.

4 Josh는 코치에 의해 주장이 되었다.

→ Josh _____ _____ the captain by his coach.

5 다섯 집이 불에 의해 태워졌다.

→ Five houses _____ _____ in the fire.

C 다음 문장에서 틀린 부분을 올바르게 고치세요.

1 Miss Jones is taught us English. _____ → _____

2 The article written by Antonio. _____ → _____

3 John was punish by his teacher. _____ → _____

4 The books was published by the company. _____ → _____

5 Our house was painting in white. _____ → _____

A 다음 표현들을 어순에 맞게 배열하여 문장을 완성하세요.

1 그 일은 그녀에 의해 실행될 것이다. (will / done / be / the / work / by / her)

   → _____

2 그 선물은 아버지에 의해 나에게 주어졌다.

   (me / to / given / was / father / the / present / by / my)

   → _____

3 그 노란 집은 유명한 건축가에 의해 지어졌다.

   (by / a / famous / the / house / built / architect / was / yellow)

   → _____

4 Jane은 John에 의해 그 파티에 초대받았다.

   (invited / John / by / was / Jane / to / the / party)

   → _____

5 이 편지는 Mary에 의해 Paul에게로 보내졌다.

   (to / Mary / was / Paul / letter / this / sent / by)

   → _____

B 다음 문장을 영어로 옮기세요.

1 그 태블릿 컴퓨터는 그에 의해 나를 위해서 구입되었다. (bought)

   → _____

2 그 이상한 질문이 그에 의해서 나에게 던져졌다. (asked)

   → _____

3 그녀는 우리에 의해 Sue라고 불린다. (called)

   → _____

4 그 꽃병은 그녀에 의해 깨졌다. (broken)

   → _____

5 그 컴퓨터는 나에 의해 켜졌다. (turned on)

   → _____

6 그 상자는 삼촌에 의해 운반되었다. (carried)

   → _____

7 그 시계는 수리공에 의해 고쳐졌다. (fixed)

   → _____

REVIEW TEST

A 다음 괄호 안에서 알맞은 표현을 고르세요.

1 This smartphone (made / was made) in China.

2 Your name should (write / be written) on it.

3 People (wrote / were written) their answers on it.

4 Jane (broke / was broken) the vase.

5 English (spoke / is spoken) in America.

6 The man (killed / was killed) in the war.

7 The house (burned / was burnt) by a child.

8 Mary's bike (stole / was stolen) last week.

9 The present (gave / was given) to him by us.

10 I (made / was made) him go there.

11 The e-mail (was writing / was written) by David yesterday.

12 This film (made / was made) in the late 1980s.

13 Jane (gave / was given) a birthday present to John.

14 He was known (for / to) everybody.

B 다음 문장에서 틀린 부분을 올바르게 고치세요.

1 This picture was taking by her. ＿＿＿＿＿＿ → ＿＿＿＿＿＿

2 The boy was run over by a car. ＿＿＿＿＿＿ → ＿＿＿＿＿＿

3 She was written by a letter. ＿＿＿＿＿＿ → ＿＿＿＿＿＿

4 Mary is satisfied by the result. ＿＿＿＿＿＿ → ＿＿＿＿＿＿

5 His luck was envied him by them. ＿＿＿＿＿＿ → ＿＿＿＿＿＿

6 A new car was bought to him by his father. ＿＿＿＿＿＿ → ＿＿＿＿＿＿

7 The money was given for her by someone. ＿＿＿＿＿＿ → ＿＿＿＿＿＿

8 The mountain was covered by snow. ＿＿＿＿＿＿ → ＿＿＿＿＿＿

9 I'm not interested with the story. ＿＿＿＿＿＿ → ＿＿＿＿＿＿

10 Are you satisfied by your score? ＿＿＿＿＿＿ → ＿＿＿＿＿＿

다음 빈칸에 알맞은 표현을 쓰세요.

1 나는 그에게서 시계를 받았다.
  → I _____ _____ a watch by him.

2 나는 그에게서 영화를 보러 가도 된다고 허락을 받았다.
  → I _____ _____ to go to the movies by him.

3 그 길은 눈으로 덮여 있었다.
  → The street _____ _____ _____ snow.

4 그녀는 그 소식에 놀랐다.
  → She _____ _____ _____ the news.

5 나는 삼촌에 의해서 병원에 가게 되었다.
  → I _____ _____ _____ _____ _____ by my uncle.

6 누군가에 의해 상자 안에 있던 모든 것들이 도난당했다.
  → Everything in the box _____ _____ _____ _____.

7 나는 선생님에게 꾸중을 들었다.
  → I _____ _____ _____ _____.

8 이 책은 많은 학생들에게 읽혔다.
  → This book _____ _____ _____ _____ _____.

다음 문장을 영어로 옮기세요.

1 그 차는 그 남자에 의해 운전되었다.
  → _____

2 그 비행기는 한 테러범에 의해 납치되었다. (hijacked)
  → _____

3 나는 엄마에게 벌을 받았다.
  → _____

4 나는 영화 제작에 흥미가 있다. (film production)
  → _____

5 Jane은 걸어 다니는 사전이라고 불린다. (walking dictionary)
  → _____

CHAPTER

08

가정법

UNIT 15 가정법 현재

A 직설법과 가정법

 직설법은 어떤 상태나 동작을 있는 그대로 말하는 것이다.

- It is cloudy today.
- He is honest.
- David studies English hard.
- Jane helps me with my homework.

 가정법은 어떤 상태나 동작을 가정해서 말하는 것이다.

- If it is fine tomorrow, we will go on a picnic.
- If he is honest, I will work with him.
  → If he is not honest, I will not work with him.
- If David studies English hard, he can pass the exam.
- If Jane helps me with my homework, I will be able to finish it by 7.

Pattern Practice

다음 문장을 해석하세요.

❶ It is snowing outside now.

→ _____

❷ If it snows tomorrow, we will go skiing.

→ _____

❸ If it doesn't snow tomorrow, we won't go skiing.

→ _____

❹ If it rains tomorrow, we won't go on a picnic.

→ _____

❺ If it doesn't rain tomorrow, we will go on a picnic.

→ _____

B 가정법 현재

가정법 현재는 현재와 미래의 일을 가정해서 말하는 것이며, 단순 조건문이라고도 한다.

⭐1 가정법 현재형 문장의 기본 형태

가정절(만약 ~이라면)				귀결절(…일 것이다)			
접속사	주어	**동사**	~,	주어	**조동사**	**본동사**	….
If	S	**현재 동사**	~,	S	**will can might**	**동사원형**	….
If	it	**is**	hot tomorrow,	I	**will**	**go**	swimming.
만약 내일 날씨가 덥다면,				나는 수영하러 갈 것이다.			

* 귀결절의 조동사는 문장의 내용에 맞게 선택해서 사용한다.

- If the weather is warm this weekend, we will go hiking.
- If I have time tomorrow, I will go to a movie with my girlfriend.
- If you save money, you will be able to buy a house.
- If I need your help, I will visit you.

⭐2 가정법 현재의 기능: 현재와 미래 일에 대한 가정을 나타낸다.

- If it is not windy this afternoon, we can play badminton.
- If it rains heavily tomorrow, the festival will be canceled.
- If you pass the exam, I will buy you a bike.
- If you meet Jane, you will like her.
- If you don't hurry up, you will be late for school.

 Pattern Practice

다음 문장에서 괄호 안의 동사를 알맞은 형태로 쓰세요.

❶ If it _____ (snow) heavily tomorrow, the game will be canceled.

❷ If I have enough time, I _____ _____ (help) her.

❸ If I _____ _____ (not, call) my parents, they will be worried.

❹ If you _____ _____ (not, leave) early, you won't catch the first train.

❺ If she is honest and kind, we _____ _____ (employ) her.

A 괄호 안의 표현 중 알맞을 것을 고르세요.

1 If she is a bilingual, I (will employ / employ) her.

2 If it rains this weekend, we (cancel / will cancel) the trip.

3 If you (study / studied) hard, I will buy you an MP3 player.

4 If it (is / was) fine tomorrow, we will play tennis.

5 If you leave now, you (can catch / can't catch) the last bus.

6 If it is windy today, we (can't play / play) badminton.

7 If you (helped / help) me, I will be able to finish the work earlier.

8 If he (has / had) time tomorrow, he may come to help us.

9 If you (don't save / didn't save) money, you won't be able to buy the house.

10 If I need your help, I (call / will call) you.

B 다음 빈칸에 알맞은 표현을 쓰세요.

1 만약 네가 그 시험에 합격한다면, 내가 너에게 컴퓨터를 한 대 사 주겠다.
→ If you _____ the exam, I _____ _____ you a computer.

2 만약 네가 Mary를 만난다면, 너는 그녀를 좋아할 것이다.
→ If you _____ Mary, you _____ _____ her.

3 만약 그가 영어 말하기를 잘 한다면, 우리는 그를 미국으로 보낼 것이다.
→ If he _____ English well, we _____ _____ him to America.

4 만약 네가 서두른다면, 너는 제시간에 도착할 수 있을 것이다.
→ If you _____ up, you _____ _____ able to arrive in time.

5 만약 네가 일찍 일어난다면, 너는 학교에 늦지 않을 것이다.
→ If you _____ up early, you _____ _____ late for school.

6 만약 네가 최선을 다하면, 너는 성공할 수 있다.
→ If you _____ your best, you _____ _____.

7 만약 내일 날씨가 좋지 않으면, 우리는 소풍을 취소할 것이다.
→ If it _____ _____ fine tomorrow, we _____ _____ the picnic.

A 괄호 안에 주어진 표현들을 어순에 맞게 배열하여 문장을 완성하세요.

1 만약 그 셔츠가 너무 비싸지 않다면, 나는 그것을 살 것이다.
(that / expensive / If / I / it / buy / is / will / not / too)
→ _____

2 만약 그 소문이 사실이라면, 나는 그녀를 만나지 않을 것이다.
(rumor / the / If / I / her / true / meet / is / not / will)
→ _____

3 만약 내가 일자리를 얻는다면, 나는 멋진 차를 살 것이다.
(I / job / will / nice / a / If / get / buy / I / car / a)
→ _____

4 만약 네가 너무 많이 먹는다면, 너는 뚱뚱해질 것이다.
(eat / If / you / fat / too / you / much / will / fat / get)
→ _____

5 만약 네가 정기적으로 운동을 한다면, 너는 건강해질 것이다.
(you / regularly / you / be / healthy / exercise / If / will)
→ _____

B 다음 문장을 영어로 옮기세요.

1 만약 그가 바쁘지 않다면, 그는 그 파티에 올 것이다.
→ _____

2 만약 네가 영어 신문을 읽는다면, 너의 영어는 향상될 것이다.
→ _____

3 만약 네가 연습을 많이 한다면, 너는 축구를 잘 할 수 있다.
→ _____

4 만약 네가 운동하지 않는다면, 너는 아마 뚱뚱해질 것이다.
→ _____

5 만약 네가 일찍 일어나지 않는다면, 너는 첫 버스를 놓칠지도 모른다.
→ _____

6 만약 네가 친구들과 놀기를 원한다면, 너는 먼저 숙제를 끝내야만 한다.
→ _____

UNIT 16 가정법 과거

A 가정법 과거

가정법 과거는 현재 사실의 반대를 가정하거나, 실현 불가능한 일을 가정할 때 사용하며, '만약 ～라면 …할 텐데'라고 해석된다.

 가정법 과거의 기본형

가정절(만약 ～라면)				귀결절(…일 텐데)			
접속사	주어	동사	～.	주어	조동사	본동사	….
If	S	과거동사 (be: were)	～.	S	should would could might	동사원형	….
If	I	**were**	rich,	I	**could**	**buy**	the house.
만약 내가 부자라면				나는 그 집을 살 수 있을 텐데.			

* 귀결절의 조동사는 문장의 내용에 맞게 선택해서 사용한다.

 현재 사실의 반대를 가정하는 가정법 과거

- As I don't have an umbrella, I can't go out.　　　　현재 사실
  → (반대를 가정하면) If I had an umbrella, I could go out.　가정법 과거

- As I am sick, I can't go to the party.
  → If I were not sick, I could go to the party.

- As I don't have a lot of money, I can't buy a big house.
  → If I had a lot of money, I could buy a big house.

- As she doesn't know his address, she will not write to him.
  → If she knew his address, she would write to him.

 실현 불가능한 일을 가정하는 가정법 과거

- As I am not a magician, I can't change him into a rabbit.
  → (실현 불가능한 일을 가정하면) If I were a magician, I could change him into a rabbit.

- As I am not a bird, I can't fly to you.
  → If I were a bird, I could fly to you.
  → Were I a bird, I could fly to you.　　≫ If를 생략하면 주어와 동사의 위치가 서로 바뀐다. (도치문)

- As I am not a dolphin, I can't swim very well.
  - → If I were a dolphin, I could swim very well.
  - → Were I a dolphin, I could swim very well.

- As he is not a wizard, he can't make me win the lottery.
  - → If he were a wizard, he could make me win the lottery.
  - → Were he a wizard, he could make me win the lottery.

- As I am not you, I will not marry her.
  - → If I were you, I would marry her.
  - → Were I you, I would marry her.

Writing에 적용하기

'내가 만약 너라면 ~'이라는 표현은 여러 가지 영어 문장으로 나타낼 수 있다.

- If I were you, ~
- If I were in your shoes, ~
- If I were in your place, ~

Pattern Practice

1 다음 문장을 가정법 과거 문장으로 바꾸세요.

❶ As I don't have enough money, I can't buy the car.
→ If _____, _____.

❷ As he is fat, he can't run fast.
→ If _____, _____.

❸ As Jane doesn't know his number, she will not call him.
→ If _____, _____.

❹ As I am not a bird, I can't fly to you.
→ If _____, _____.

❺ As I don't have enough money, I can't buy a notebook computer.
→ If _____, _____.

2 다음 문장의 빈칸을 채우세요.

❶ As I _____ _____ (not, have) enough money, I _____ _____ (not buy) the car.
→ If I had enough money, I could buy the car.

❷ As _____, he can't run fast.
→ If he were not fat, he could run fast.

❸ As Jane doesn't know his mobile phone number, she cannot call him.
→ If _____, she could call him.

❹ As I am not a cheetah, _____.
→ If I were a cheetah, I could run very fast.

❺ As he is not a bird, he can't fly in the sky.
→ If _____, he _____.

B 단순 조건절[가정법 현재]과 가정법 과거의 차이

단순 조건절과 가정법 과거의 차이는 실현 가능성이 높은지, 낮은지에 따라 구분된다.

 단순 조건절[가정법 현재]은 실현 가능성이 높을 때 사용한다.

- If he passes the exam, I will buy him a bicycle.
  (그가 시험에 합격할 가능성을 높게 보고 하는 말이다.)

- If I become the president of this country, I will create more jobs.
  (내가 현실적으로 대통령에 선출될 가능성이 높은 경우. 즉 대통령 선거에 출마한 후보가 할 수 있는 말이다.)

- If Mom comes tomorrow, I will tell her everything.
  (내일 엄마가 오실 가능성이 많은 경우에 사용한다. 즉, 엄마가 내일 오시기로 예정되어 있다고 볼 수 있다.)

 가정법 과거는 실현 가능성이 낮을 때 사용한다.

- If he passed the exam, I would buy him a bicycle.
  (그가 보는 시험이 매우 어려워서 합격할 가능성이 낮은 경우에 사용한다.)

- If I became the president of this country, I would create more jobs.
  (내가 현실적으로 대통령에 선출될 가능성이 낮은 경우에 사용하는 말이다. 즉, 대통령 후보가
  아닌 사람들이 할 수 있는 말이다.)

- If Mom came tomorrow, I would tell her everything.
  (내일 엄마가 오실 가능성이 적은 경우에 사용한다. 즉, 엄마가 내일 오시는 것은 불가능한 상황인데,
  '만약 온다면 ~'이라고 가정해서 말하는 것이다.)

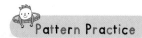 Pattern Practice

다음 문장을 해석하세요.

❶ If I become the captain of our team, I will work hard for the team members.
→ _____

❷ If I became the captain of our team, I would work hard for the team members.
→ _____

❸ If my mom comes this Sunday, I will tell her what you did.
→ _____

❹ If my mom came this Sunday, I would tell her what you did.
→ _____

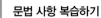

A   괄호 안의 표현 중 알맞을 것을 고르세요.

1   If he were the principal of our school, he (can / could) change our school.

2   If I (live / lived) in a big city, I could buy what I wanted to easily.

3   I could buy a big house if I (have / had) a lot of money.

4   If I (am / were) rich, I would help poor people.

5   If he (know / knew) her number, he would call her.

6   If John (is not / were not) fat, he could run faster.

7   If he (were / is) a cheetah, he could run much faster.

8   If you (get / got) good grades, I will buy you a present.

9   If Jane (comes / came) next week, I will tell her what you did.

10   If Jane (comes / came) next week, I would tell her what you did.

B   직설법 문장을 가정법으로 바꾸세요.

1   As I don't have enough money, I can't buy a nice smartphone.
   → If _____, _____.

2   As she is sick, she can't go camping.
   → If _____, _____.

3   As I am not a magician, I can't change him into a frog.
   → If _____, _____.

4   As I am not you, I will not accept his proposal.
   → If _____, _____.

5   As I don't know her name, I can't find her.
   → If _____, _____.

6   As I am not rich, I can't buy a big house.
   → If _____, _____.

7   As you don't study hard, I will not give you a present.
   → If _____, _____.

A 다음 표현들을 어순에 맞게 배열하여 문장을 완성하세요.

1 만약 내가 의사라면, 나는 가난한 사람들을 도울 텐데.

(I / a / doctor / would / If / help / were / people / poor / I)

→ _____

2 만약 내가 돈이 많다면, 나는 세계일주 여행을 할 수 있을 텐데.

(I / If / a lot of / I / travel / money / had / could / around / the / world / I)

→ _____

3 만약 내가 그녀의 주소를 안다면, 나는 그녀에게 편지를 쓸 텐데.

(knew / If / her / address / I / write / I / would / her / a / letter / to)

→ _____

4 만약 내가 너라면, 나는 그와 결혼할 텐데. (were / would / I / If / you / him / marry)

→ _____

5 만약 내가 새라면, 나는 하늘 높이 날 수 있을 텐데.

(a / bird / If / could / were / I / fly / I / in / the / sky / high)

→ _____

B 다음 문장을 영어로 옮기세요.

1 만약 내가 돈이 많다면, 나는 스포츠카를 살 수 있을 텐데.

→ _____

2 만약 Jane이 선생님이라면, 그녀는 너를 가르칠 수 있었을 텐데.

→ _____

3 만약 내가 너라면, 나는 그녀의 초대를 거절했을 텐데.

→ _____

4 만약 내가 날씬하다면, 나는 행복할 텐데.

→ _____

5 만약 네가 18세 이상이라면, 너는 그 일자리를 잡을 수 있었을 텐데.

→ _____

6 만약에 우리가 TV를 더 적게 본다면, 우리는 가족과 더 많은 시간을 보낼 수 있을 텐데.

→ _____

7 만약 내가 차가 있다면, 나는 너를 집에 데려다 줄 수 있을 텐데.

→ _____

REVIEW TEST

A 다음 괄호 안에서 알맞은 말을 고르세요.

1 If I (get / got) the job, I will buy you a cell phone.

2 If he (has / had) enough time, he could go to the party.

3 If Jane (passes / passed) the exam, I will give her a big present.

4 If you (exercise / exercised) regularly, you can lose weight.

5 If I (am / were) you, I would take the chance.

B 다음 두 문장의 의미가 같도록 빈칸에 알맞은 말을 넣으세요.

1 As I don't have enough time, I can't go to the meeting.
   → If I _____ enough time, I _____ _____ to the meeting.

2 As the music is so loud, I can't read this book.
   → If the music _____ _____ so loud, I _____ _____ this book.

3 As it is not sunny, we won't go camping.
   → If it _____ sunny, we _____ _____ camping.

4 As he is not healthy, he doesn't play sports.
   → If he _____ healthy, he _____ _____ hard.

5 As I don't have the dictionary, I can't lend it to you.
   → If I _____ the dictionary, I _____ _____ it to you.

C 다음 문장에서 틀린 부분을 찾아서 올바르게 고치세요

1 If you don't speak English well, <u>we don't employ</u> you. → _____

2 If I were rich, I <u>will buy</u> a nice sport car. → _____

3 If it <u>will be</u> fine tomorrow, we will play baseball. → _____

4 If you <u>will help</u> her, she can finish the work earlier. → _____

5 If you <u>help</u> her, she could succeed in the business. → _____

D 다음 빈칸에 알맞은 영어표현을 넣으세요.

1 만약 네가 더 적게 먹는다면, 너는 살을 뺄 수 있다.

→ If you _____ less, you _____ _____ weight.

2 만약 그가 똑똑하다면, 그는 그 문제를 풀 것이다.

→ If he _____ _____, he _____ _____ the problem.

3 만약 우리가 TV를 더 적게 본다면, 우리는 독서를 위한 시간을 더 가질 텐데.

→ If we _____ less TV, we _____ _____ more time for reading.

4 만약 네가 매일 연습한다면, 너는 영어 말하기를 잘 할 수 있을 것이다.

→ If you _____ every day, you _____ be able to speak English well.

E 다음 빈칸에 알맞은 표현을 넣으세요.

1 만약 네가 장학금 받기를 원한다면, 너는 열심히 공부해야만 한다.

→ If you _____ _____ _____ a scholarship, you _____ _____

_____ _____.

2 만약 내가 마술사라면, 나는 그녀를 백조로 바꿀 텐데.

→ If I _____ a magician, I _____ _____ _____ into a swan.

3 만약 네가 연습을 많이 한다면, 너는 피아노를 잘 칠 수 있을 것이다.

→ If _____ _____ a lot, you _____ _____ _____ _____ play

the piano well.

4 만약 내가 여자친구가 있다면, 나는 행복할 텐데.

→ If I _____ _____ _____, I _____ _____ _____.

F 다음 문장을 영어로 옮기세요.

1 만약 내일 비가 온다면, 우리는 축구를 하지 않을 것이다.

→ _____

2 만약 네가 싸이의 노래를 듣는다면, 너도 그 노래들을 좋아할 것이다.

→ _____

3 만약 그가 열심히 공부한다면, 그는 시험에 합격할 수 있을 텐데.

→ _____

4 만약 네가 이번 시험에서 좋은 점수를 얻는다면, 나는 너에게 네가 원하는 것을 사 주겠다.

→ _____

접속사

UNIT 17   접속사의 종류

UNIT 17 접속사의 종류

A 등위 · 종속 · 상관접속사

등위접속사는 두 표현을 대등하게 연결해 주지만 종속접속사는 두 표현의 관계를 마치 주인과 하인의 관계처럼 연결해 준다. 상관접속사는 접속사에 다른 표현이 짝을 이루어 접속사와 같은 역할을 하는 것이다.

 1 등위접속사 and, but, or, so는 단어와 단어, 구와 구, 절과 절을 대등하게 연결해 준다.

A	등위접속사	B
	대등한 관계	

- I have a grammar book and a listening book.
- David runs this way, and Jane runs that way.
- Some are coming here, but others are not.
- She was sick, but she came to school anyway.
- Do you want to stay inside, or do you want to go out?
- Fernando or Eric will clean this mess.
- Jane was very hungry, so she ate a lot of food.
- My boss was sick, so he was absent that day.
  » My boss was so busy that day.에서 so는 접속사가 아니라 '매우, 아주'라는 뜻의 부사이다.

독해에 적용하기

- 명령문, and ... : ~해라, 그러면 ...
  Work hard, and you will succeed.
  열심히 일해라, 그러면 성공할 것이다.
- 명령문, or ... : ~해라, 그렇지 않으면 ...
  Work hard, or you will fail.
  열심히 일해라, 그렇지 않으면 실패할 것이다.

Pattern Practice

다음 빈칸에 알맞은 표현을 쓰세요.

1. Today is a national holiday, _____ I didn't go to school.

2. John is smart, _____ he is not good in math.

3. Hurry up, _____ we will get there on time.

4. A: You have to choose one. – B: Which one, this one _____ that one?

5. A: Did you bring two pencils? – B: Yes, I did. Yours _____ mine.

118

종속접속사는 시간, 장소, 양보, 이유, 조건 등을 나타내는 의미로 사용된다. 아래의 종속접속사는 꼭 알아두자.

A(주절)	종속접속사	**B**(종속절)

- I will go when she comes back. (시간: ~할 때)

- She will stay here until he comes back. (시간: ~할 때까지)

- Please go before the teacher gets angry. (시간: ~하기 전에)

- Jane slept after she finished her work. (시간: ~한 후에)

- Where there's a will, there's a way. (장소: ~한 곳에)

- If you don't go, I will call the police. (조건: 만약 ~하면)

- Unless you hurry up, you will miss the train. (조건: 만약 ~하지 않으면)

  = If you don't hurry up, you will miss the train. (unless = if ~ not)

- David cried because his friend hit him. (이유: ~ 때문에)

- We can't go anywhere since he hasn't arrived yet. (이유: ~ 때문에)

- Although they are poor, they are happy. (양보: 비록 ~일지라도)

- Even though Mary was late, the teacher didn't punish her. (양보: 비록 ~일지라도)

> **stop 이건 알아둬~**
>
> 위의 그림과 같이 주절(문장에서 주인이 되는 절)인 A와 종속절(문장에서 주인인 주절에 종속되어 있는 절)인 B를 연결해 주는 기능을 가진 접속사를 종속접속사라고 한다.
>
> · I think that she is honest.
>   주절   종속절
> (나는 그녀가 정직하다고 생각한다.)
>
> · I don't know if she will cook.
>   주절   종속절
> (나는 그녀가 요리를 할지 안 할지 모르겠다.)

Pattern Practice

다음 빈칸에 알맞은 표현을 쓰세요.

❶ _____ she finished her work, the phone rang.

❷ _____ he is only a boy, he is brave.

❸ He was arrested _____ he had stolen things.

❹ _____ you speed up, you will not finish it today.

상관접속사는 접속사에 다른 표현이 짝을 이루어 새로운 의미를 갖는 접속사이다.

(1) not only A but also B (= B as well as A): A뿐만 아니라 B도

• She is not only pretty but also cute.

= She is <u>cute</u> as well as <u>pretty</u>.

(2) not A but B: A가 아니라 B

• Jane is not a scientist but a teacher.

• I am not worried <u>about money</u> but <u>about his health</u>.

(3) either A or B: A와 B 둘 중의 하나

• Either you or I have to drive her home.

• You have to choose either this or that.

(4) neither A nor B (= not either A or B): A와 B 둘 다 아닌

• The boss is neither handsome nor tall.

= The boss isn't either handsome or tall.

• Neither Terry nor Harry did it.

(5) both A and B: A와 B 둘 다

• Both the teacher and the student are sick.

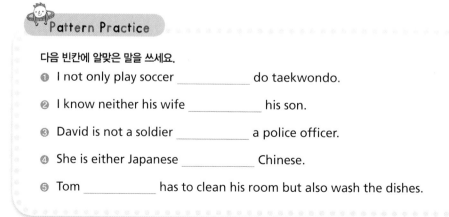

Pattern Practice

다음 빈칸에 알맞은 말을 쓰세요.

❶ I not only play soccer _____ do taekwondo.

❷ I know neither his wife _____ his son.

❸ David is not a soldier _____ a police officer.

❹ She is either Japanese _____ Chinese.

❺ Tom _____ has to clean his room but also wash the dishes.

A 괄호 안의 표현 중 알맞은 것을 고르세요.

1 I waved goodbye (and / but) went down the stairs.

2 We went to a beautiful island, (or / but) we got into a terrible traffic jam.

3 My wife is arriving tomorrow, (when / where) I'm teaching students.

4 I cooked dinner for my mother (if / because) she was sick.

5 Neither this game (nor / not) that game is fun.

6 Not only you but also I (are / am) sleepy.

7 His brother was sick that day, (so / or) he had to take a rest at home.

8 My Spanish friend doesn't know (either / neither) my dad or my mom.

B 다음 빈칸에 알맞은 표현을 쓰세요.

1 Jane와 David 둘 다 행복하게 산다.

→ _____ Jane _____ David live happily.

2 비록 그들은 비행기 추락 사고에서 생존했지만 먹을 것이 없었다.

→ _____ they survived the plane crash, they had nothing to eat.

3 내 돈을 돌려줘. 그렇지 않으면 너희 부모님께 말씀 드리겠어.

→ Give my money back to me, _____ I'll tell your parents.

4 너와 나 둘 중의 한 명은 저녁 요리를 해야 한다.

→ _____ you _____ I have to cook dinner.

5 언니가 아파서 나는 약을 사야 한다.

→ My sister is sick, _____ I have to buy some medicine.

C 다음 문장에서 밑줄 친 부분을 올바르게 고치세요.

1 My friend called or said he wanted to borrow my bike. → _____

2 She not only cooks well also sings well. → _____

3 Human beings are neither good or bad. → _____

4 Because I was walking in the park, I met Jane. → _____

5 When they lost the game, they fought well. → _____

A 다음 표현들을 어순에 맞게 배열하여 문장을 완성하세요. (1단계)

1 2010년 월드컵 챔피언은 네덜란드가 아니라 스페인이었다.

(was / Spain / but / not / the Netherlands / 2010 World Cup / champion / the)

→ _____

2 기성용은 소속 클럽에서뿐만 아니라 대표팀에서도 뛴다. (plays / the / national / team / but /
not / also / Ki Sung Yeung / only / for / in / club / his)

→ _____

3 네가 전화했을 때 나는 목욕하는 중이었다.

(taking / you / a / when / I / bath / me / called / was)

→ _____

4 조용히 해라. 그렇지 않으면 벌을 받게 될 것이다.

(or / quiet / punished / you / be / will / be)

→ _____

5 그녀는 아파서 병원에 갔다. (hospital / went / to / she / the / sick / was / she / because)

→ _____

B 다음 문장을 영어로 옮기세요.

1 비록 나는 야구를 아주 잘 못하지만, 축구는 잘 한다. (although)

→ _____

2 범인은 John과 David 둘 중의 한 명이다. (범인: criminal)

→ _____

3 이 보고서를 그에게 줘라. 그러면 그가 사장님께 보고할 것이다. (보고서: report)

→ _____

4 이 영화를 보고 싶니, 아니면 저 영화를 보고 싶니?

→ _____

5 나는 문법 책과 듣기 책 둘 다 집에 두고 왔다.

→ _____

6 내가 좋아하는 여자애는 Jane과 Mary 둘 다 아니다.

→ _____

7 내가 일하는 동안 그녀로부터 전화가 왔다.

→ _____

REVIEW TEST

A 다음 문장에서 틀린 부분을 올바르게 고치세요.

1 She was sick, because she went to the hospital.

_____ → _____

2 The homework is neither easy or difficult.

_____ → _____

3 I have no class today, but I slept until 10 in the moring.

_____ → _____

4 She is not only smart and also kind.

_____ → _____

5 Either you nor I have to go there.

_____ → _____

B 다음 빈칸에 알맞은 표현을 쓰세요.

1 내 친구는 노트북 컴퓨터와 데스크톱 컴퓨터 둘 다 있다.

→ My friend has _____ a laptop _____ a desktop computer.

2 Jane이 아니라 Mary가 그 게임에서 이겼다.

→ _____ Jane _____ Mary won the game.

3 나뿐만 아니라 너도 그 일을 해야 한다.

→ You _____ _____ _____ I have to do the work.

4 그는 피곤한데도 불구하고 하루 종일 일하고 있다.

→ _____ he is tired, he has been working all day long.

5 이곳에 주차해라, 그렇지 않으면 견인될 거야.

→ Park at this place, _____ the car will be towed away.

C 다음 빈칸에 알맞은 표현을 쓰세요.

1 Mary는 똑똑할 뿐만 아니라 부지런하다.

→ Mary is _____ _____ _____ _____ _____ _____.

2 그들이 하라고 말하기 전에 먼저 그 일을 해라.

→ Do the work first _____ _____ _____ _____ _____ do it.

3 열심히 일해라. 그러면 성공할 것이다.

→ _____ _____, _____ you _____ _____.

4 그는 비록 아이일지라도 용감하다.

→ _____ _____ _____ _____ _____, he is brave.

5 우산을 가지고 가라. 그렇지 않으면 젖을 거야.

→ _____ _____ _____, _____ you will get wet.

D 다음 문장을 영어로 옮기세요.

1 그는 벌 받는 것이 두려웠기 때문에 도망갔다.

→ _____

2 John은 일찍 출발했으나 늦게 도착했다. (출발하다: start out)

→ _____

3 너는 엄마가 좋니, 아니면 아빠가 좋니?

→ _____

4 내가 방에 들어갔을 때 그곳에 도둑이 있었다.

→ _____

5 Steve는 비록 춤을 잘 못 추지만 춤추는 것을 즐긴다.

→ _____

CHAPTER 10

관계사

UNIT 18 관계대명사

A 관계대명사 who, whom, whose

관계대명사 who, whom, whose는 선행사가 사람일 때 쓰는 관계대명사이다. 주격, 목적격, 소유격의 격을 결정할 때 뒤의 문장에서 선행사를 대신하는 표현이 어떤 역할을 하는지 주의 깊게 살펴봐야 한다.

 who: 선행사가 사람이고, 뒤의 문장에서 앞의 선행사를 대신하는 표현이 주어 역할을 할 경우에 쓴다.

- There is <u>a man</u>. + <u>He</u> wants to buy some bread.
      선행사   주어 (He 대신에 who 투입)

  → There is <u>a man</u> who wants to buy some bread.

- That lady is <u>my mother</u>. + <u>She</u> is standing there.
          선행사   주어 (She 대신 who 투입)

  → <u>That lady</u> who is standing there is my mother.

- Would <u>anyone</u> lend it to me? + <u>She/He</u> has a cell phone.
       선행사   주어 (She/He 대신 who 투입)

  → Would <u>anyone</u> who has a cell phone lend it to me?

Pattern Practice

다음 빈칸에 알맞은 표현을 쓰세요.

❶ I met a girl. + She was very pretty.
  → I met a girl _____ was very pretty.

❷ She punished the boy. + He was late for class.
  → She punished the boy _____ was late for class.

❸ Monica saw Jessica. + Jessica was riding a bike.
  → _____

whom: 선행사가 사람이고, 뒤의 문장에서 앞의 선행사를 대신하는 표현이 목적어 역할을
할 경우에 쓴다.

- She is <u>the woman</u>. + Jack married <u>her</u> last week.
         선행사   목적어 (her 대신에 whom 투입)

  → She is <u>the woman</u> whom Jack married last week.
- David is <u>a person</u>. + We can trust <u>him</u>.
         선행사   목적어 (him 대신에 whom 투입)

  → David is <u>a person</u> whom we can trust.
- He is <u>the boy</u>. + I like <u>him</u>.
       선행사   목적어 (him 대신에 whom 투입)

  → He is <u>the boy</u> whom I like.

Pattern Practice

다음 빈칸에 알맞은 표현을 쓰세요.

❶ I don't like the man. + I met him yesterday.
  → I don't like the man _____ I met yesterday.

❷ The woman was the director of the movie. + I saw her.
  → The woman _____ I saw was the director of the movie.

❸ The man was upset. + Antonio talked with him.
  → _____

whose: 선행사가 사람이고, 뒤의 문장에서 앞의 선행사를 대신하는 표현이 소유격 역할을 할 경우에 쓴다.

- I met a girl. + Her father was a movie star.
  선행사   소유격 (her 대신에 whose 투입)

  → I know a girl whose father was a movie star.

- I saw a lady. + Her car was painted white.
  선행사   소유격 (her 대신에 whose 투입)

  → I saw a lady whose car was painted white.

- A person should call the police. + His money is missing.
  선행사   소유격 (his 대신에 whose 투입)

  → A person whose money is missing should call the police.

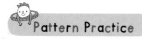 Pattern Practice

다음 빈칸에 알맞은 표현을 쓰세요.

❶ I met a police officer. + His uniform was wet.

  → I met a police officer _____ uniform was wet.

❷ I know a man. + His daughter is very famous.

  → I know a man _____ daughter is very famous.

❸ I yelled at the person. + Her car was blocking my way.

  → _____

B 관계대명사 which, whose [of which]

관계대명사 which, whose [of which]는 선행사가 사물이나 동물일 때 쓰는 관계대명사이다.

 which(주격): 선행사가 사물이고, 뒤의 문장에서 앞의 선행사를 대신하는 표현이 주어인 경우에 쓴다.

- He finally finished his homework. + It took a long time.

  선행사   주어 (It 대신에 which 투입)

  → He finally finished his homework which took a long time.

- Mary bought a used car. + It was David's car.

  선행사   주어 (It 대신에 which 투입)

  → Mary bought a used car which was David's car.

- I threw away the CD. + It was expensive.

  선행사   주어 (It 대신에 which 투입)

  → I threw away the CD which was expensive.

Pattern Practice

1 다음 빈칸에 알맞은 표현을 쓰세요.

❶ This is the book. + It was printed last year.
  → This is the book _____ was printed last year.

❷ Jane washed her car. + It was dirty.
  → Jane washed her car _____ was dirty.

2 괄호 안의 표현 중 알맞은 것을 고르세요.

❶ Do you know the old lady (who / which) lives here?

❷ This is the car (whom / which) was stolen last week.

❸ I have a friend (who / whom) is a famous comedian.

2 which(목적격): 선행사가 사물이고, 뒤의 문장에서 앞의 선행사를 대신하는 표현이 목적어인 경우에 쓴다.

- This is the car. + I bought it yesterday.
  선행사   목적어 (it 대신에 which 투입)

  → This is the car which I bought yesterday.

- I lost my watch. + My father had bought it for me.
  선행사   목적어 (it 대신에 which 투입)

  → I lost my watch which my father had bought for me.

- Those are the pens. + I lost them a few days ago.
  선행사   목적어 (them 대신에 which 투입)

  → Those are the pens which I lost a few days ago.

Pattern Practice

다음 빈칸에 알맞은 표현을 쓰세요.

❶ This is the new smartphone. + She bought it last week.
  → This is the new smartphone _____ she bought last week.

❷ The apartment is very nice. + She moved to it a few days ago.
  → The apartment _____ she moved to a few days ago is very nice.

❸ The car is expensive. + She parked it in front of my house.
  → _____

3 whose [of which]: 선행사가 사물이고, 뒤의 문장에서 앞의 선행사를 대신하는 표현이 소유격인 경우에 쓴다.

- This is <u>the house</u>. + <u>Its</u> walls are painted red.
       선행사   소유격 (its 대신에 whose 투입)
  → This is <u>the house</u> whose walls are painted red.

- I saw <u>a machine</u>. + <u>Its</u> engine was very powerful.
       선행사   소유격 (its 대신에 whose 투입)
  → I saw <u>a machine</u> whose engine was very powerful.

- Look at <u>that shop</u>. + <u>Its</u> windows are very dirty.
       선행사   소유격 (its 대신에 whose 투입)
  → Look at <u>that shop</u> whose windows are very dirty.

Pattern Practice

다음 빈칸에 알맞은 표현을 쓰세요.

❶ I bought a story book. + Its cover was black.
  → I bought a story book _____ cover was black.

❷ I found a robot toy. + Its arm was missing.
  → I found a robot toy _____ arm was missing.

❸ This is the car. + Its key was stolen.
  → _____

C 관계대명사 that

관계대명사 that은 원칙적으로 선행사가 사람이든 사물이든 상관없이 쓸 수 있다. 단, 소유격은 없으므로 주의해야 한다. 어떤 경우에는 반드시 that을 써야 할 때도 있다.

 관계대명사 that은 다른 관계대명사 대신 쓸 수 있다. (단, 소유격은 제외)

- This is the company that I work at.　　　　　목적격 which 대신에 사용
- Jack saw a girl that had a short black hair.　　주격 who 대신에 사용
- The girl that David met is my sister.　　　　목적격 whom 대신에 사용
- The computer that Mary broke is mine.　　　목적격 which 대신에 사용

 관계대명사 that을 써야 하는 경우

- I saw <u>the boy and his dog</u> that were walking in the park.　선행사가 '사람+사물[동물]'일 때
- This is <u>the first</u> machine that he invented.　　　　선행사 앞에 서수가 있을 때
- She is <u>the very</u> person that I met yesterday.　　　선행사 앞에 the very가 있을 때
- Jessica met <u>the same</u> person that I met last week.　선행사 앞에 the same이 있을 때
- Tom is <u>the only</u> person that survived the accident.　선행사 앞에 the only가 있을 때
- Jane is <u>the most beautiful</u> lady that I have ever seen.　선행사 앞에 최상급이 있을 때

Pattern Practice

다음 빈칸에 알맞은 관계대명사를 쓰거나, 관계대명사를 사용하여 문장을 쓰세요.

① Mary is the first woman _____ won the race.

② I found the man and his pet _____ were swimming in the pool.

③ The apartment _____ is painted white is beautiful.

④ This is the tallest building. + The building is located in Seoul.

　→ _____

D 관계대명사 what

관계대명사 what의 특징은 선행사가 앞에 없다는 것이다. what이 선행사를 포함하고 있기 때문이다.
앞에서 나온 관계대명사들은 선행사(명사)를 수식하는 형용사절로 쓰이지만, 관계대명사 what은
문장의 주어, 목적어, 보어로 쓰이는 명사절을 이끈다. what 역시 소유격은 없다.

 선행사를 포함하고 문장에서 주어, 목적어, 보어 역할을 한다.

- <u>What he said</u> is true.   주어 역할
- This is <u>what Jane did</u>.   보어 역할
- I believe <u>what she said</u>.   목적어 역할

 관계대명사 what은 '~인 것'으로 해석한다.

- <u>What David did</u> was very rude. (David가 한 것)
- She will do <u>what she can do</u>. (그녀가 할 수 있는 것)
- <u>What is important</u> is not telling a lie. (중요한 것)

 관계대명사 what의 관용 표현

- She is what is called a genius. (what is called: 소위, 이른바)
- This shows what he is. (what ~ is: 인품, 인격)
- We shouldn't judge people by what they have. (what one has: 재산)

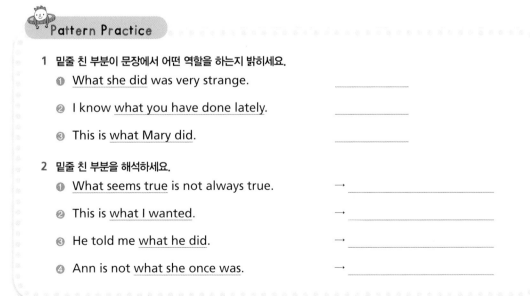

Pattern Practice

1 밑줄 친 부분이 문장에서 어떤 역할을 하는지 밝히세요.

❶ <u>What she did</u> was very strange.   _____

❷ I know <u>what you have done lately</u>.   _____

❸ This is <u>what Mary did</u>.   _____

2 밑줄 친 부분을 해석하세요.

❶ <u>What seems true</u> is not always true.   → _____

❷ This is <u>what I wanted</u>.   → _____

❸ He told me <u>what he did</u>.   → _____

❹ Ann is not <u>what she once was</u>.   → _____

E 관계대명사의 생략

 「주격 관계대명사 + be동사」는 생략이 가능하다.

- Look at the man (who is) sitting on the bench.
- Hold that clock (which is) hanging on the wall.
- I saw the girl and her dog (that were) running in the park.

 목적격 관계대명사는 생략이 가능하다.

- I like the boy (whom) I met yesterday.
- My wife and I talked about the person (whom) we saw at the meeting.
- The toy (which) I bought yesterday was broken.
- This is the same car (that) my wife sold last year.

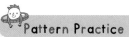 Pattern Practice

생략 가능한 부분에 괄호를 치세요. 없으면 '생략 불가능'이라고 쓰세요.

1. The lady who is teaching John is my aunt.
2. The man who owns this building is my friend.
3. I saw John who is reading an interesting book.
4. The teacher whom we don't like came to our classroom.
5. She is the chairperson whom we talked with.
6. I found the watch which I lost a week ago.

A 괄호 안의 표현 중 알맞은 것을 고르세요.

1 Kevin kept looking at the girl (who / whom) wore a pink dress.

2 Her mother, (who / whom) is a pianist, held a concert last Sunday.

3 The sports car (which / whose) he bought is very expensive.

4 I know a nurse (who / whose) patient was very sick.

5 The clock (which / whose) was bought by me was old-fashioned.

B 다음 빈칸에 알맞은 표현을 쓰세요.

1 영어로 말하던 그 여자를 봤니?

  → Did you see the lady _____ was speaking English?

2 나는 나이가 열 살인 아들이 있다.

  → I have a son _____ age is ten.

3 나는 머리가 짧은 소녀를 봤다.

  → I saw a girl _____ hair was short.

4 이것이 그 쥐를 잡은 고양이이다.

  → This is the cat _____ caught the mouse.

5 〈맨오브스틸〉은 내가 본 영화 중에서 최고다.

  → *Man of Steel* is the best movie _____ I have ever seen.

C 다음 문장에서 틀린 부분을 올바르게 고치세요.

1 The man whom sat next to me was handsome.　　　_____ → _____

2 The game whose I bought yesterday is very exciting.　　　_____ → _____

3 The singer which manager is my friend is popular.　　　_____ → _____

4 I like Jane, whom is the president of our class.　　　_____ → _____

5 The coffee whom I drank last night was terrible.　　　_____ → _____

A 다음 표현들을 어순에 맞게 배열하여 문장을 완성하세요.

1 Mark가 찍은 사진은 멋지다. (picture / Mark / which / took / the / awesome / is)

→ _____

2 나는 1시에 시작하는 회의가 있다. (have / at / I / meeting / which / 1:00 / begins / a)

→ _____

3 저기에 서 있는 여자는 내 여자친구다.

(there / who / the / woman / standing / is / girlfriend / is / my)

→ _____

4 그녀가 산 가방은 가짜였다. (a / fake / which / she / was / bag / bought / which / the)

→ _____

5 책상 위에 있는 펜은 내 것이다. (the / on / desk / is / the / mine / pen)

→ _____

B 다음 문장을 영어로 옮기세요.

1 우리 집 근처에 있는 식당은 좋다.

→ _____

2 John은 머리가 긴 여자를 좋아한다.

→ _____

3 그녀가 어제 만난 남자는 컴퓨터 프로그래머이다.

→ _____

4 내가 어제 본 영화는 무서웠다.

→ _____

5 나는 아버지가 유명한 음악가인 여자를 안다.

→ _____

6 나는 색깔이 빨간 차를 가지고 있다.

→ _____

7 그들이 가장 좋아하는 가수는 PSY이다.

→ _____

UNIT 19 관계부사

A 관계부사 when, where, why, how

관계부사는 관계대명사와는 달리 앞에 위치하는 선행사의 종류가 다르고 격을 따지지 않는다. 관계대명사와 마찬가지로 관계부사가 이끄는 절도 형용사절이다.

 선행사가 시간의 표현이면 관계부사 when을 쓴다.

- 9 o'clock is <u>the time</u>. + He starts working <u>at that time</u>.
  선행사(시간)   선행사를 가리킨다
  → 9 o'clock is <u>the time</u> when he starts working.

- Today is <u>the day</u>. + John comes back from vacation <u>on the day</u>.
  선행사(시간)   선행사를 가리킨다
  → Today is <u>the day</u> when John comes back from vacation.

 선행사가 장소의 표현이면 관계부사 where를 쓴다.

- This is <u>the place</u>. + I was born <u>here</u>.
  선행사(장소)   선행사를 가리킨다
  → This is <u>the place</u> where I was born.

- Do you know <u>the neighborhood</u>? + John lives <u>there</u>.
  선행사(장소)   선행사를 가리킨다
  → Do you know <u>the neighborhood</u> where John lives?

Pattern Practice

다음 빈칸에 알맞은 표현을 쓰세요.

❶ This is the hospital _____ I worked.

❷ Do you remember the time _____ he came back?

❸ I remember the day _____ you first kissed me.

선행사가 이유의 표현이면 관계부사 why를 쓴다.

- Do you know <u>the reason</u>? + He did that <u>for that reason</u>.
  선행사(이유)   선행사를 가리킨다

  → Do you know <u>the reason</u> why he did that?

- This is <u>the reason</u>. + Mary got mad <u>for that reason</u>.
  선행사(이유)   선행사를 가리킨다

  → This is <u>the reason</u> why Mary got mad.

- David knows <u>the reason</u>. + Jane left him <u>for that reason</u>.
  선행사(이유)   선행사를 가리킨다

  → David knows <u>the reason</u> why Jane left him.

 선행사가 방법의 표현이면 관계부사 how를 쓴다. 단, 선행사와 how 둘 중 하나만 써야 한다.

- This is <u>the way</u>. + He solved the problem <u>that way</u>.
  선행사(방법)   선행사를 가리킨다

  → This is how he solved the problem.

- This is <u>the way</u>. + She talks to me <u>that way</u>.
  선행사(방법)   선행사를 가리킨다

  → This is how she talks to me.

- That is <u>the way</u>. + It happened <u>that way</u>.
  선행사(방법)   선행사를 가리킨다

  → That is the way it happened.

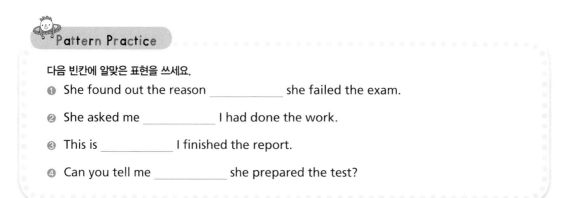

Pattern Practice

다음 빈칸에 알맞은 표현을 쓰세요.

❶ She found out the reason _____ she failed the exam.

❷ She asked me _____ I had done the work.

❸ This is _____ I finished the report.

❹ Can you tell me _____ she prepared the test?

A 괄호 안의 표현 중 알맞은 것을 고르세요.

1 The park (where / when) I played during childhood is now a parking lot.

2 This is the reason (why / how) she cried.

3 Would you tell me the date (how / when) you bought it?

4 The hotel (when / where) I stayed was not clean.

5 I don't know the reason (how / why) she is angry.

B 다음 빈칸에 알맞은 표현을 쓰세요.

1 너는 그녀가 행복한 이유를 아니?

→ Do you know ＿＿＿＿＿ ＿＿＿＿＿ ＿＿＿＿＿ she is happy?

2 그를 어떻게 만났는지를 내게 말해줄 수 있니?

→ Could you tell me ＿＿＿＿＿ you met him?

3 우리가 여기로 처음 이사 온 날을 기억하니?

→ Do you remember ＿＿＿＿＿ ＿＿＿＿＿ ＿＿＿＿＿ we first moved here?

4 2014년은 월드컵이 브라질에서 개최될 해이다.

→ 2014 is the year ＿＿＿＿＿ the World Cup will be held in Brazil.

5 John이 살고 있는 도시의 이름을 아니?

→ Do you know the name of the city ＿＿＿＿＿ John lives?

C 다음 문장에서 틀린 부분을 올바르게 고치세요.

1 This is the factory which Jane works.

＿＿＿＿＿＿＿＿＿＿ → ＿＿＿＿＿＿＿＿＿＿

2 I can't remember the way how you solved the problem.

＿＿＿＿＿＿＿＿＿＿ → ＿＿＿＿＿＿＿＿＿＿

3 Tomorrow is the day which we'll go to the movies.

＿＿＿＿＿＿＿＿＿＿ → ＿＿＿＿＿＿＿＿＿＿

4 The day which we went skiing was cloudy.

＿＿＿＿＿＿＿＿＿＿ → ＿＿＿＿＿＿＿＿＿＿

5 Fall is the season which we have lots of fruit.

＿＿＿＿＿＿＿＿＿＿ → ＿＿＿＿＿＿＿＿＿＿

A 다음 표현들을 어순에 맞게 배열하여 문장을 완성하세요.

1 일요일은 내가 쉬는 날이다. (is / when / Sunday / day off / a / have / I / the / day)

→ _____

2 네가 나와 놀지 못하는 이유를 얘기해봐.

(why / with / me / play / you / tell / can't / the / reason / me)

→ _____

3 싱가포르는 우리가 신혼여행으로 갔던 곳이다.

(the / place / we / for / went / Singapore / honeymoon / is / where / our)

→ _____

4 그가 그 컴퓨터를 어떻게 고쳤는지 아니?

(know / do / he / how / the / computer / you / fixed)

→ _____

5 이곳이 내가 살았던 집이다. (where / lived / house / I / this / is)

→ _____

B 다음 문장을 영어로 옮기세요.

1 겨울은 우리가 눈싸움을 하는 계절이다. (snowball fights)

→ _____

2 그것이 네가 살던 도시니?

→ _____

3 저곳이 내 삼촌이 일하는 백화점이야.

→ _____

4 이곳이 내가 살 집이다.

→ _____

5 어떻게 인터넷에 연결되었는지 알려줘. (got connected)

→ _____

6 John이 Jenny를 싫어하는 이유를 아니?

→ _____

7 월드컵이 시작하는 날짜를 아니? (the date)

→ _____

REVIEW TEST

A 다음 괄호 안에서 알맞은 표현을 고르세요.

1 I have a friend (who / whom) lives in Los Angeles.

2 She is the woman (who / whom) I loved so much.

3 I remember the man (who / whom) I saw yesterday.

4 I know a woman (whom / whose) name is Jane.

5 I have three sons (who / whose) became doctors.

6 The girl and her dog (which / that) were taking a walk are my neighbors.

7 Tell me the reason (where / why) you don't like the car.

8 This is the house (where / which) he lives.

9 The day (when / where) I bought the dress was Saturday.

10 This is (how / the way how) I solved the problem.

11 There are many things (what / that) should be done.

12 She has a car (which / whose) is red.

13 Jane knows the person (whose / whom) I met yesterday.

14 This is the place (which / where) we stayed last year.

B 다음 문장에서 틀린 부분을 올바르게 고치세요.

1 Do you know the way how he passed the test?   _____ → _____

2 David's dog died on the day which he arrived home.   _____ → _____

3 Mary doesn't know the time where she fell asleep.   _____ → _____

4 This is the building which my friend lives.   _____ → _____

5 She doesn't know the reason how her car broke down. _____ → _____

6 I bought a book whose my friend wrote.   _____ → _____

7 Do you know Jane, who she won the first prize?   _____ → _____

8 There was a building that he wanted to visit it.   _____ → _____

9 Did you see the show who was on TV last night?   _____ → _____

10 There are many students which have lived abroad.   _____ → _____

C 다음 빈칸에 알맞은 표현을 쓰세요.

1 Jane이 태어난 날짜를 아니?

→ Do you know the _____ _____ Jane was born?

2 나는 엄마가 왜 스마트폰을 샀는지 모르겠다.

→ I don't know the _____ _____ Mom bought the smartphone.

3 이곳이 나의 아내를 만났던 곳이다.

→ This is the place _____ I met my wife.

4 공룡이 살았던 시기를 아니?

→ Do you know the period _____ dinosaurs lived?

D 다음 빈칸에 알맞은 표현을 쓰세요.

1 식탁 위에 있는 책을 가져와라.

→ Bring me _____ _____ _____ _____ on the table.

2 나는 꼬리가 긴 코끼리를 봤다.

→ I _____ _____ _____ _____ had a long tail.

3 길 건너편에 서 있는 여자는 내 여동생이다.

→ _____ _____ _____ _____ across the road is my sister.

4 내가 원하는 것은 새로운 컴퓨터이다.

→ _____ _____ _____ _____ a new computer.

5 난 네가 말한 것을 믿는다.

→ I believe _____ _____ _____.

E 다음 문장을 영어로 옮기세요.

1 이 도시가 그가 성공한 곳이다.

→ _____

2 오늘이 내가 태어난 날이다.

→ _____

3 이것이 그녀가 그 노트북을 고친 방법이다.

→ _____

4 흐린 날씨가 그녀가 우울한 이유이다. (우울한: depressed)

→ _____

CHAPTER 11

명사와 관사

UNIT 20 명사

A 명사의 역할 및 형태

명사는 문장에서 주어, 목적어, 보어 자리에 사용되며, 주격, 목적격, 소유격의 격 구분이 있다.

⭐ 명사는 문장 속에서 주어, 목적어, 보어 자리에 올 수 있다.

- His idea is very creative.
- This book is very interesting. ┈┈┈┈ 주어
- Cell phones are very useful.

- That was his idea.
- This is an interesting book. ┈┈┈┈ 보어
- These are up-to-date smartphones.

- I like his idea.
- I read this book yesterday. ┈┈┈┈ 동사의 목적어
- Many students have cell phones.

- What do you think of his idea?
- Thank you for your help. ┈┈┈┈ 전치사의 목적어
- Can you help me with my homework?

Pattern Practice

밑줄 친 명사가 문장의 어느 자리에 사용되었는지를 쓰세요. (주어, 목적어, 보어)

1. English is not difficult. _____

2. She can speak English well. _____

3. My favorite subject is English. _____

4. He has a lot of money. _____

5. This is my new smartphone. _____

주어 자리에는 명사의 주격을, 목적어 자리에는 명사의 목적격을 사용하며, 소유 관계를 나타낼 때는 소유격을 사용한다.

(1) 명사의 주격, 목적격: 일반적으로 명사의 주격과 목적격은 형태가 서로 같다. (인칭대명사의 경우는 다름)

- Soccer is a very popular sport.
- Many people like soccer very much.

(2) 생물 명사의 소유격: 명사가 생물인 경우에는 명사 뒤에 -s를 붙여서 소유격을 만든다.

- John's cell phone is similar to mine.
- I went to my best friend's birthday party.

> **Writing에 적용하기**
>
> 복수명사가 -s로 끝나는 경우의 소유격은 어퍼스트로피(')만 붙인다.
> - She goes to Ewha girls' high school.
> (그녀는 이화여자고등학교에 다닌다.)

(3) 무생물 명사의 소유격: 명사가 무생물인 경우에는 「of + 명사」의 형태로 소유격을 만들며, of를 기준으로 뒤에서 앞으로 해석한다.

- What is the title of the movie? (the movie's title이 아님)
- The legs of the desk are short. (the desk's legs가 아님)
- The design of this computer is very good.

> **Writing에 적용하기**
>
> 시간, 거리, 무게 등은 무생물 명사이지만 's로 소유격을 표시한다.
> - John is reading today's newspaper.
> (John은 오늘자 신문을 읽고 있다.)
> - My school is a ten minutes' walk from my house. (우리 학교는 우리 집에서 걸어서 10분 거리이다.)

Pattern Practice

다음 문장에서 밑줄 친 명사의 격을 쓰세요.

❶ *Starcraft* is a very interesting game. _____

❷ I like *Starcraft*. _____

❸ *Jane* loves *John*. _____, _____

❹ *Jane's* smartphone is bigger than mine. _____

❺ I know *her*. _____

B 명사의 종류 및 단·복수

명사는 크게 셀 수 있는 명사와 셀 수 없는 명사로 나뉜다. 영어는 단·복수를 정확하게 구분하는
언어이므로 명사의 단·복수를 정확하게 익혀 두어야 한다.

 명사의 종류는 크게 셀 수 있는 명사[C]와 셀 수 없는 명사[UC]로 구분할 수 있다.

(1) 셀 수 있는 명사 앞에는 a/an이 올 수 있고 복수형 -s가 붙을 수 있다.

- I have many books on history.
- I know many handsome boys.
- I have a computer.

> 보통명사: pencil, star, baby, dictionary, toy, lady, student, game, bus...

- Many families live in the apartment building.
- Our school has 30 classes.

> 집합명사: family, class, committee, audience...

- The height of Mt. Seorak is 1708 meters.
- I have a good idea.

> 추상명사: gram, degree, minute, second, dollar, cent, plan...

(2) 셀 수 없는 명사 앞에는 a/an이 올 수 없고 복수형 -s가 붙을 수 없다.

- Korea is between China and Japan.
- The Earth is round.

> 고유명사: Seoul, Korea, New York, China, Brazil, David...

- Today's breakfast is bread.
- Koreans eat rice every day.
- We need clean water to survive.
- Money is important in our lives.
- Children need fresh fruit to grow.
- They need new furniture.

> 물질명사: meat, butter, salt, tea, coffee, milk, oil, ice, fog, air...

- Beauty is skin deep.
- History repeats itself.
- Soccer is a popular sport.

> 추상명사: anger, happiness, English, homework, baseball, snow, rain...

> **stop 이건 알아둬~**
> fruit은 과일을 총칭하는
> 물질명사로 셀 수 없는 명사지만,
> apple, banana와 같은 개별
> 과일은 보통명사로 셀 수 있다.
> furniture는 가구를 총칭하는
> 물질명사로 셀 수 없는 명사지만,
> table, bed와 같은 개별 가구는
> 보통명사로 셀 수 있다.

Pattern Practice

다음 문장에서 밑줄 친 부분을 바르게 고치세요.

❶ She has <u>computer</u>.   → _____

❷ People want <u>a happiness</u>.   → _____

❸ <u>Fruits are</u> good for dieting. → _____

❹ A day has <u>24 hour</u>.   → _____

셀 수 있는 명사의 단 · 복수 형태

(1) 규칙 변화

- I have two books. (← a book) ---------------------- 대부분 명사의 복수형은 -s를 붙인다.

- He has two buses. (← a bus)

- She gave me kisses. (← a kiss)

- I need three dishes to cook. (← a dish) ---------- -s, -ss, -sh, -ch, -x로 끝나는 명사: -es를 붙인다.

- Two churches are on the hill. (← a church)

- He received two boxes. (← a box)

- The country has many cities. (← a city) ---------- 「자음 + y」로 끝나는 명사: -y를 -i로 바꾸고 -es를 붙인다.

- My brother has three toys. (← a toy) ------------- 「모음 + y」로 끝나는 명사: -y 뒤에 -s만 붙인다.

- She has five potatoes. (← a potato) ------------- 「자음 + o」로 끝나는 명사: -es를 붙인다. (예외: memo → memos, piano → pianos)

- My uncle has two radios. (← a radio) ------------ 「모음 + o」로 끝나는 명사: -s를 붙인다.

- He gathered several leaves. (← a leaf) ----------- -f 또는 -fe로 끝나는 명사: -f/-fe를 -v로 바꾸고 -es를 붙인다. (예외: roof → roofs, belief → beliefs, cliff → cliffs, chief → chiefs)

(2) 불규칙 변화

- He has three children. (← a child)

- There are three oxen. (← an ox)

- Have you brushed your teeth? (← a tooth)

- A cat is chasing three mice. (← a mouse)

(3) 단 · 복수 형태 동일

- He has three sheep. (← a sheep)

- I caught three fish. (← a fish)

- I saw three deer. (← a deer)

- He caught three salmon. (← a salmon)

Pattern Practice

다음 문장에서 밑줄 친 부분을 바르게 고치세요.

❶ She needed <u>three dish</u> to serve the food. → _____

❷ My sister is playing with <u>many toies</u>. → _____

❸ The man has <u>ten sheeps</u>. → _____

❹ They found <u>a men</u>. → _____

셀 수 없는 명사[UC]의 단 · 복수 형태 표시는 아래와 같다.

(1) a cup of tea [coffee]
- I want three cups of tea. (← a cup of tea)

(2) a glass of milk [water, juice]
- There are three glasses of milk. (← a glass of milk)

(3) a piece of bread [paper, meat, furniture, information, news, advice]
- I ate three pieces of bread. (← a piece of bread)

(4) a loaf of bread
- She bought three loaves of bread. (← a loaf of bread)

(5) a slice of cheese [bread, pizza]
- He ate three slices of cheese. (← a slice of cheese)

(6) a sheet of paper
- I need three sheets of paper. (← a sheet of paper)

(7) a bottle of wine [juice, beer, ink]
- He bought three bottles of juice. (← a bottle of juice)

> **stop 이건 알아둬~**
>
> 수량을 표시하는 단위는 말하고자 하는 단위의 의미와 명사가 서로 통하면 사용할 수 있다.
> - a cup [glass] of soda, a cup [bowl] of soup
>
>   * 회화체에서는 편리함을 추구하기 때문에 위의 원칙이 지켜지지 않는 경우도 있다.
>
> A: What would you like to have, sir?
> B: A coffee, please.

Pattern Practice

다음 문장에서 밑줄 친 부분을 바르게 고치세요.

1. I need <u>two cups of teas</u>. → _____

2. I ate <u>a bread</u>. → _____

3. I need <u>five sheets of papers</u>. → _____

4. She gave me <u>three piece of information</u>. → _____

5. He bought <u>two bottle of coke</u>. → _____

GRAMMAR PRACTICE

문법 사항 복습하기

A 괄호 안의 표현 중 알맞은 것을 고르세요.

1 (Jane / Jane's) digital camera is similar to mine.

2 My father is reading (the paper of today / today's newspaper)

3 She has (a / 없음) good idea.

4 They have four (children / childrens).

5 I want a piece of (bread / water).

6 Jane goes to Ewha (girls's / girls') middle school.

B 다음 빈칸에 알맞은 표현을 쓰세요.

1 나는 어제 세 명의 숙녀들을 만났다.

 → I met _____ _____ yesterday.

2 내가 너에게 정보 하나를 주겠다.

 → I will give you _____ _____ _____ _____.

3 내 여동생의 친구들은 매우 키가 크다.

 → My _____ _____ are very tall.

4 여자들이 남자들보다 더 오래 산다.

 → _____ live longer than _____.

5 그는 물 두 잔을 마셨다.

 → He drank _____ _____ _____ _____.

C 다음 문장에서 밑줄 친 부분을 올바르게 고치세요.

1 <u>My car's color</u> is white. → _____

2 I have <u>a information</u> about the accident. → _____

3 Korea has <u>many big citys</u>. → _____

4 She brought <u>three pieces of papers</u>. → _____

5 The animal has <u>two foots</u>. → _____

6 He caught <u>three deers</u>. → _____

7 She bought <u>many furnitures</u>. → _____

A 다음 표현들을 어순에 맞게 배열하여 문장을 완성하세요.

1 나는 야구공을 세 개 가지고 있다. (baseballs / have / three / I)

→ _____

2 내 컴퓨터의 크기는 작다. (my / computer / small / of / the / size / is)

→ _____

3 오늘 날씨가 어때? (weather / is / today's / how)

→ _____

4 내 남동생은 많은 장난감을 가지고 있다. (has / many / my / brother / toys)

→ _____

5 그는 비디오를 세 개 빌렸다. (rented / videos / he / three)

→ _____

B 다음 문장을 영어로 옮기세요.

1 나는 그 사고에 대한 세 가지 정보를 가지고 있다. (a piece of ~)

→ _____

2 엄마는 시장에서 감자 다섯 개를 사셨다. (potato)

→ _____

3 내 남동생은 이빨을 다섯 개 가지고 있다. (teeth)

→ _____

4 나는 오늘 아침에 우유 한 잔과 빵 두 조각을 먹었다. (a glass of ~, a piece of ~)

→ _____

5 그녀는 어제 가구 하나를 샀다. (a piece of ~)

→ _____

6 그의 차 색깔은 하얀색이다. (of ~)

→ _____

7 나에게 종이 한 장만 갖다 줄 수 있나요? (a sheet of ~)

→ _____

UNIT 21 관사

A 부정관사 a/an의 용법

부정관사는 기본적으로 불특정한 것을 가리킬 때 사용한다.

 부정관사 뒤에 오는 단어의 <u>발음이</u> 모음일 때 an을 사용한다.

- An <u>hour</u> has sixty minutes. (hour의 첫 스펠링은 모음이 아니지만, 발음이 모음임)

- He is an <u>honest</u> man.

- She carries an <u>umbrella</u> on rainy days.
  - cf. A There is a <u>university</u> in the city.
    (university의 첫 철자는 모음이지만 발음은 모음이 아니므로 a를 사용)
  - cf. B He is a <u>unique</u> boy.
  - cf. C This is a <u>European</u> product.

Pattern Practice

다음 문장에서 밑줄 친 부분을 바르게 고치세요.

❶ He is <u>an young man</u>.　　　→ ＿＿＿＿＿＿＿＿＿＿

❷ He brought <u>a umbrella</u>.　　→ ＿＿＿＿＿＿＿＿＿＿

❸ She is <u>a honest girl</u>.　　　→ ＿＿＿＿＿＿＿＿＿＿

❹ I eat <u>a apple</u> every day.　　→ ＿＿＿＿＿＿＿＿＿＿

❺ She is <u>an unique girl</u>.　　　→ ＿＿＿＿＿＿＿＿＿＿

부정관사 a/an의 여러 가지 의미

(1) 셀 수 있는 명사의 단수형 앞에는 반드시 부정관사(a/an)를 붙여야 하며 특별히 해석하지 않는다.

- I am a student. (이 경우의 a는 특별히 해석하지 않음)

  cf. I am student. (student 앞에 a를 붙이지 않아서 틀린 문장임)

- He is a teacher.

- She is reading a book.

(2) 부정관사(a/an)는 '하나의(= one)'라는 의미로 사용된다. 그러나 문맥에 따라 위의 a와 같이 특별히 해석하지 않는 것이 더 자연스러운 경우도 있다.

- She has a cat. = She has <u>one</u> cat.

- I bought a book.

- Jane ate an apple this morning.

(3) 부정관사(a/an)는 '~마다(= per)'라는 의미로 사용된다.

- I go swimming once a week.

- My mom gives me 10,000 won a month.

- David visits his parents four times a year.

─ **Writing에 적용하기** ─

부정관사(a/an)는 단수 명사 앞에만 사용한다. 복수 명사에도 습관적으로 부정관사를 쓰는 경우가 의외로 많은데, 이런 실수를 하지 않도록 주의한다.

- I have a books on science. (×)
- She bought an apples at the grocery store. (×)

 **Pattern Practice**

다음 문장을 해석하세요.

❶ Jane is a teacher.

→ _____

❷ My mother raised a pet dog.

→ _____

❸ My father goes hiking once a month.

→ _____

❹ I jog three times a week.

→ _____

❺ Jane ate an apple and a cup of milk this morning.

→ _____

B 정관사 the의 용법

정관사는 기본적으로 특정한 것을 가리킬 때 사용한다.

 정관사 the는 문장에서 여러 가지 의미로 사용된다.

(1) 앞에서 한 번 나왔던 명사를 뒤에서 다시 언급하는 경우에 정관사 **the**를 사용한다.

- I bought <u>a book</u> two days ago. I will give her the book.

(2) 서로 알고 있는 대상의 명사 앞에는 정관사 **the**를 사용한다.

- I want you to close the door.

(3) 형용사구에 의해 뒤에서 수식을 받는 명사 앞에는 정관사 **the**를 사용한다.

- The MP3 player <u>on the table</u> is mine. (on the table이 MP3 player를 수식해 줌)

(4) 형용사의 최상급 앞에는 정관사 **the**를 사용한다.

- I am the tallest student in our class.

(5) 서수 앞에는 정관사 **the**를 사용한다.

- Today is the first day of April.

(6) 자연계에 하나밖에 없는 것 앞에는 정관사 **the**를 사용한다.

- The sun is bigger than the earth.

(7) 악기 이름 앞에는 정관사 **the**를 사용한다.

- I can play the guitar.

관사가 와야 할 자리에 소유격이 오는 경우에는 관사를 사용하지 않는다.

(1) 부정관사 자리에 소유격이 오는 경우에는 **a** 또는 **an**을 사용하지 않는다.

- This is a book.
- This is his book. (This is a his book.은 틀린 문장임)

(2) 정관사 자리에 소유격이 오는 경우에는 **the**를 사용하지 않는다.

- This is the fourth gold medal he has won.
- This is his fourth gold medal. (This is the his fourth gold medal.은 틀린 문장임)

Pattern Practice

다음 문장에서 밑줄 친 부분을 바르게 고치세요.

❶ A book on the desk is hers. → _____

❷ He is smartest student in our class. → _____

❸ I can play violin well. → _____

❹ She won the her second gold medal. → _____

❺ This is my the first time to visit here. → _____

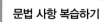

A 괄호 안의 표현 중 알맞을 것을 고르세요.

1 My girlfriend gave me an apple yesterday. I ate (an / the) apple this morning.

2 I am sorry; it was (a / an) mistake.

3 I write a letter to her once (a / the) week.

4 (A / The) cat over there is very cute.

5 A lot of people live on (a / the) earth.

6 Workers founded (an / a) union.

7 (A / The) book on the desk is Jane's.

B 다음 빈칸에 알맞은 표현을 쓰세요.

1 그는 우리 반에서 가장 똑똑한 학생이다.
→ He is _____ _____ student in our class.

2 그녀는 저 아파트 2층에 산다.
→ She lives on _____ _____ floor of that apartment building.

3 이것이 그의 세 번째 금메달이다.
→ This is _____ _____ gold medal.

4 Jane은 어제 사과 하나와 책 한 권을 샀다.
→ Jane bought _____ _____ and _____ _____ yesterday.

5 나는 일주일에 세 번 수영을 간다.
→ I go swimming _____ _____ _____ _____ .

C 다음 문장에서 밑줄 친 부분을 올바르게 고치세요.

1 My friends live in a old house in a small town. → _____

2 What's a name of the girl we met yesterday? → _____

3 I bought a books on music yesterday. → _____

4 There isn't a airport near where I live. → _____

5 This is his the third goal in this game. → _____

6 David decided to exercise four times the week. → _____

7 Jane lives on seventh floor of this building. → _____

A 다음 표현들을 어순에 맞게 배열하여 문장을 완성하세요.

1 나는 점심으로 사과 하나와 샌드위치 하나를 먹었다.

(had / sandwich / I / a / apple / for / lunch / and / an)

→ _____

2 Jane은 일자리를 찾고 있는 중이다. (a / looking / Jane / for / is / job)

→ _____

3 지구는 태양 주위를 돈다. (Earth / goes / the / around / the / Sun)

→ _____

4 책상 위에 있는 그 책을 나에게 가져와라. (me / book / desk / the / bring / the / of / on)

→ _____

5 이번이 그의 첫 번째 승리이다. (first / is / his / win / this)

→ _____

B 다음 문장을 영어로 옮기세요.

1 그녀는 하루에 8시간씩 일한다. (a day)

→ _____

2 세계에서 가장 긴 강은 무엇인가? (the longest ~)

→ _____

3 Jenny는 저 건물의 8층에 산다. (the eighth ~)

→ _____

4 David는 피아노를 아주 잘 친다. (play the ~)

→ _____

5 지구가 달보다 더 크다. (the Earth)

→ _____

6 오늘은 8월의 마지막 날이다. (the last)

→ _____

7 테이블 위에 있는 그 공은 David 것이다. (the ball)

→ _____

REVIEW TEST

 A 다음 명사의 복수형을 쓰세요.

1 a baby → two _____

2 a toy → two _____

3 a child → two _____

4 a deer → two _____

5 a bench → two _____

6 a teacher → two _____

7 a knife → two _____

8 a roof → two _____

9 a tomato → two _____

10 a piano → two _____

11 a glass of water → two _____

12 a bottle of coke → two _____

B 다음 빈칸에 알맞은 관사(a, an, the)를 쓰세요.

1 A man was sitting on the bench. _____ man was American.

2 A: How often do you go to the movies?
   B: About once _____ month.

3 Seoul is _____ capital of Korea.

4 My grandmother lives in _____ old house in the country.

5 He is a teacher, and she is _____ university student.

6 _____ DMB phone on the table is my father's.

7 Who is _____ first man to land on the moon?

8 Mt. Halla is _____ highest mountain in South Korea.

C 다음 문장에서 틀린 곳을 찾아서 바르게 고치세요.

1 The table's legs are very long. _____ → _____

2 I read many book on history. _____ → _____

3 The baby has two tooth. _____ → _____

4 She ate two pieces of breads. _____ → _____

5 A book on the table is mine. _____ → _____

6 He lives on a third floor of the building. _____ → _____

D 다음 빈칸에 알맞은 단어를 쓰세요.

1 나는 주스 두 잔을 마셨다.

→ I drank _____ _____ _____ juice.

2 내 동생은 많은 장난감을 가지고 있다.

→ My brother has _____ _____.

3 달이 지구보다 더 작다.

→ _____ _____ is smaller than _____ _____.

4 그녀는 지금 피아노를 치고 있다.

→ She is _____ _____ _____ now.

E 다음 빈칸에 알맞은 영어 표현을 넣으세요.

1 이것이 그녀의 두 번째 금메달이다.

→ This is _____ _____ _____ _____.

2 나는 컴퓨터 게임을 하나 샀다. 그 게임은 정말 재미있다.

→ I bought _____ _____ _____. _____ _____ is very interesting.

3 나는 겨울에 일주일에 한 번씩 스키 타러 간다.

→ I go _____ _____ _____ _____ in winter.

4 그녀는 매일 감자 세 개를 먹는다.

→ She eats _____ _____ _____.

F 다음 문장을 영어로 옮기세요.

1 그 농부는 양 다섯 마리와 황소 두 마리를 가지고 있다. (sheep, ox)

→ _____

2 그 책 제목이 무엇이냐? (of)

→ _____

3 그들은 일주일에 5일 일한다. (a)

→ _____

4 너는 저기에 있는 여자를 아느냐? (the)

→ _____

5 나는 어제 책을 한 권 샀다. 그 책은 재미있다. (a, the)

→ _____

CHAPTER

12

대명사

UNIT 22 대명사의 종류와 용법

A 대명사의 종류

대명사는 앞에서 나온 명사를 뒤에서 대신 받는 표현으로, 문장에서 어떤 역할을 하느냐에 따라 형태가 변한다. 대명사 it은 특별히 해석을 하지 않는 것이 자연스러운 경우도 있으니 주의해야 한다.

 대명사의 용법

주격	목적격	소유격	소유대명사	재귀대명사
I	me	my	mine	myself
we	us	our	ours	ourselves
you	you	your	yours	yourself/yourselves
she	her	her	hers	herself
he	him	his	his	himself
it	it	its	X	itself
they	them	their	theirs	themselves

- This is my computer. → This is mine. (mine = my computer)
- That is her car. → That is hers. (hers = her car)
- ~~Them~~ are coming here tomorrow. (✕)
  → They are coming here tomorrow. (○) ≫ 주어는 They로 써야 함
- She looked at herself in the mirror.
- I bought a pencil. It was cheap. (It = a pencil)

Pattern Practice

빈칸에 알맞은 대명사를 쓰시오.

❶ Penguins cannot fly, but ＿＿＿＿＿＿ can swim very well.

❷ We painted the house yesterday. ＿＿＿＿＿＿ roof was painted white.

❸ Give the ball to them. It's ＿＿＿＿＿.

❹ I saw Ann buying a book. The book is ＿＿＿＿＿.

it의 여러 가지 용법: '그것'이라고 해석하지 않는 경우

(1) 비인칭 대명사 it: 날씨, 명암, 거리, 무게, 날짜 등을 나타낸다.

- It is dark outside. 명암
- It was rainy yesterday. 날씨
- It's Friday night! 날짜
- It's two miles' distance. 거리

(2) 가주어 it: to부정사와 동명사 등이 주어일 때, 문장의 뒤로 to부정사나 동명사를 옮기고 it을 대신 문장 앞에 쓴 경우이다.

- It is difficult for him <u>to do the work</u>.
- It is no use <u>crying over spilt milk</u>.
- It is good for your health <u>to get up early</u>.

Pattern Practice

밑줄 친 it이 무엇인지 밝히시오. (대명사, 가주어, 비인칭 대명사)

❶ <u>It</u> is difficult to study science. _____

❷ <u>It</u> is a fine day today. _____

❸ I lost the pen. <u>It</u> was John's. _____

❹ What day is <u>it</u> today? _____

B 재귀대명사와 지시대명사

재귀대명사는 대명사의 소유격 또는 목적격에 -self를 붙인 형태로 '~자신[자체]'의 뜻으로 쓰인다. 지시대명사는 가까운 것이나 먼 것을 가리키는 기능을 한다.

 재귀대명사의 기능: 주어의 행동이 다시 주어에게 되돌아가게 하거나, 주어나 목적어를 강조해주는 기능이 있다.

- He blamed himself.
  (본인을 비난한 것임)

- The terrorist shot himself with a gun.
  (본인을 쏜 것, 즉 자살)

- The soccer player called himself a soccer genius.
  (본인을 축구 천재라고 부르는 것임)

- My father built our house himself.
  (주어인 My father를 강조하는 표현)

> **Writing에 적용하기**
> 재귀대명사는 주어와 일치시켜서 써야 한다.
> **She did it for herself. (○)**
> (그녀는 그녀 자신을 위하여 그것을 했다.)
> **cf. She did it for himself. (×)**

 지시대명사는 this, that, these, those 등이 있으며, 거리가 가까운 경우에는 this(단수)와 these(복수)를, 먼 경우에는 that(단수)와 those(복수)를 쓴다.

- Is this your book? – Yes, it is.
- Is that your book? – Yes, it is.
- Are these your books? – Yes, they are.
- Are those your books? – Yes, they are.

> **Writing에 적용하기**
> · this/that으로 질문한 경우에는 단수이므로 it으로 대답한다.
> · these/those로 질문한 경우에는 복수이므로 they로 대답한다.

Pattern Practice

1 다음 빈칸에 알맞은 재귀대명사를 쓰시오.

❶ She enjoyed _____ at the party.

❷ Jane did the work by _____.

❸ Make _____ at home. (편히 계세요.)

2 괄호 안의 표현 중 알맞은 것을 고르시오.

❶ Are (this / these) your trucks?

❷ (Those / That) isn't yours.

❸ A: Are (that / these) her pencils?
  B: Yes, (it / they) are.

A 괄호 안의 표현 중 알맞은 것을 고르세요.

1 John went to the park by (hisself / himself).

2 My teacher likes (I / me) very much.

3 (It's / Its) weight is 8 kilograms.

4 (He's / His) brother is coming here right now.

5 Those keys are (their / theirs).

B 다음 빈칸에 알맞은 표현을 쓰세요.

1 이것은 나의 태블릿 PC이다.

→ This is _____ tablet PC.

2 우리의 집은 그들의 것보다 더 크다.

→ _____ house is bigger than _____.

3 그녀는 거울로 자신을 본다.

→ She sees _____ in the mirror.

4 그들의 친구와 나는 같은 극장으로 갔다.

→ Their friends and _____ went to the same theater.

5 선생님들은 그들의 학생들을 잘 가르쳐야 한다.

→ Teachers should teach _____ students well.

C 다음 문장에서 밑줄 친 부분을 올바르게 고치세요.

1 <u>That</u> is possible for her to believe him. → _____

2 I have a small doll. <u>It's</u> color is red and blue. → _____

3 Mary and John have <u>themselves</u> own cars. → _____

4 Her cups are red. = Hers <u>is</u> red. → _____

5 Where does <u>her</u> live? → _____

A 다음 표현들을 어순에 맞게 배열하여 문장을 완성하세요.

1 그 여자가 그의 이름을 물었다. (name / the / asked / lady / his)

  → _____

2 모든 차는 각각의 주인이 있다. (its / every / has / car / owner)

  → _____

3 그녀가 어디에 사는지 모르겠다. (know / I / where / lives / don't / she)

  → _____

4 자신감을 갖는 것은 중요하다. (confidence / is / to / yourself / it / important / have / in)

  → _____

5 오늘이 무슨 요일이니? (day / is / what / it / today)

  → _____

B 다음 문장을 영어로 옮기세요.

1 그녀는 자주 혼잣말을 한다. (speak to oneself)

  → _____

2 너 혼자 그 일을 할 수 있니? (by oneself)

  → _____

3 이 게임 CD가 그녀의 것이니?

  → _____

4 Einstein은 그의 상대성 이론으로 유명하다.

  → _____

5 어두워지고 있다. 집에 가자.

  → _____

6 그 소설가는 자살했다. (novelist)

  → _____

7 우리 집에서 그 가게까지는 100미터이다.

  → _____

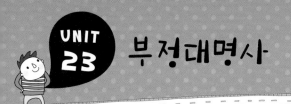

UNIT 23 부정대명사

A 부정대명사 one, other, another

사람이나 사물을 막연하게 가리키는 대명사를 부정대명사라고 한다.

 부정대명사 one: 일반 사람을 나타내거나 불특정한 명사를 대신할 때 쓴다.

- One must keep one's word.   일반인
- I need a pencil. Do you have one?   불특정한 명사를 대신함
  cf. I need to borrow your blue pen. Do you have it?   특정한 명사라서 it을 사용

 another와 the other는 단수 대명사이고, others와 the others는 복수 대명사이다.

- Can I have another of those cookies?
  → another는 '다른 것[사람]', '또 하나의 것[사람]'이라는 뜻을 지닌다.
- No others are coming here.
  → others는 정해지지 않은 복수 명사 중에서 나머지를 가리킨다.
- I am using one of the computers. My friend is using the other.
  → the other는 둘 중 다른 하나를 뜻한다.
- There are five people here. Some are happy. The others aren't happy.
  → the others는 여러 개[사람] 중 다른 한 쪽[나머지]을 뜻한다.

 둘 중에서 순서 없이 나열할 때는 one – the other를, 셋 중에서 순서 없이 나열할 때는 one – another – the other를 쓴다.

- I have two cats. One is white, the other is black.
- I have three cars. One is black, another is red, the other is blue.
- There are three balls. One is yours, another is hers, and the other is mine.

Pattern Practice

빈칸에 적절한 부정대명사를 쓰시오.

1. I have two keys. _____ is for my car, and _____ is for my house.
2. She has three daughters. _____ is a professor, _____ is a dentist, and _____ is a teacher.
3. I'm looking for a scarf. Do you have _____?

B 부정대명사 some, any

막연한 수량을 가리키는 부정대명사로는 some과 any가 있다. some과 any는 부정대명사뿐 아니라 형용사처럼 쓰이기도 한다.

 부정대명사 some은 주로 긍정문에, any는 부정문과 의문문에 쓴다.

- There are some books in the box.   형용사적으로 쓰임
  Do you want some?   부정대명사. 의문문이지만 권유의 내용이므로 some 사용

- A: Do you have any money?   형용사적으로 쓰임
  B: Yes, I have some.   부정대명사

- There are lots of insects in this house.
  Are there any in that house?   부정대명사

C 부정대명사 each, all, both

all은 경우에 따라 단수 혹은 복수 취급하지만, each는 항상 단수, both는 항상 복수 취급한다. 셋 모두 형용사로 쓰일 때도 있다.

 each(각각)는 단수 취급한다.

- Each <u>has</u> his or her own computer.
- Each person <u>needs</u> to bring food.

 all은 사물을 뜻할 때는 단수 취급하고 사람을 뜻할 때는 복수 취급한다. both는 항상 복수 취급한다.

- All <u>is</u> silent at night.
- All of them <u>are</u> coming to the party tonight.
- Both of the chairs <u>are</u> painted.

Pattern Practice

1 빈칸에 some과 any 중 알맞은 것을 쓰시오.

❶ A: Do you have any coins? – B: No, I don't have _____.

❷ A: Do you have any money? – B: Yes, I have _____.

❸ I bought some bread, but Mom told me she didn't want _____.

2 빈칸에 알맞은 형태의 be동사를 쓰시오. (시제는 현재로 할 것)

❶ Both _____ too expensive for you to buy.

❷ All of them _____ dead from the fire.

❸ All of us _____ present at the meeting.

A 괄호 안의 표현 중 알맞은 것을 고르세요.

1 This is my favorite song. Do you like (one / it)?

2 My car is too old now. I should buy a new (one / it).

3 Mary has two computers. (One / the other) is old, and (one / the other) is new.

4 Each box (was / were) painted black.

5 Did you have any food? – Yes, I had (some / any).

B 다음 빈칸에 알맞은 표현을 쓰세요.

1 저 큰 것들은 얼마죠?
→ How much are the big _____ ?

2 나는 농구공이 있다. 나는 집 주차장에서 그것을 가지고 논다.
→ I have a basketball. I play with _____ in the parking lot at home.

3 David과 Mary가 둘 다 학교에 갔다. 한 명은 차로 갔고 다른 한 명은 자전거로 갔다.
→ Both David and Mary went to school. _____ went by car; _____
went by bike.

4 물이 약간이라도 남아 있습니까?
→ Is there _____ water left?

C 다음 문장에서 틀린 부분을 올바르게 고치세요.

1 I have two books. One is a grammar book, and other is a reading book.
_____ → _____

2 There are two lions over there. One is a male, and the others is a female.
_____ → _____

3 There are lots of people in this room. Are there some in that room?
_____ → _____

4 All of the students was silent because the teacher was very upset.
_____ → _____

A 다음 표현들을 어순에 맞게 배열하여 문장을 완성하세요.

1 만약 네가 돈이 있다면 나한테 빌려줘. (money / you / any / if / me / lend / some / have)

→ _____

2 너 펜 좀 있니? (pens / you / do / have / any)

→ _____

3 Jane은 시간이 약간 있는데, Mary는 전혀 없어.

(Jane / Mary / have / doesn't / time / some / any / but / has)

→ _____

4 누구나 법을 따라야 한다. (should / one / law / the / obey)

→ _____

5 나는 USB가 필요해. 너 하나 있니? (USB memory / need / one / you / do / have / I / a)

→ _____

B 다음 문장을 영어로 옮기세요.

1 책이 두 권 있다. 하나는 두껍고 하나는 얇다. (one / the other)

→ _____

2 너는 과학에 관한 책이 좀 있니? (any books)

→ _____

3 그 학생들 중 몇몇은 키가 크다. (some)

→ _____

4 지우개가 몇 개 필요해. 너 좀 있니? (some, any)

→ _____

5 나는 그것들 중 어떤 것도 좋아하지 않는다. (any)

→ _____

6 만약 물이 좀 있으면 나에게 좀 주세요. (any, some)

→ _____

7 책이 좀 있니? – 아니, 없는데. (any, any)

→ _____

Chapter REVIEW TEST

A 다음 문장에서 틀린 부분을 올바르게 고치세요.

1 There are two cell phones. One is my mom's, and the other are my dad's.

_____ → _____

2 I have three cars. One is black, the other is white, and another is yellow.

_____ → _____

3 Do you have some idea what you're doing?

_____ → _____

4 They take care of theirselves every day.

_____ → _____

5 There are any cars on the street.

_____ → _____

B 다음 빈칸에 알맞은 표현을 쓰세요.

1 나는 어떠한 악기도 연주할 수 없다.

→ I can't play _____ instruments.

2 이것은 내 것이고 저것은 네 것이다.

→ This is _____, and that is _____.

3 겨울에는 눈이 많이 온다.

→ _____ snows a lot in winter.

4 지금 몇 시입니까?

→ What time is _____ now?

5 호랑이를 본 적 있니? – 응, 동물원에서 한 마리 봤어.

→ Have you seen a tiger? – Yes, I saw _____ at the zoo.

C 다음 빈칸에 알맞은 표현을 쓰세요.

1 요즘 날씨가 더 따뜻해지고 있다.

→ _____ is _____ _____ these days.

2 그것을 이해하기는 어렵다.

→ It _____ _____ _____ _____ that.

3 또 다른 것을 보여주세요.

→ _____ _____ _____, please.

4 그는 거울로 자신을 봤다.

→ He _____ _____ _____ _____ _____ _____.

5 A: 오늘이 무슨 요일이지?

B: 월요일이야.

→ A: What day _____ _____ today?

B: _____ Monday.

D 다음 문장을 영어로 옮기세요.

1 A: 너 혹시 컵 좀 있니?

B: 응, 좀 있어.

→ A: _____

B: _____

2 비가 많이 내리고 있어.

→ _____

3 저 차는 그의 것이야.

→ _____

4 모든 동물은 그들의 새끼를 돌본다.

→ _____

5 나는 두 딸이 있다. 한 명은 머리가 길고 한 명은 머리가 짧다.

→ _____

_____

CHAPTER

13

형용사와 부사

A 형용사의 역할 및 형태

형용사는 사람이나 사물의 상태나 성질을 묘사하는 말로서, 기본적으로 명사를 수식해 주는 역할을 한다.

 형용사가 명사를 수식하는 경우와 명사를 수식하지 않는 경우

- She is a kind person.   형용사가 명사를 수식
  → She is kind.   형용사가 명사를 수식하지 않음

- This is an interesting book.
  → This book is interesting.

- I have a new computer.
  → My computer is new.

- The giraffe is a tall animal.
  → The giraffe is tall.

- John is a handsome boy.
  → John is handsome.

- Baseball is a popular sport.
  → Baseball is popular.

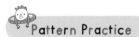

다음 문장을 형용사가 명사를 수식하지 않는 문장으로 바꾸세요.

① He is a healthy baby. → The baby _____ _____.

② She has a small face. → Her face _____ _____.

③ Elephants are big animals. → Elephants _____ _____.

④ She is a beautiful girl. → She _____ _____.

⑤ This is a nice car. → This car _____ _____.

형용사가 명사를 수식할 때의 위치는, 일반적으로 수식하는 명사 앞에 온다.

- Look at the nice car. (nice가 car를 수식)
- Jane is a diligent student.
- My grandmother lives in a small village.
- A beautiful girl visited me yesterday.

 명사 또는 동사 뒤에 형용사 접미사가 붙어서 이루어진 형용사들이 있는데,
이 경우는 그 의미를 짐작할 수 있다.

(1) -ful: 풍부, 가득함

care + ful → careful (주의 깊은)
hope + ful → hopeful (희망에 찬)

(2) -less: ~이 없음

care + less → careless (부주의한)
hope + less → hopeless (희망이 없는)

(3) -ous, -ish: 성질, 성향

danger + ous → dangerous (위험한)
fool + ish → foolish (어리석은)

> **stop 이건 알아둬~**
>
> 형용사가 명사를 뒤에서 수식하는 경우도 있다. -thing으로 끝나는 명사를 수식하는 경우에는 형용사가 명사 뒤에 온다.
>
> - I want something special.
>   (나는 뭔가 특별한 것을 원한다.)
> - I don't have anything new.
>   (나는 새로운 것이 아무것도 없다.)
> - There's nothing strange.
>   (이상한 것이 아무것도 없다.)
> - Are you doing everything possible to achieve the goal? (그 목표를 달성하기 위해 가능한 모든 것을 하고 있어?)

Pattern Practice

1 다음 문장에서 밑줄 친 형용사가 수식하는 명사에 동그라미 하세요.

① A tiger is a <u>big</u> animal.

② She lives in a <u>big</u> house.

③ I want to drink something <u>cold</u>.

2 다음을 해석하세요.

① a spoonful of sugar　　→ _____

② meaningless talk　　　→ _____

③ a selfish behavior　　　→ _____

B 형용사의 다양한 쓰임

형용사는 명사를 수식하는 것 이외에도 다양한 용법으로 사용된다.

 막연한 수와 양을 나타내는 형용사 표현

(1) many는 셀 수 있는 명사 앞에, much는 셀 수 없는 명사 앞에 온다.

- David has many comic books.   many = a lot of, lots of
- We had much snow last winter.   much = a lot of, lots of

(2) some은 긍정문에, any는 부정문과 의문문에 사용된다.

- She bought some milk for her baby.   긍정문, 셀 수 없는 명사 앞
- I bought some books yesterday.   긍정문, 셀 수 있는 명사 앞
- I didn't buy any books yesterday.   부정문
- Did you buy any books yesterday?   의문문
- Would you like some more ice cream?   권유의 내용, some이 의문문에 사용됨

(3) a few는 셀 수 있는 명사 앞에, a little은 셀 수 없는 명사 앞에 온다. ('조금 있는'의 긍정의 의미로 해석됨)

- I have a few <u>books</u> on history.   a few 다음에는 복수명사
- I bought a little <u>milk</u> yesterday.   a little 다음에는 단수명사

(4) few는 셀 수 있는 명사 앞에, little은 셀 수 없는 명사 앞에 온다. ('거의 없는'의 부정적 의미로 해석됨)

- There are few <u>cars</u> on the road.   few 다음에는 복수명사
- There is little <u>chance</u> of rain today.   little 다음에는 단수명사

Pattern Practice

다음 문장에서 틀린 부분을 찾아서 바르게 고치세요.

1. David has much books on science.   _____ → _____
2. I didn't buy some milk yesterday.   _____ → _____
3. He has a few book on music.   _____ → _____
4. She will buy a few milk tomorrow.   _____ → _____
5. He has many comic book in his room.   _____ → _____

상태, 외관, 감각을 나타내는 동사(get, become, look, seem, smell, taste, sound…) 다음에는 형용사가 온다.

- He's <u>becoming</u> tired. 상태를 나타내는 동사
- Jane <u>looks</u> sad. 외관을 나타내는 동사
- This milk <u>smells</u> bad. 감각을 나타내는 동사

 「the + 형용사」는 복수 보통명사로 바꾸어 쓸 수 있으며 '~하는 사람들'이라는 의미이다. 복수 취급하므로 「the + 형용사」가 주어 자리에 오면 그 다음에는 복수 동사가 와야 한다.

the rich = rich people   the young = young people

the disabled = disabled people   the poor = poor people

the old = old people   the injured = injured people

- The rich <u>are</u> not always happy. (복수동사로 받음)
- We should not look down on the poor.
- The young should respect the old.
- This taxi is for the disabled.

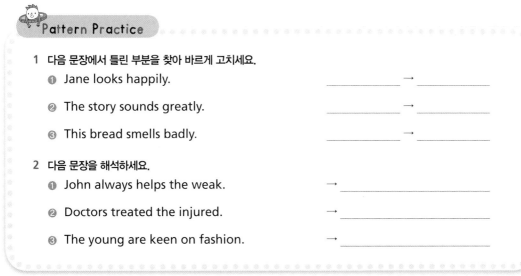

Pattern Practice

1 다음 문장에서 틀린 부분을 찾아 바르게 고치세요.
  ❶ Jane looks happily. _____ → _____
  ❷ The story sounds greatly. _____ → _____
  ❸ This bread smells badly. _____ → _____

2 다음 문장을 해석하세요.
  ❶ John always helps the weak. → _____
  ❷ Doctors treated the injured. → _____
  ❸ The young are keen on fashion. → _____

A 괄호 안의 표현 중 알맞을 것을 고르세요.

1 A (beautiful / beautifully) girl called for you yesterday.

2 We didn't have (many / much) rain last summer.

3 Did you buy (some / any) postcards yesterday?

4 I have (a few / a little) computer games.

5 John looks very (happily / happy).

6 The rich (has / have) a lot of money.

B 다음 빈칸에 알맞은 표현을 쓰세요.

1 우리는 노숙자들을 도와야만 한다. (the + 형용사)

  → We should help _____ _____.

2 그녀는 미술에 대한 책을 몇 권 가지고 있다.

  → She has _____ _____ books on art.

3 질문 있습니까?

  → Do you have _____ questions?

4 예, 질문 몇 가지 있습니다.

  → Yes, I have _____ questions.

5 의사들은 아픈 사람들을 치료하고 도와준다.

  → Doctors cure and help _____ _____.

C 다음 문장에서 밑줄 친 부분을 올바르게 고치세요.

1 She wants <u>new something</u>. → _____

2 John doesn't eat <u>many fruits</u>. → _____

3 She bought <u>a few juice</u> at the store. → _____

4 You <u>look sadly</u> today. → _____

5 <u>The rich has</u> expensive cars. → _____

Ⓐ 다음 표현들을 어순에 맞게 배열하여 문장을 완성하세요.

1 축구는 무척 인기 있는 스포츠이다. (a / popular / soccer / sport / very / is)

→ _____

2 나는 뭔가 뜨거운 것을 마시고 싶다. (drink / to / something / want / hot / I / hot)

→ _____

3 Mary는 많은 인형을 가지고 있다. (dolls / a / lot / of / Mary / has)

→ _____

4 나는 그 가게에서 사과를 약간 샀다. (bought / at / some / store / the / I / apples)

→ _____

5 경찰이 부상자들을 병원으로 데려갔다. (hospital / the / injured / police / took / the / to)

→ _____

Ⓑ 다음 문장을 영어로 옮기세요.

1 그녀는 예쁜 소녀이다. (pretty)

→ _____

2 사람들은 항상 뭔가 새로운 것을 원한다. (something)

→ _____

3 그는 아주 부주의하다. (careless)

→ _____

4 그는 놀 친구가 거의 없다. (few)

→ _____

5 잔에 남아 있는 우유가 거의 없다. (little)

→ _____

6 너는 오늘 행복해 보인다. (look)

→ _____

7 그들은 노숙자들에게 무료 식사를 제공한다. (free meals)

→ _____

A 부사의 역할 및 형태

부사는 기본적으로 동사를 수식해 주고, 보통 '~하게'라고 해석된다.

 부사는 기본적으로 동사를 수식하며, 형용사나 다른 부사, 또는 문장 전체를 수식하기도 한다.

- John <u>speaks</u> loudly.
- Jane <u>dances</u> well.

⋯⋯ 동사 수식

- The baseball player is very <u>tall</u>.
- I am really <u>happy</u> now.

⋯⋯ 형용사 수식

- Thank you so <u>much</u> for your help.
- She swims very <u>well</u>.

⋯⋯ 부사 수식

- Usually, <u>David eats dinner at home</u>.
- Fortunately, <u>he won the game</u>.

⋯⋯ 문장 전체 수식

  ≫ 부사가 문장 전체를 수식하는 경우에는 부사 다음에 쉼표(,)가 온다.

 부사의 형태는 크게 세 가지로 구분할 수 있으며, 보통 '~하게'라고 해석된다.

(1) 규칙 변화: 형용사 + ly → 부사

careful+ ly → carefully (주의 깊게)

terrible + ly → terribly (끔찍하게, 심하게)

slow + ly → slowly (느리게)

happy + ly → happily (행복하게)

bad + ly → badly (나쁘게)

poor + ly → poorly (가난하게)

-ly로 끝난다고 해서 모두 부사는 아니다.
-ly로 끝나는 형용사도 있다.
- friend(명사) + ly → friendly (형용사: 친근한)
- man(명사) + ly → manly (형용사: 남자다운)

(2) 형용사와 부사의 형태가 같은 경우

    fast (형용사: 빠른) — fast (부사: 빠르게)

    late (형용사: 늦은) — late (부사: 늦게)

    high (형용사: 높은) — high (부사: 높게)

    early (형용사: 이른) — early (부사: 일찍)

(3) 불규칙 변화

    good (형용사: 좋은) — well (부사: 잘)

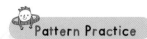

Pattern Practice

1 다음 문장에서 밑줄 친 부사가 수식하는 부분에 동그라미 하세요.

  ❶ You should drive <u>carefully</u> when it rains.

  ❷ Listen! Jane is playing the violin <u>very</u> beautifully.

  ❸ He is a <u>very</u> handsome guy.

2 다음 문장에서 밑줄 친 단어가 형용사인지 부사인지 쓰세요.

  ❶ He is a <u>fast</u> runner.　　　_____

  ❷ He runs <u>fast</u>.　　　_____

  ❸ She is <u>really</u> happy now.　　　_____

B 부사의 위치

부사는 기본적으로 문장 내에서의 위치가 자유롭다.

 일반적으로 부사의 위치는 문장 내에서 자유롭다. 동사 뒤에 올 수도 있고, 수식하는 형용사나 부사 앞에 올 수도 있으며, 문장 맨 뒤나 맨 앞에 올 수도 있다.

• John <u>swims</u> fast in the pool.	동사 뒤
• She is really <u>beautiful</u>.	형용사 앞
• I like her very <u>much</u>.	부사 앞
• Unfortunately, she died of cancer.	문장 맨 앞
• I haven't seen her lately.	문장 맨 뒤

 빈번한 정도를 나타내는 빈도부사 always, usually, often, sometimes, never 등은 문장 내에서의 위치가 정해져 있다. (be동사 뒤, 일반동사 앞, 조동사와 본동사 사이)

• Jane <u>is</u> always kind to others.
• David <u>is</u> often late for school. ······ be동사 뒤

• Jane always <u>gets</u> up early in the morning.
• David never <u>gets</u> up early in the morning. ······ 일반동사 앞

• You <u>can</u> sometimes <u>watch</u> TV.
• David <u>will</u> never <u>be</u> late for school. ······ 조동사와 본동사 사이

Pattern Practice

1 다음 문장에서 부사에 밑줄을 긋고 부사의 위치를 쓰세요.

❶ Jane can speak English well. → 부사의 위치: _____

❷ David is a very clever boy. → 부사의 위치: _____

❸ Usually, I bring my lunch box. → 부사의 위치: _____

2 다음 문장에서 틀린 부분을 찾아서 바르게 고치세요.

❶ She always is kind to poor people.

_____ → _____

❷ He goes usually to school early.

_____ → _____

❸ She may be sometimes late for school.

_____ → _____

A 괄호 안의 표현 중 알맞은 것을 고르세요.

1 Mary can speak Chinese (well / good).

2 The road is slippery. I should drive (careful / carefully).

3 The child is singing (happy / happily).

4 She runs (slow / slowly).

5 The children behaved (bad / badly).

B 우리말 또는 영어 표현과 같은 뜻이 되도록 빈칸에 알맞은 표현을 쓰세요.

1 불행하게도 그는 경기에서 졌다.

→ _____, he lost the game.

2 오늘은 날씨가 매우 덥다.

→ It's _____ _____ today.

3 David is a slow speaker.

→ David speaks _____.

4 Mary is a fast runner.

→ Mary runs _____.

5 She is a good cook.

→ She cooks _____.

C 다음 문장에서 밑줄 친 부분을 올바르게 고치세요.

1 David can speak English good. → _____

2 She looks always happy. → _____

3 He never is late for school. → _____

4 You sometimes can watch TV. → _____

5 You can play often computer games. → _____

A 다음 표현들을 어순에 맞게 배열하여 문장을 완성하세요.

1 그 농구 선수는 매우 키가 크다. (tall / player / very / the / basketball / is)

→ _____

2 다행히도 그는 시험에 합격했다. (the / passed / fortunately / he / exam)

→ _____

3 그는 가끔 직장에 늦는다. (is / work / for / late / he / sometimes)

→ _____

4 나는 절대로 학교에 늦지 않을 것이다. (school / be / never / will / I / late / for)

→ _____

5 그녀는 지금 정말로 행복하다. (now / is / happy / she / really)

→ _____

B 다음 문장을 영어로 옮기세요.

1 나는 아주 빠르게 수영할 수 있다. (fast)

→ _____

2 그는 아침에 항상 일찍 일어난다. (always, early)

→ _____

3 그녀는 항상 어린이들에게 친절하다. (always)

→ _____

4 나는 그 약속을 절대 잊지 않을 것이다. (never, promise)

→ _____

5 나는 그녀를 절대 다시는 만나지 않을 것이다. (never)

→ _____

6 불행하게도, 그는 시험에 불합격했다. (unfortunately)

→ _____

7 그는 땅에서 높이 뛰었다. (high)

→ _____

REVIEW TEST

A 다음 괄호 안에서 알맞은 말을 고르세요.

1 My mom bought (some / any) cookies for me.

2 That sounds (great / greatly).

3 Jane has (a few / a little) friends.

4 Cheetahs can run very (fast / fastly).

5 David (is always / always is) kind to strangers.

6 I want (something new / new something).

B 다음 문장에서 틀린 부분을 찾아서 올바르게 고치세요.

1 The poor has little money. ＿＿＿＿＿ → ＿＿＿＿＿

2 Jane always wants special something. ＿＿＿＿＿ → ＿＿＿＿＿

3 Did she buy some milk yesterday? ＿＿＿＿＿ → ＿＿＿＿＿

4 I have a few book of science fiction. ＿＿＿＿＿ → ＿＿＿＿＿

5 I never will swim in the sea again. ＿＿＿＿＿ → ＿＿＿＿＿

6 David visits often his grandparents. ＿＿＿＿＿ → ＿＿＿＿＿

7 She sings very good. ＿＿＿＿＿ → ＿＿＿＿＿

C 다음 빈칸에 알맞은 말을 넣으세요.

1 날씨가 더워지고 있다.
→ The weather is ＿＿＿＿＿ ＿＿＿＿＿.

2 나는 뭔가 따뜻한 것을 마시고 싶다.
→ I want to ＿＿＿＿＿ ＿＿＿＿＿ ＿＿＿＿＿.

3 그는 매우 높이 뛰었다.
→ He ＿＿＿＿＿ ＿＿＿＿＿ ＿＿＿＿＿.

4 불행하게도 그는 폐암으로 죽었다.
→ ＿＿＿＿＿, he ＿＿＿＿＿ ＿＿＿＿＿ lung cancer.

5 나는 과학에 대한 책이 거의 없다.
→ I have ＿＿＿＿＿ ＿＿＿＿＿ on science.

D 다음 빈칸에 알맞은 말을 넣으세요.

1 젊은이들은 노인들을 공경해야만 한다.

→ The _____ should _____ _____ _____.

2 나는 어제 빵을 하나도 사지 않았다. (not은 단축형으로)

→ I _____ _____ _____ _____ yesterday.

3 John은 자주 모임에 늦는다.

→ John _____ _____ _____ _____ meetings.

4 너는 주의 깊게 운전해야 한다.

→ You _____ _____ _____.

5 그는 언제나 선생님들에게 예의바르다.

→ He _____ _____ _____ to teachers.

6 나는 일요일에 자주 농구를 한다.

→ I _____ _____ _____ _____ on Sunday.

7 나는 가끔 엄마와 함께 쇼핑을 간다.

→ I _____ _____ _____ with my mom.

E 다음 문장을 영어로 옮기세요.

1 그는 음악에 대한 책을 거의 가지고 있지 않다. (few)

→ _____

2 그녀는 우유를 거의 마시지 않는다. (little)

→ _____

3 그녀는 가끔 오빠에게 버릇없이 군다. (sometimes, rude)

→ _____

4 그는 일요일에 절대로 영어를 공부하지 않는다. (never)

→ _____

5 나는 뭔가 특별한 것을 원한다. (something)

→ _____

6 그녀는 종종 약속에 늦는다. (often)

→ _____

7 그는 항상 아침에 테니스를 친다. (always)

→ _____

CHAPTER

14

비교

UNIT 26 비교급과 최상급

A 규칙 변화

비교급은 -er을 붙이고 최상급은 -est를 붙인다. 형용사의 최상급 앞에는 정관사 the를 붙인다.

 비교급과 최상급의 기본 변화 원칙

(1) 1음절이나 일부 2음절어의 비교급 뒤에는 **-er**을, 최상급 뒤에는 **-est**를 붙인다.

tall – taller – tallest   long – longer – longest

old – older – oldest   short – shorter – shortest

large – larger – largest   smart – smarter – smartest

(2) **-e**로 끝나는 단어의 비교급은 **-r**만 붙이고, 최상급은 **-st**만 붙인다.

nice – nicer – nicest   free – freer – freest

(3) 1음절어로서 「단모음+단자음」으로 끝난 경우에는, 마지막 자음을 하나 더 쓰고 그 뒤에 비교급은 **-er**을, 최상급은 **-est**를 붙인다.

big – bigger – biggest   hot – hotter – hottest

fat – fatter – fattest   thin – thinner – thinnest

(4) 「자음+y」로 끝나는 단어는 y를 i로 고치고 그 뒤에 비교급은 **-er**을, 최상급은 **-est**를 붙인다.

easy – easier – easiest   happy – happier – happiest

pretty – prettier – prettiest   lazy – lazier – laziest

🪐 Pattern Practice

다음 단어의 비교급과 최상급을 쓰세요.

❶ big – ＿＿＿＿＿＿ – ＿＿＿＿＿＿   ❹ lazy – ＿＿＿＿＿＿ – ＿＿＿＿＿＿

❷ busy – ＿＿＿＿＿＿ – ＿＿＿＿＿＿   ❺ fat – ＿＿＿＿＿＿ – ＿＿＿＿＿＿

❸ crazy – ＿＿＿＿＿＿ – ＿＿＿＿＿＿

일부 2음절어와 3음절 이상인 단어의 비교급은 단어 앞에 more를 붙이고 최상급은 단어 앞에 the most를 붙인다.

famous – more famous – most famous

interesting – more interesting – most interesting

difficult – more difficult – most difficult

beautiful – more beautiful – most beautiful

important – more important – most important

「형용사+ly」로 끝나는 부사의 비교급, 최상급은 단어의 음절 수에 관계없이 단어 앞에 more, most를 붙인다.
· slowly - more slowly - most slowly (느리게 - 더 느리게 - 가장a 느리게)
· loudly - more loudly - most loudly (크게 - 더 크게 - 가장 크게)
* 부사의 최상급 앞에는 the를 붙이지 않아도 된다.

B 불규칙 변화

불규칙 변화는 일정한 규칙이 없는 비교급 · 최상급의 변화이다.

 비교급 · 최상급의 불규칙 변화는 규칙이 없기 때문에 꼭 외워야 한다.

good (좋은) – better (더 좋은) – best (가장 좋은)

well (잘) – better (더 잘) – best (가장 잘)

bad/ill (나쁜) – worse (더 나쁜) – worst (가장 나쁜)

many/much (많은) – more (더 많은) – most (가장 많은)

little (적은) – less (더 적은) – least (가장 적은)

Pattern Practice

1 다음 단어의 비교급과 최상급을 쓰세요.

❶ dangerous – _____ – _____

❷ powerful – _____ – _____

❸ expensive – _____ – _____

2 다음 빈칸에 알맞은 단어를 쓰세요.

❶ 사람들은 더 많이 먹고 더 적게 운동하고 있다.
→ People are eating _____ and exercising _____.

❷ 그의 인생은 더욱 나빠졌다.
→ His life has gone from bad to _____.

❸ 우리는 고객에게 최상의 제품만을 제공합니다.
→ We offer only _____ _____ products to our customers.

A 괄호 안의 표현 중 알맞을 것을 고르세요.

1 Elephants are (biger / bigger) than lions.

2 John is (the biggest / biggest) boy in our class.

3 His story was (funnier / funnyer) than mine.

4 This chair is (more comfortable / comfortabler) than that one.

5 Turtles move (more slowly / slowlyer) than rabbits.

6 The problem was (more bad / worse) than I thought.

B 다음 빈칸에 알맞은 표현을 쓰세요.

1 Jane이 우리 반에서 가장 똑똑한 학생이다.

→ Jane is _____ _____ _____ in our class.

2 당신은 더 적게 먹고 더 많이 운동해야만 합니다.

→ You have to eat _____ and exercise _____.

3 여름은 봄보다 덥다.

→ Summer is _____ _____ spring.

4 나는 그 어느 누구보다도 행복하다.

→ I am _____ _____ any other person.

5 서울은 부산보다 크다.

→ Seoul is _____ _____ Busan.

C 다음 문장에서 밑줄 친 부분을 올바르게 고치세요.

1 Jane is <u>lazyer than</u> David. _____ → _____

2 Mary is <u>more beautifuler than</u> Jane. _____ → _____

3 The teacher speaks <u>loudlyer than</u> other teachers. _____ → _____

4 I am <u>more stronger than</u> him. _____ → _____

5 She is always <u>busyer than</u> other students. _____ → _____

A 다음 표현들을 어순에 맞게 배열하여 문장을 완성하세요.

1 그는 나보다 나이가 많다. (older / he / than / is / me)

→ _____

2 제인은 우리 반에서 가장 날씬한 학생이다.

(the / thinnest / is / Jane / in / student / our / class)

→ _____

3 서울은 한국에서 가장 큰 도시이다. (Korea / is / the / largest / Seoul / city / in)

→ _____

4 Mary는 Jane보다 더 부지런하다. (more / Jane / Mary / diligent / is / than)

→ _____

5 수학이 영어보다 어렵다. (more / mathematics / difficult / English / than / is)

→ _____

B 다음 문장을 영어로 옮기세요.

1 건강이 돈보다 더 중요하다. (more important)

→ _____

2 당신은 운동을 더 많이 해야 합니다. (more)

→ _____

3 나는 너보다 행복하다. (happier)

→ _____

4 코끼리는 사자보다 더 느리게 달린다. (more slowly)

→ _____

5 사자가 코끼리보다 더 위험하다. (more dangerous)

→ _____

6 영어는 과학보다 쉽다. (easier)

→ _____

7 Jane은 John보다 더 똑똑하다. (smarter)

→ _____

UNIT 27 원급 · 비교급 · 최상급

A 원급 비교[동등 비교] 용법

원급 비교는 「as ~ as …」 구문으로 표현하며 as ~ as 사이에는 형용사나 부사의 원급이 온다.

 동등 비교는 「as + 형용사 · 부사의 원급 + as」의 형태이며 '…만큼 ~하다'라고 해석된다.

- I am as old as you.
- John is as tall as David.
- Jane is as talkative as Mary.
- I studied as hard as him.
- I can speak English as well as you (can).

 동등 비교의 부정은 「not as [so] + 형용사 · 부사의 원급 + as」의 형태이며 '…만큼 ~하지 않다'라고 해석된다. 또한 「not as [so] ~ as …」는 비교급의 형태로 바꾸어 표현할 수도 있다.

- I am not as [so] old as you.   → You are older than me.
- John is not as [so] tall as David.   → David is taller than Jane.
- I am not as [so] busy as you.   → You are busier than me.
- I didn't study as [so] hard as him.   → He studied harder than me.
- She cannot run as [so] fast as me.   → I can run faster than she.

Pattern Practice

1 다음 문장에서 밑줄 친 부분을 바르게 고치세요.

❶ He is as taller as me.   → _____

❷ Jane can work as faster as Mary.   → _____

❸ Apples are as bigger as oranges.   → _____

2 다음의 동등 비교 문장을 비교급 문장으로 바꾸어 쓰세요.

❶ John is not as strong as David.   → _____

❷ Cats are not as big as lions.   → _____

❸ Jane isn't as busy as Mary.   → _____

B 비교급의 용법

비교급 비교는 「비교급 ~ than …」의 구문을 사용한다.

 비교급은 두 개의 명사를 비교할 때 사용된다. 「-er ~ than …」 또는 「more ~ than …」의 형태로 사용되며 '…보다 ~하다'로 해석된다.

- I am older than you. ('나'와 '너'의 나이를 비교)
- John is taller than David.
- Our school is larger than yours.
  ('우리 학교'와 '너희 학교'의 크기를 비교)
- Jane finished the work more quickly than I [me].
- I studied harder than he [him].
  ('나'와 '그'의 '공부 열심히 한 정도'를 비교)
- She can run faster than me [I].
- I can speak English better than you.

> **Writing에 적용하기**
>
> 비교급에서 차이 나는 정도를 표현하는 방법에는 다음 두 가지가 있다.
> - I am 30 cm taller than you.
>   (나는 너보다 30cm 더 크다.)
> - I am taller than you by 30 cm.
>   (나는 너보다 30cm 더 크다.)

 원급을 강조할 때는 very를 쓰고, 비교급을 강조할 때는 much, a lot, far, even 등을 사용한다.

- He is very tall. (very가 원급인 tall을 강조)
- He is much taller than me. (much가 비교급인 taller를 강조)
- She can speak English very well.
- She can speak English a lot better than me.

Pattern Practice

1 다음 문장에서 밑줄 친 부분을 올바른 비교급 표현으로 고치세요.

1. She is <u>older as</u> you.　　　　　→ _____
2. Lions are <u>big than</u> cats.　　　　→ _____
3. Jane is <u>thoughtful than</u> Mary.　→ _____

2 다음 문장에서 밑줄 친 부분을 바르게 고치세요.

1. She is <u>very older</u> than me.　　　→ _____
2. I can speak English <u>much well</u>.　→ _____
3. Honey is <u>very sweeter</u> than sugar.　→ _____

C 최상급의 용법

최상급 비교는 「최상급 ~ in/of …」의 구문을 사용한다.

 최상급은 셋 이상을 비교할 때 사용되며, -est 또는 most의 형태로 쓰이고, '가장 ~하다'의 의미로 해석된다. 최상급 앞에는 the를 붙이는 것이 원칙이다. '… 중에서 가장 ~하다'라는 비교의 범위를 말할 때 전치사 in 다음에는 장소나 단체를 나타내는 말이 온다.

- He is the tallest person <u>in Korea</u>.
- I am the youngest <u>in my family</u>.
- Our school is the largest <u>in Seoul</u>.
- Jane is the most talkative <u>in our class</u>.
- He can run the fastest <u>in the world</u>.
- She can speak English the best <u>in our class</u>.

 최상급에서 비교의 범위를 말할 때, 전치사 of 다음에는 복수 명사 또는 기간이 온다.

- He is the tallest <u>of all the students</u>.
- She is the most beautiful <u>of the four</u>.
- Cheetahs run the fastest <u>of all the animals</u>.
- Winter is the coldest <u>of all four seasons</u>.
- Whales are the biggest <u>of the mammals</u>.
- John gets up the earliest <u>of all his family members</u>.
- Yesterday was the hottest day <u>of the year</u>.
- What was the happiest day <u>of your life</u>?

Pattern Practice

1 다음 문장에서 밑줄 친 곳을 바르게 고치세요.

❶ Jane is <u>most beautiful girl in</u> our class.   → _____

❷ David is <u>the youngest at</u> his family.   → _____

❸ She is <u>smartest student in</u> our school.   → _____

2 다음 문장에서 밑줄 친 곳을 바르게 고치세요.

❶ She is <u>the smartest in</u> all the students.   → _____

❷ He is <u>the strongest in</u> his family members.   → _____

❸ Jane works <u>the hardest in</u> her co-workers.   → _____

A 괄호 안의 표현 중 알맞은 것을 고르세요.

1 I am as (strong / stronger) as him.

2 Jane is as (prettier / pretty) as Mary.

3 John is not (tall / taller) than David.

4 She is not as (clever / cleverer) as him.

5 He is the (taller / tallest) in our class.

6 She is the (popular / most popular) girl in our school.

B 다음 빈칸에 알맞은 표현을 쓰세요.

1 그는 나보다 나이가 세 살 더 많다.

→ He is _____ _____ _____ than me.

2 Jane은 Mary보다 키가 훨씬 더 크다.

→ Jane is _____ _____ than Mary.

3 나는 우리 가족에서 가장 키가 작다.

→ I am _____ _____ _____ my family.

4 여름이 사계절 중에서 가장 덥다.

→ Summer is _____ _____ _____ all four seasons.

5 메리가 가족 구성원 중에서 가장 똑똑하다.

→ Mary is _____ _____ _____ her family members.

C 다음 문장에서 밑줄 친 부분을 올바르게 고치세요.

1 He isn't <u>as older as</u> he looks. → _____

2 Are you <u>oldest in</u> your family? → _____

3 Jane is <u>very smarter than</u> Mary. → _____

4 She is <u>the oldest of</u> her family. → _____

5 When was <u>happiest moment</u> of your life? → _____

6 What is <u>the better movie</u> you've ever seen? → _____

A 다음 표현들을 어순에 맞게 배열하여 문장을 완성하세요.

1 나는 너만큼 빠르게 달릴 수 있다. (as / run / you / as / can / fast / I)

→ _____

2 나는 너만큼 바쁘다. (busy / you / am / as / I / as)

→ _____

3 그가 너보다 돈을 적게 썼다. (less / you / he / money / than / spent)

→ _____

4 그는 나보다 훨씬 더 힘이 세다. (stronger / than / much / he / me / is)

→ _____

5 Bill Gates는 세계에서 가장 부자인 사람이었다.

(the / in / the / Bill Gates / richest / world / was / man)

→ _____

B 다음 문장을 영어로 옮기세요.

1 건강이 돈만큼 중요하다. (as important as)

→ _____

2 건강이 돈보다 더 중요하다. (more important)

→ _____

3 건강이 우리 인생에서 가장 중요하다. (the most important)

→ _____

4 Jane은 Mary보다 훨씬 더 영리하다. (much smarter)

→ _____

5 너는 나보다 더 빨리 타이핑 할 수 있니? (faster than)

→ _____

6 세계에서 가장 긴 강은 무엇인가? (the longest)

→ _____

7 이 호텔은 서울에서 가장 싼 호텔이다. (the cheapest)

→ _____

REVIEW TEST

 A 다음 괄호 안에서 알맞은 말을 고르세요.

1 He is (more famous / famouser) than his brother.

2 Health is (importanter / more important) than fame.

3 I am as (strong / stronger) as Superman.

4 She is (tall / taller) than me.

5 Jane is (much / very) older than me.

6 He is the tallest person (in / of) Korea.

B 다음 단어의 비교급과 최상급을 쓰세요.

1 big – _____ – _____

2 bad – _____ – _____

3 difficult – _____ – _____

4 happy – _____ – _____

5 little – _____ – _____

6 slowly – _____ – _____

7 interesting – _____ – _____

8 famous – _____ – _____

C 다음 문장에서 틀린 부분을 찾아서 올바르게 고치세요.

1 Which is the larger city in Canada?　　_____ → _____

2 When was the sadest moment in your life?　_____ → _____

3 She is very richer than him.　　_____ → _____

4 Europe isn't as larger as Asia.　　_____ → _____

5 A mountain is high than a hill.　　_____ → _____

6 Jane can speak English more well than Mary.　_____ → _____

D 다음 빈칸에 알맞은 말을 넣으세요.

1 꿀은 설탕만큼 달다.

   → Honey is _____ _____ _____ sugar.

2 어제는 오늘보다 더 나빴다.

   → Yesterday was _____ _____ today.

3 이번 겨울은 지난 겨울만큼 춥지 않다.

   → This winter is _____ _____ _____ _____ last winter.

4 나는 수영이 달리기보다 더 재미있다고 생각한다.

   → I think swimming is _____ _____ _____ running.

E 다음 빈칸에 알맞은 말을 넣으세요.

1 음식은 충분하다. 너는 원하는 만큼 먹을 수 있다.

   → There's plenty of food. You can have _____ _____ _____

   _____.

2 오늘이 올 들어 가장 더운 날이다.

   → Today is _____ _____ _____ of the year.

3 제주도는 한국에서 가장 큰 섬이다.

   → Jeju-do is _____ _____ _____ _____ Korea.

4 Jane은 John보다 훨씬 더 똑똑하다.

   → Jane _____ _____ _____ _____ John.

F 다음 문장을 영어로 옮기세요.

1 당신은 살을 빼기 위해서는 더 많이 운동해야 합니다. (less, more)

   → _____

2 Jane은 Mary만큼 게으르지 않다.

   → _____

3 그녀는 그보다 영어를 훨씬 더 잘 말할 수 있다. (much better)

   → _____

4 세계에서 가장 높은 산은 무엇인가? (the highest)

   → _____

5 세계에서 가장 부자인 사람은 누구인가? (the richest)

   → _____

CHAPTER
15

전치사

N/A

UNIT 28 전치사의 종류

A 시간의 전치사

시간을 나타내는 여러 가지 전치사와 그 뒤에 오는 시간 표현의 예문까지 외워 두자.

 in, on, at과 시간 표현

(1) **in** 다음에는 비교적 긴 시간(세기, 년, 계절, 월) 또는 하루의 일부분에 해당되는 시간이 온다.

in the 21st century	in 2015	in (the) summer
in December	in the morning	in the afternoon

(2) **on** 다음에는 요일, 특정한 날, 날짜, 요일의 일부분에 해당되는 시간이 온다.

on Sunday	on Christmas day	on April 10th
on Sunday morning	on Friday	on my birthday

(3) **at** 다음에는 구체적인 시각이 온다.

at 8 o'clock	at midnight	at 12:30
at 11 tomorrow	at noon	at lunch time

 for, during, by, until의 용법: for 다음에는 기간(숫자)이 오고, during은 특정 기간, by 는 '～까지(완료)'를 나타내며, until은 '～까지(계속)'를 나타낸다.

- I studied English for <u>two hours</u>. (for + 숫자 기간)
- John visited America during <u>the vacation</u>.
  (the vacation은 시작과 끝이 있는 특정 기간)
- You have to return home by 9. (9시 이전에만 돌아오면 된다.)
- David waited for her until 9. (9시까지 계속해서 기다렸다.)

> **Writing에 적용하기**
>
> next, last, this, that, every, all 등이
> 시간 앞에 올 경우에는 전치사 in, on,
> at을 사용하지 않는다.
> - next year, last month (in next year는 틀린 표현임)
> - this morning, that evening (in this morning은 틀린 표현임)
> - every night, all day (at every night은 틀린 표현임)

Pattern Practice

다음 빈칸에 알맞은 전치사를 넣으세요.

❶ I was born _____ spring.　　❷ Jane got married _____ December 28th.

❸ Let's meet _____ 5 o'clock tomorrow.　　❹ He studied English _____ three hours.

❺ She visited China _____ the vacation.

B 장소의 전치사

장소를 나타내는 여러 가지 전치사와 그 뒤에 오는 장소 표현의 예문까지 외워 두자.

 in, on, at과 장소 표현

(1) in 다음에는 비교적 넓은 장소 또는 건물이나 공간을 나타내는 말이 온다.

in Seoul	in Korea	in the building	in a box
in the sea	in the bank	in the hospital	in the house

(2 **on** 다음에는 '~의 표면 위'를 나타내는 말이 온다.

on the floor	on the third floor	on the street	on the table
on the sea	on the roof	on the wall	on the desk

(3) **at** 다음에는 장소의 한 지점, 건물의 목적이 분명한 장소(정류장, 고향, 영화관...) 또는 단체 행동이 이루어지는 장소(콘서트, 회의, 파티...)를 나타내는 말이 온다.

at the door	at the store	at home	at the station
at the airport	at the theater	at the meeting	at the party

 그 외의 장소 전치사

in front of the building (~ 앞에)	behind the car (~ 뒤에)
over the bridge (~ 위에, 너머) ≫ 표면 위가 아님	under the tree (~ 아래에)
between the desk and the chair (A와 B 사이에)	among the people (~ 중에서) ≫ 셋 이상
along the river (~을 따라서)	across the river (~을 가로질러)

Pattern Practice

다음 빈칸에 알맞은 전치사를 넣으세요.

❶ He lives _____ the fifth floor. (5층에)

❷ He jogs 3 miles every day _____ the river. (강을 따라서)

❸ John is sleeping _____ the tree. (나무 아래서)

❹ I will meet him _____ _____ _____ the building. (건물 앞에서)

A 괄호 안의 표현 중 알맞은 것을 고르세요.

1 I usually go to school (in / at) 8 o'clock.

2 John can play computer games (in / on) Sunday.

3 I will have a party (at / on) my birthday.

4 My girlfriend was born (in / at) March.

5 I bought some apples (at / in) the store.

6 There is a bridge (over / under) the river.

7 He made a speech (in / at) the meeting.

B 다음 빈칸에 알맞은 표현을 쓰세요.

1 David는 세 시간 동안 영어 공부를 했다.
   → David studied English _____ _____ _____ .

2 그는 영화를 보는 동안 잠을 잤다.
   → He fell asleep _____ _____ _____ .

3 Jane은 숙제를 10시까지 끝내야만 한다.
   → Jane has to finish her homework _____ _____ .

4 나는 10시까지 계속 영어를 공부할 것이다.
   → I will study English _____ _____ .

5 한국은 중국과 일본 사이에 있다.
   → Korea is _____ China _____ Japan.

C 다음 문장에서 밑줄 친 부분을 올바르게 고치세요.

1 She got up early <u>in this morning</u>.   → _____

2 Jane was born <u>on September</u>.   → _____

3 He usually goes to bed <u>in 11 o'clock</u>.   → _____

4 The second World War ended <u>on 1945</u>.   → _____

5 Mary lives <u>in the third floor</u> of this building.   → _____

6 My father is standing <u>in the door</u>.   → _____

7 There is a store <u>at front of</u> the bank.   → _____

SENTENCE WRITING PRACTICE

배운 내용을 바탕으로
영어 문장 만들기

A 다음 표현들을 어순에 맞게 배열하여 문장을 완성하세요.

1 그 경기는 정오에 시작한다. (noon / starts / at / the / game)

→ _____

2 우리는 4월 3일에 처음으로 만났다. (met / third / April / first / we / on)

→ _____

3 우리는 21세기에 살고 있다. (the / century / 21st / living / we / are / in)

→ _____

4 그녀는 미국에서 3년 동안 음악을 공부했다.

(studied / in / she / music / America / three / for / years)

→ _____

5 그는 일생 동안 열심히 일했다. (hard / during / he / worked / life / his)

→ _____

B 다음 문장을 영어로 옮기세요.

1 Jane은 다음 토요일에 떠날 것이다. (next Saturday)

→ _____

2 나는 이 보고서를 금요일까지 끝내야 한다. (by Friday)

→ _____

3 나는 10시까지 너를 기다리고 있을게. (until 10)

→ _____

4 그녀는 뉴욕에 살고 있다. (in New York)

→ _____

5 John 어디 있니? – 그는 지금 집에 있어. (at home)

→ _____? – _____

6 강을 가로질러 다리가 하나 있다. (across)

→ _____

7 벽에 있는 그림이 아주 멋지다. (on the wall)

→ _____

UNIT 29 전치사의 목적어와 역할

A 전치사의 목적어

전치사의 목적어로는 명사 형태가 온다. 이것은 매우 중요하므로 잘 기억해 두어야 한다.

 전치사 다음에 오는 말을 전치사의 목적어라 하는데, 전치사의 목적어로는 명사 형태가 온다. (즉, 보통명사, 고유명사, 물질명사, 추상명사 등이 전치사의 목적어가 될 수 있다.)

- David is standing at the door.
- She bought a bottle of juice at the store.
- We canceled our trip because of the rain. ⟶ 보통명사가 전치사의 목적어
- He wrote a letter with a pencil.
- We will go to China by plane.

- He lives in Seoul.
- Jane went to Canada.
- I will go to New York. ⟶ 고유명사가 전치사의 목적어
- The students study Korean.

- They are looking for water.
- We can't live without air.
- In the past, salt was used as money. ⟶ 물질명사가 전치사의 목적어
- We can make various kinds of food with rice.

- Exercise is good for health.
- People can't live without love. ⟶ 추상명사가 전치사의 목적어

Pattern Practice

다음 문장에서 밑줄 친 전치사의 목적어에 동그라미 하세요.
1. Jane went to the library.
2. I went to Florida last year.
3. People can't live without water.
4. They are looking for water.

전치사의 목적어로 대명사가 오는 경우에는 목적격을 사용한다.

- Where were you waiting <u>for</u> me?
- I will go to the park <u>with</u> her.
- There is a table <u>between</u> him and her.
- A child is standing <u>behind</u> them.
- Did you buy this food <u>for</u> us?

 동명사도 명사 형태이므로 전치사의 목적어 자리에 올 수 있다.

- Thank you <u>for</u> helping me.
- I am ashamed <u>of</u> being lazy.
- She is afraid <u>of</u> going out alone.
- How <u>about</u> eating out tonight?
- He is interested <u>in</u> playing the guitar.
- I am proud <u>of</u> being honest.

다음 문장에서 밑줄 친 전치사의 목적어에 동그라미 하세요.

❶ Did you buy this cake <u>for</u> her?

❷ She is waiting <u>for</u> him.

❸ I will go there <u>with</u> them.

❹ Thank you <u>for</u> accepting my invitation.

❺ She is interested <u>in</u> playing baseball.

❻ How <u>about</u> going to a movie this weekend?

B 전치사의 역할

「전치사 + 명사」의 형태를 전치사구라 부른다. 전치사구는 형용사 역할을 하기도 하고 부사 역할을 하기도 한다.

 전치사구는 명사를 수식해 주는 형용사 역할을 한다.

The dog under the tree is cute. (밑줄 친 전치사구가 명사 The dog을 수식)

The mobile phone on the table is mine.

Jane is a student from America.

Do you know that girl with the cat?

Look at the bird on the branch.

 전치사구는 동사를 수식해 주는 부사 역할도 한다.

They played baseball for two hours. (밑줄 친 전치사구가 동사 played를 수식)

They arrived at the theater.

Jane goes to church on Sundays. (전치사구 to church와 on Sundays가 동사 goes를 수식)

I met her at 11 yesterday.

He played soccer in the playground.

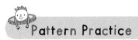 Pattern Practice

다음 문장에서 밑줄 친 전치사구가 수식하는 것에 동그라미 하세요.

1. He has a girlfriend from Canada.

2. The man on the bench is my uncle.

3. I know the girl with blonde hair.

4. David arrived at the airport yesterday.

5. Jane walks to school.

6. I will go to London by plane on Saturday.

A 다음 문장에서 밑줄 친 전치사의 목적어에 동그라미 하세요.

1 She was born <u>in</u> December.

2 John met his girlfriend <u>at</u> the party.

3 I can't succeed <u>without</u> your help.

4 I will wait <u>for</u> him here.

5 Mary is proud <u>of</u> being a teacher.

6 Thank you <u>for</u> inviting me.

B 다음 문장에서 밑줄 친 전치사구가 수식하는 것에 동그라미 하세요.

1 The digital camera <u>on the desk</u> is Jane's.

2 She is a student <u>from China</u>.

3 The woman <u>on the bench</u> is my grandmother.

4 He goes <u>to school</u> every day.

5 They played tennis <u>on the court</u>.

6 John met her <u>at 7</u>.

C 다음 문장에서 밑줄 친 부분을 올바르게 고치세요.

1 I will go to the bank <u>with she</u>. → _____

2 Thank you <u>for help</u> her. → _____

3 Jane is interested <u>in play</u> the violin. → _____

4 There is a ball <u>between he and she</u>. → _____

5 I bought this book <u>for she</u>. → _____

6 She is ashamed <u>of be</u> idle. → _____

A 다음 표현들을 어순에 맞게 배열하여 문장을 완성하세요.

1 그녀는 지금 부산에 살고 있다. (lives / Busan / she / in / now)

→ _____

2 그는 나와 함께 공원에 갔다. (the / park / with / he / me / to / went)

→ _____

3 와 주셔서 감사합니다. (you / for / thank / coming)

→ _____

4 오늘 밤에 외출하는 게 어때? (going / how / out / about / tonight)

→ _____

5 우리는 세 시간 동안 야구를 했다. (played / three / hours / we / baseball / for)

→ _____

B 다음 문장을 영어로 옮기세요.

1 나는 나무 밑에 있는 소녀를 알고 있다. (under the tree)

→ _____

2 차 안에 있는 사람은 우리 삼촌이다. (in the car)

→ _____

3 John은 친구들과 함께 두 시간 동안 축구를 했다. (for two hours)

→ _____

4 나는 그녀를 어제 그 식당에서 만났다. (at the restaurant)

→ _____

5 하늘에 있는 연들을 보아라. (in the sky)

→ _____

6 Jane은 교실에 있는 그 선생님을 알고 있다. (in the classroom)

→ _____

7 David는 호주에서 온 학생이다. (from Australia)

→ _____

REVIEW TEST

A 다음 괄호 안에서 알맞은 말을 고르세요.

1 I was born (in / on) 1994.

2 Let's meet (in / on) Friday.

3 I will finish the homework (by / until) 10 o'clock.

4 He lived (in / on) the 19th century.

5 He runs (along / in) the river on Sundays.

6 Jane always gets up (at / in) seven in the morning.

B 다음 중 알맞은 전치사를 골라 빈칸에 쓰세요.

| in | on | at | for | to | during | behind | under | over | between | along | across |

1 I will go to China _____ summer vacation.

2 A cat is _____ the table and the chair.

3 John went _____ Italy to study music last year.

4 Jane was injured in the accident. She is _____ the hospital.

5 Many kinds of fish live _____ the sea.

6 I will pick her up at 10 o'clock _____ the airport.

C 다음 문장에서 틀린 부분을 찾아서 올바르게 고치세요

1 Jane went to the park with he.   _____ → _____

2 Thank you for help my brother.   _____ → _____

3 She was born on summer.   _____ → _____

4 We had a good time on his party.   _____ → _____

5 I will wait for her by 10.   _____ → _____

6 He calls his parents at every night.   _____ → _____

다음 빈칸에 알맞은 말을 넣으세요.

1 나는 항상 그녀와 함께 학교에 간다.

→ I always go to school _____ _____.

2 함께 컴퓨터 게임 하는 게 어때?

→ How _____ _____ computer games together?

3 그는 도서관에서 공부하고 있는 중이다.

→ He is studying _____ _____ _____.

4 John은 여름 동안에 병원에 있었다.

→ John was in the hospital _____ _____ _____.

5 그 도로는 강을 따라 놓여 있다.

→ The road runs _____ _____ _____.

6 대구는 대전과 부산 사이에 놓여 있다.

→ Daegu _____ _____ Daejeon _____ Busan.

7 운동은 건강에 좋다.

→ Exercise _____ _____ _____ _____.

8 한 어린이가 자동차 뒤에 서 있다.

→ A child is _____ _____ _____ _____.

다음 문장을 영어로 옮기세요.

1 우리는 물 없이는 살 수 없다. (without)

→ _____

2 그녀는 차 운전하는 것을 두려워한다. (be afraid of)

→ _____

3 연못에 있는 개구리들을 좀 봐. (in the pond)

→ _____

4 우리는 성탄절에 큰 파티를 할 것이다. (on Christmas day)

→ _____

5 그는 이 건물의 5층에 산다. (on the fifth floor)

→ _____

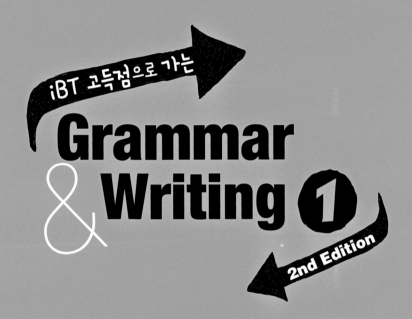

iBT 고득점으로 가는

Grammar & Writing ①

2nd Edition

정답 및 해석

DARAKWON

CHAPTER 01

문장의 구조

UNIT 01 문장의 구성

A 주어와 동사

예문 해석

1 • 나는 학생이다.
  • 너는 아주 키가 크다.
  • 그녀는 똑똑하다.
  • 그들은 축구를 하고 있다.
  • 그는 아주 친절하다.
  • 개는 충실한 동물이다.
  • 새들이 하늘 높이 난다.
  • 우리 아버지는 사업가이다.
  • 기린은 긴 목을 가지고 있다.
  • 이 책상은 나무로 만들어졌다.
  • John은 영어를 열심히 공부한다.
  • Mary는 아름답다.
  • 서울은 큰 도시이다.
  • 한국은 둘로 분단되어 있다.
  • 남아공은 2010년 월드컵을 개최했다.

Pattern Practice   p. 10

❶ 대명사   ❷ 보통명사
❸ 고유명사   ❹ 보통명사
❺ 고유명사

해석

❶ 우리는 함께 컴퓨터 게임을 했다.
❷ 코끼리는 큰 동물이다.
❸ 중국은 인도보다 크다.
❹ 개는 똑똑한 동물이다.
❺ John은 축구를 매우 좋아한다.

예문 해석

2 • 그는 아주 키가 크다.
  • 그녀는 아주 아름답다.
  • 코끼리는 크다.
  • 그는 축구를 아주 잘 한다.
  • 그녀는 춤을 아주 잘 춘다.
  • 코끼리는 느리게 걷는다.

3 • 그는 컴퓨터 게임을 한다.
    그는 컴퓨터 게임을 하고 있는 중이다.
  • 그녀는 숙제를 한다.
    그녀는 숙제를 하고 있는 중이다.
  • 그는 그 사고로 사망했다.
  • 그 책은 그에 의해 쓰여졌다.

Pattern Practice   p. 11

1 ❶ 상태   ❷ 동작
  ❸ 상태

2 ❶ are play → are playing
  ❷ am watch → am watching
  ❸ is usually go → usually goes

해석

1 ❶ Jane은 아주 예쁘지 않다.
  ❷ David는 아주 빠르게 달린다.
  ❸ 사자는 아주 무섭다.

2 ❶ 그들은 지금 축구를 하고 있다.
  ❷ 나는 지금 TV를 보고 있는 중이다.
  ❸ John은 보통 자전거를 타고 학교에 간다.

B 보어와 목적어

예문 해석

1 (1) • 그녀는 선생님이다.
      • 그는 컴퓨터 프로그래머이다.
      • 그들은 축구 선수들이다.
  (2) • 그녀는 아름답다.
      • 그는 영리하다.
      • 우리는 아주 부지런하다.
  (3) • 그녀는 공원에 있다.
      • 그는 캐나다에 있다.

2 • 그는 영어를 공부한다.
  • 그들은 축구를 한다.
  • 코끼리는 식물을 먹는다.
  • Jane은 아버지를 사랑한다.
  • 학생들은 책을 읽는다.
  • David는 버스를 운전한다.

Pattern Practice   p. 12

1 ❶ a university student ❷ very handsome
  ❸ tall, thin

2 ❶ classical music   ❷ a nice car
  ❸ pizza

해석

1 ❶ Jane은 대학생이다.
  ❷ David는 아주 잘생겼다.
  ❸ 그녀는 키가 크고 날씬하다.

2 ❶ 우리 아버지는 고전음악을 좋아하신다.
  ❷ 나는 멋진 차를 가지고 있다.
  ❸ 그들은 피자를 좋아한다.

GRAMMAR PRACTICE   p. 13

A 1 보어   2 목적어
  3 보어   4 목적어
  5 보어   6 보어

B 1 주어 + 동사 + 보어   2 주어 + 동사 + 목적어
  3 주어 + 동사 + 보어   4 주어 + 동사 + 목적어
  5 주어 + 동사 + 목적어   6 주어 + 동사 + 보어

< 1 is reading   2 am doing
    3 is playing   4 are watching
    5 exercises   6 is playing

해석
A
1 그들은 야구 선수들이다.
2 나는 야구를 많이 좋아한다.
3 축구는 인기 있는 스포츠이다.
4 사람들은 스포츠를 즐긴다.
5 농구 선수들은 대체로 키가 크다.
6 그들은 잘생겼다.

B
1 Jane은 똑똑하다.
2 나는 수영을 즐긴다.
3 너는 행복해 보인다.
4 그는 트럭을 운전한다.
5 일주일은 7일이다.
6 이 수프는 냄새가 좋다.

<
1 그는 지금 책을 읽고 있는 중이다.
2 나는 지금 숙제를 하고 있는 중이다.
3 그는 지금 야구를 하고 있는 중이다.
4 그들은 지금 TV를 시청하고 있는 중이다
5 Jane은 매일 운동한다.
6 그녀는 지금 피아노를 연주하고 있는 중이다.

SENTENCE WRITING PRACTICE

p. 14

A 1 I have two sisters.
    2 She is a university student.
    3 My mother teaches English.
    4 You look tired.
    5 They are playing computer games.

B 1 Monkeys like bananas. (또는 The monkey likes bananas.)
    2 David is a high school student.
    3 They are doing the writing homework.
    4 Jane likes English.
    5 The concert was very exciting.
    6 My school has 50 classes.
    7 My birthday is July 22nd.

UNIT 02 문장의 형식

A 1형식, 2형식 문장

예문 해석
1 • 별들이 빛난다.
    • 불이 탄다.

• 해는 동쪽에서 뜬다.
• 새들이 달콤하게 노래한다.
• 나는 일요일마다 교회에 간다.
• 책상 위에 책 한 권이 있다.

2 • 내 여동생[언니, 누나]은 피아니스트이다.
    • 그는 의사가 되었다.
    • 이 꽃은 아주 좋은 냄새가 난다.
    • 그녀는 어제 슬퍼 보였다.
    • 나는 지금 졸리다.

Pattern Practice

p. 15

❶ He lived happily. (1형식 문장)
❷ Jane looked happy yesterday. (2형식 문장)
❸ The weather changes very quickly. (1형식 문장)
❹ The sun rises in the east. (1형식 문장)
❺ He is a teacher. (2형식 문장)

해석
❶ 그는 행복하게 살았다.
❷ Jane은 어제 행복해 보였다.
❸ 날씨가 아주 빠르게 변한다.
❹ 해는 동쪽에서 뜬다.
❺ 그는 선생님이다.

B 3형식, 4형식, 5형식 문장

예문 해석
1 • 나는 내 일을 사랑한다.
    • David는 택시를 운전한다.
    • 하루는 24시간이다.
    • 많은 학생들은 팝송을 좋아한다.
    • 나는 멋진 휴대폰 하나를 샀다.

2 • 나는 그녀에게 꽃 한 송이를 주었다.
    • 그녀는 나에게 책 한 권을 사 주었다.
    • 그는 나에게 장난감 하나를 만들어 주었다.
    • 나는 Jane에게 이메일을 한 통 보냈다.
    • 선생님은 나에게 질문을 하나 하셨다.

3 • 나는 그가 내 제일 친한 친구라고 생각한다.
    • 그들은 David를 회장으로 선출했다.
    • 그는 그 문을 녹색으로 칠했다.
    • 그녀는 나를 행복하게 만들었다.
    • 우리는 그를 천재라고 부른다.

Pattern Practice

p. 16

❶ She made me a cake. (4형식 문장)
❷ They called him a fool. (5형식 문장)
❸ I like my teacher. (3형식 문장)
❹ He sent his son some money. (4형식 문장)
❺ You make me happy. (5형식 문장)

해석
❶ 그녀는 나에게 케이크를 만들어 주었다.
❷ 그들은 그를 바보라고 부른다.
❸ 나는 우리 선생님을 좋아한다.
❹ 그는 자기 아들에게 약간의 돈을 보냈다.
❺ 너는 나를 행복하게 만든다.

3

5 We call John a genius.
6 I bought her a flower yesterday.
7 Jason has a nice smartphone.

GRAMMAR PRACTICE

p. 17

A
1 주격 보어	2 목적어
3 목적격 보어	4 주격 보어
5 목적어	6 목적격 보어
7 주격 보어	8 목적격 보어
9 주격 보어	10 목적어

B
1 I bought her a flower. (4형식 문장)
2 An hour has 60 minutes. (3형식 문장)
3 There are many pictures in my room. (1형식 문장)
4 This soup tastes good. (2형식 문장)
5 Mary sent me an e-mail yesterday. (4형식 문장)
6 I went to the library last Sunday. (1형식 문장)
7 She is an elementary school student. (2형식 문장)
8 I live in Seoul. (1형식 문장)
9 I asked him a question. (4형식 문장)
10 She has a nice computer. (3형식 문장)

해석
A
1 그녀는 의사가 되었다.
2 대부분의 사람들은 전쟁을 싫어한다.
3 그들은 그를 MVP로 선출했다.
4 Jane은 오늘 슬퍼 보인다.
5 John은 어제 창문을 깨뜨렸다.
6 나는 그가 신사라고 생각한다.
7 이 빵은 냄새가 좋다.
8 그녀는 벽을 파란색으로 칠했다.
9 우리 아버지는 펀드매니저이시다.
10 나는 우리 나라를 사랑한다.

B
1 나는 그녀에게 꽃 한 송이를 사 주었다.
2 한 시간은 60분이다.
3 내 방에는 많은 사진들이 있다.
4 이 수프는 맛이 좋다.
5 Mary가 어제 나에게 이메일을 보냈다.
6 나는 지난 토요일에 도서관에 갔다.
7 그 애는 초등학교 학생이다.
8 나는 서울에 산다.
9 나는 그에게 질문을 한 가지 했다.
10 그녀는 멋진 컴퓨터를 가지고 있다.

SENTENCE WRITING PRACTICE

p. 18

A
1 I bought my father a tie.
2 My father is an English teacher.
3 They call her a fool.
4 The sun sets in the west.
5 I like my school life.

B
1 I eat an apple every day.
2 He goes to the library on Saturdays.
3 I asked her a difficult question.
4 My (elder) sister is a teacher.

Chapter REVIEW TEST

p. 19

A
1 is playing	2 beautiful
3 sweetly	4 sad
5 her	6 happy

B
1 4형식 문장	2 2형식 문장
3 5형식 문장	4 3형식 문장
5 2형식 문장	6 1형식 문장

C
1 are play → are playing
2 likes I → likes me
3 a book her → her a book (또는 a book to her)
4 love they → love them
5 is play → is playing
6 a toy her → her a toy (또는 a toy for her)

D
1 He doesn't like pizza.
2 He gave me a ring.
3 Jane looked very tired yesterday.
4 My mom made me angry yesterday.

E
1 John's family lives in Canada now.
2 He painted his car red.
3 There are three books on the desk.
4 They are playing soccer now.

F
1 I don't like fast food.
2 They painted the house white.
3 She lives in L.A. now.
4 The teacher gave me a book.
5 You look sleepy.

해석
A
1 그는 지금 테니스를 치고 있다.
2 그녀는 매우 아름답다.
3 새들이 아침에 감미롭게 노래한다.
4 Jane은 슬퍼 보인다.
5 나는 그녀에게 인형을 하나 주었다.
6 그는 어제 행복해 보였다.

B
1 엄마가 나에게 키스를 해 주었다.
2 Mary는 아주 친절하다.
3 그는 나를 화나게 만들었다.
4 나는 축제에서 기타를 연주했다.
5 그녀의 얼굴은 창백해졌다.
6 해가 하늘에서 밝게 빛난다.

C
1 그들은 지금 함께 놀고 있다.
2 그녀는 나를 아주 많이 좋아한다.
3 나는 그녀에게 책 한 권을 주었다.
4 우리는 그들을 좋아한다.
5 Jane은 지금 피아노를 연주하고 있다.
6 그는 그녀에게 장난감을 사 주었다.

동사와 문장의 종류

UNIT 03 동사의 시제 · 인칭 · 수 변화

A 동사의 현재형

예문 해석

1 (1) • 그는 동네를 매일 밤 산책한다.
  • Jane은 매우 빨리 뛴다.
  • 아버지는 나를 많이 사랑한다.
  • 각 학생은 자신의 책상이 있다.

 (2) • 내 부인은 일요일마다 교회에 간다.
  • 경비원이 문을 감시한다.
  • Jane은 식사 후에 이를 닦는다.
  • 그녀의 남동생은 기계를 아주 잘 수리한다.
  • 그녀는 항상 시험을 통과한다.

 (3) • 그녀는 항상 시험에서 열심히 노력한다.
  • 그 학생은 과학을 매우 열심히 공부한다.
  • 그 비행기는 하늘 높이 난다.
  • 그의 아기는 너무 많이 운다.

 (4) • 그는 그의 일을 즐긴다.
  • 우리 엄마는 우리를 위해 과일을 사신다.
  • 우리 사장님은 우리의 저녁 식사를 사 주신다.
  • 그 남자는 항상 같은 호텔에 머무른다.
  • 그녀의 남동생은 친구들과 논다.

2 • 나는 그 결과에 매우 기쁘다.
  • 우리는 극장에 가고 있다.
  • 너는 컴퓨터를 잘 고친다.
  • 그녀는 너무 재미있다.
  • 그 책은 매우 재미있다.

Pattern Practice
p. 23

❶ teaches ❷ play
❸ marries ❹ prays

해석

❶ 김 씨는 선생님이다. 그는 영어를 가르친다.
❷ Mike와 Tom은 매일 야구를 한다.
❸ 그 목사는 행복한 연인을 결혼시킨다.
❹ 우리 엄마는 교회에서 기도하신다.

B 동사의 과거형

예문 해석

1 (1) • 그는 전에 나를 많이 좋아했다.
  • 우리 사장님이 회의를 취소했다.
  • 나는 라디오를 껐다.
  • 그녀는 밤새도록 TV를 봤다.
  • 나는 문을 너무 세게 닫았다.

 (2) • David는 그의 팀이 경기에 져서 울었다.
  • 내 여동생은 시험을 위해 열심히 공부했다.
  • Jane은 그를 설득하려고 노력했다.
  • Fernando는 지난주에 여자친구와 결혼했다.

 (3) • 그 남자는 맥주를 사기 위해 멈췄다.
  • 그녀는 컵을 떨어뜨렸다.
  • 나는 해외로 나가기로 계획을 세웠다.
  • 그 풍선은 공중에서 터졌다.

Pattern Practice
p. 24

❶ believed ❷ released ❸ mixed

해석

❶ 나는 그가 사실을 말하고 있었다는 것을 믿었다.
❷ 그들은 그 죄수를 석방했다.
❸ 우리 엄마는 양념들을 섞었다.

예문 해석

2 (1) • 나는 그를 보게 되어 기뻤다.
  • Mary는 그 결과에 실망했다.
  • 어제는 날씨가 맑았다.

 (2) • 그들은 상자들을 운반하고 있었다.
  • 너는 거기에 있었다. 나는 너를 봤다.
  • Bob와 나는 둘 다 졸렸다.

3 (1) • 그녀는 아주 유명한 여자가 되었다.
  • 그는 그와 함께 두 명의 친구를 데리고 왔다.

 (2) • 나는 신문을 잘랐다.
  • 그녀는 네가 들어오기 전에 펜을 내려놨다.

Pattern Practice
p. 25

❶ was ❷ was
❸ were ❹ drank
❺ became ❻ brought
❼ put ❽ found
❾ knew ❿ broke

해석

❶ 나는 그가 살아 있을 때 그에게 친절했다.
❷ Jane은 2년 전에 12살이었다.
❸ 너는 작년에 우리 반에서 가장 빠른 학생이었다.
❹ 그 선원은 어젯밤에 맥주를 너무 많이 마셨다.
❺ 그는 어제 노벨상 수상자가 되었다.
❻ 그녀는 지난주에 비디오 테이프를 가져왔다.
❼ 나는 그가 펜을 내려놓으라고 해서 내려놨다.
❽ 그 모험가는 오늘 아침에 고대 사원을 발견했다.
❾ 그 군인들은 그 당시에 무엇을 해야 할지를 알았다.
❿ 그 고양이는 어제 꽃병을 깨뜨렸다.

GRAMMAR PRACTICE
p. 26

A 1 liked 2 studied
 3 stopped 4 were

 5 watches 6 were
 7 went 8 broke
 9 cut 10 taught

B
1 mixed
2 loved
3 brushed
4 tried
5 walked
6 planned
7 cut
8 was/were
9 talked
10 visited
11 married
12 listened

C
1 have → has
2 am → was
3 cry → cries
4 telled → told
5 go → goes
6 flied → flew

해석
A
1 그는 그의 새 차를 좋아했다.
2 나는 수학을 열심히 공부했다.
3 Mary는 마침내 웃는 것을 멈췄다.
4 그녀와 나는 지난 일요일에 거기에 있었다.
5 Jane은 매주 월요일마다 그 프로그램을 본다.
6 그들은 그날 밤 모두 아팠다.
7 나는 2012년에 뉴욕으로 갔었다.
8 그 슬픈 소식은 내 마음을 아프게 했다.
9 Martin은 가위로 종이를 잘랐다.
10 우리 아빠는 학교에서 수학을 가르치셨다.

C
1 그 웹사이트는 이제 많은 정보를 가지고 있다.
2 네가 전화했을 때 나는 새로운 책을 쓰는 중이었다.
3 그 늑대는 보름달일 때 운다.
4 그 아이가 그녀에게 회의에 대해 말했다.
5 그는 매일 도서관에 간다.
6 그 비행기는 하늘 높이 날았다.

SENTENCE WRITING PRACTICE
p. 27

A
1 John likes cold weather.
2 Summer vacation begins in July.
3 Mary is twenty years old.
4 We visited David's house yesterday.
5 I wish you were here.

B
1 She was at the office yesterday.
2 There was a store here five years ago.
3 My dad [father] was sick yesterday.
4 My boyfriend went to Hong Kong yesterday.
5 He made a bed.
6 John told her the truth.
7 I swam with her yesterday.

UNIT 04 부정문 · 의문문 · 명령문 · 감탄문

A 부정문

예문 해석
1 • 그녀는 트럭을 운전할 수 없다.
  • 나는 오늘 자면 안 된다.
  • David는 지금 집에 없을지도 모른다.

2 • 그 경찰관은 차 안에 없었다.
  • 엄마는 그 결과에 기쁘지 않다.
  • 우리 부모님은 파티에 오시는 중이 아니었다.
  • 나는 그 소식을 듣고서 놀라지 않는다.

3 • 나는 돈이 전혀 없다.
  • Mary는 그녀의 수학 선생님을 좋아하지 않는다.
  • 그 학생들은 시험을 끝내지 못했다.

Pattern Practice
p. 28

❶ didn't come
❷ couldn't
❸ isn't/wasn't
❹ may not
❺ didn't play

해석
❶ 우리 엄마는 어젯밤에 집에 일찍 오지 않았다.
❷ 나는 어제 수영을 할 수 없었다.
❸ 그는 나에게 친절하지 않았다.
❹ 너는 지금 집에 갈 수 없다.
❺ 그녀는 오늘 아침에 혼자 놀지 않았다.

B 의문문

예문 해석
1 (1) • 너는 그것을 할 수 있니?
    • 이제 집에 가도 되나요?
    • 그녀가 거기에 갈 건가요?

  (2) • 너는 그 결과에 만족하니?
    • 너는 혼자 있는 게 무서웠니?
    • 컴퓨터 게임을 좀 해도 되나요?
    • 그녀는 그 소식을 듣고서 놀랐니?

  (3) • 너는 그녀를 좋아하니?
    • 그녀가 기타를 연주하니?
    • Jane이 지난주에 네 집에 갔었니?

Pattern Practice
p. 29

❶ Can David do the work?
❷ Will she cook a nice dinner for us?
❸ Did my friend finish his homework?
❹ Did they tell you not to leave this place?
❺ Will he be pleased to hear the news?

해석
❶ David는 그 일을 할 수 있다.
  → David는 그 일을 할 수 있니?
❷ 그녀는 우리를 위해 맛있는 저녁을 요리할 거다.

→ 그녀가 우리를 위해 맛있는 저녁을 요리할 거니?
❸ 내 친구가 숙제를 끝냈다.
　→ 내 친구가 숙제를 끝냈니?
❹ 그들은 네게 이 장소에서 떠나지 말라고 말했다.
　→ 그들이 네게 이 장소에서 떠나지 말라고 말했니?
❺ 그는 그 소식을 듣고서 기쁠 것이다.
　→ 그가 그 소식을 듣고서 기뻐할까?

예문 해석
2 (1) ● 넌 그것에 대해 무엇을 할 수 있니?
　　 ● 넌 파티에 누구를 초대할 거니?
　　 ● 내가 어떻게 피아노를 쳐야 하니?
　　 ● 누가 그 문제를 풀 것인가?
　　 ● 그가 왜 집에 가야 하지?

　 (2) ● 어느 게 네 차니?
　　 ● 내 양말이 어디에 있니?
　　 ● 거기 날씨는 어떠니?
　　 ● 네 생일이 언제니?
　　 ● 그들은 누구지?

　 (3) ● 넌 언제 출근하니?
　　 ● 왜 그녀가 그를 좋아하니?
　　 ● 그는 어제 무엇을 했니?
　　 ● 선생님이 어떻게 문제를 풀었지?
　　 ● 내 딸이 어제 누구를 만났니?

Pattern Practice
p. 30

1 ❶ does　　❷ were　　❸ did
2 ❶ Where　 ❷ How　　 ❸ What

해석
1 ❶ John은 어디 사니?
　❷ 너는 왜 그렇게 기쁘니?
　❸ 언제 그녀가 그를 처음 만났니?

2 ❶ 너는 그를 어디서 만났니? – 공항에서.
　❷ 우리는 어떻게 거기에 가지? – 기차 타고.
　❸ 그들은 무엇을 원하니? – 그들은 돈을 원해.

C 명령문

예문 해석
1 ● 당장 숙제를 해!
　● 우산을 가지고 가라.
　● 강하고 건강해라.
　● 소금 좀 건네줘.
　● 저 도난당한 차를 쫓아라!

2 ● 회의에 늦지 마라.
　● 컴퓨터 게임을 너무 많이 하지 마라.
　● 그에 대해서 얘기하지 마라.
　● 절대로 가난한 사람을 비웃지 마라.
　● 절대로 위험한 행동을 하지 마라.

Pattern Practice
p. 31

❶ Don't, be　　❷ Keep　　❸ Let's

해석
❶ 걱정하지 말고 기뻐해라!
❷ 약속을 지켜라.
❸ 일하자.

D 감탄문

예문 해석
1 ● 멋진 차구나!
　● 예쁜 꽃들이구나!
　● 예쁜 옷이구나!

2 ● 방이 참 아름답구나!
　● 그는 참 부자구나!
　● 그렇게 말해주다니 참 친절하구나!

Pattern Practice
p. 32

❶ What a brave man he is!
❷ How fast he runs!
❸ How beautiful she is!

해석
❶ 그는 정말 용감하구나!
❷ 그는 정말 빨리 뛰는구나!
❸ 그녀는 참 아름답구나!

GRAMMAR PRACTICE
p. 33

A 1 Did　　　　2 don't
　3 Stop　　　 4 Does
　5 Can　　　 6 Who

B 1 David isn't tall.
　2 I don't like hot weather.
　3 Who is she?
　4 Is he fixing a computer?
　5 Does Jane sing songs well?

C 1 didn't　　　 2 Keep
　3 are you　　 4 Do
　5 she is　　　6 Don't

해석
A
1 어젯밤에 공부했니?
2 나는 게임 하는 것을 좋아하지 않아.
3 그만 그녀를 비웃어!
4 Jane이 바이올린을 연주하니?
5 크게 말할 수 있니?
6 파티에서 누구를 만났니?

C
1 대통령은 어제 연설을 하지 않았다.
2 계속 잘 해라!
3 어디에 가니?
4 그들이 여기에 자주 오니?
5 그녀는 참 예쁘구나!
6 너무 크게 말하지 마라.

A 1 I don't like to be laughed at.
2 Let's play baseball together tomorrow.
3 We didn't have a good time at the party.
4 Does Mary go to school on foot?
5 Didn't they finish it?

B 1 Let's go to the park.
2 Don't run in school.
3 What a big box (it is)!
4 Is the student still crying?
5 Do you know my friend Jenny?
6 What time does the meeting start?
7 Why can't you swim?

Chapter REVIEW TEST

p. 35

A 1 Plays   2 Don't make
3 does he go   4 a nice car
5 don't care   6 brushes
7 is your car   8 call
9 sets   10 doesn't teach
11 Am   12 Can you
13 do you think   14 is
15 Does

B 1 isn't → didn't   2 Keeping → Keep
3 Is → Does   4 thinked → thought
5 mayn't → may not   6 paies → pays
7 do 삭제   8 asked → ask
9 know → knows   10 Do → Does
11 he is → is he
12 is the room → the room is
13 you are → are you   14 Was → Were

C 1 I can't play any instruments.
2 The sun shines brightly.
3 She bought a new car yesterday.
4 Let's be quiet.
5 Did you buy the book last year?

D 1 When did she get married?
2 Where does he live?
3 I don't know anything.
4 They were not at the party.
5 Remember those important words.

E 1 We ate delicious food yesterday.
2 What a pretty book it is!
3 Where did you buy this?
4 Is he playing computer games?

해석

A 1 그는 테니스를 친다.
2 소리 내지 마라.
3 그는 어디에 가니?

4 멋진 차구나!
5 그들은 그것에 신경 쓰지 않는다.
6 그녀는 매일 이를 닦는다.
7 어느 것이 네 책이니?
8 우리는 John을 천재라고 부른다.
9 해는 서쪽으로 진다.
10 우리 선생님은 영어를 가르치지 않는다.
11 내가 그 일을 할 수 있을까?
12 너는 그 문제를 풀 수 있니?
13 왜 그렇게 생각하니?
14 생일이 언제니?
15 사장님이 제 시간에 오시니?

B 1 우리 아빠는 어제 일을 끝내지 못했다.
2 약속을 지켜라!
3 그녀는 매일 피아노를 연주하니?
4 나는 그가 좋은 사람이라고 생각했다.
5 선생님이 지금 집에 없을지도 모른다.
6 그녀는 우리를 위해 돈을 지불한다.
7 그녀는 매주 일요일마다 교회에 간다.
8 나는 그 일에 대해 그녀에게 묻지 않았다.
9 그녀는 내가 어젯밤에 무엇을 했는지 알고 있다.
10 David가 저 회사에서 일하니?
11 그는 왜 화가 났니?
12 방이 참 예쁘구나!
13 왜 나한테 그렇게 화가 났니?
14 그들은 바빴니?

CHAPTER 03

시제

UNIT 05 단순 시제와 진행 시제

A 현재 시제

예문 해석
1 **(1)** • Monica는 아침에 버스를 잡아 탄다.
• Timmy는 매일 인터넷 카페에 간다.
• 엄마는 양파와 마늘을 섞는다.
• 그녀는 가끔 수업을 빼먹는다.
• 선생님이 학생에게 벌을 주신다.

(2) • 그녀는 시험에서 항상 열심히 한다.
• David는 가끔 하루 종일 운다.
• 엄마가 우리 옷을 말린다.

Pattern Practice
p. 38
❶ passes   ❷ stays   ❸ pays
❹ The soccer game begins at 5 o'clock.

해석
❶ Messi는 축구 경기에서 패스를 잘 한다.
❷ 그녀는 매년 여름 숙모 댁에서 지낸다.
❸ 아버지는 항상 나를 위해 임대료를 지불하신다.

예문 해석
2 • 제주도는 한국에서 제일 큰 섬이다.
  • 나는 매일 한 시간씩 기타를 친다.
  • 우리 엄마는 매주 일요일마다 시장에 가신다.
  • 지구는 태양 주위를 돈다.

B 과거 시제

예문 해석
1 • 그는 어젯밤 파티를 즐겼다.
  • 그녀는 그 당시에 여기에 살았다.
  • 나는 고등학교 다닐 때 열심히 공부했다.
  • 그녀는 그가 좋은 사람이라고 생각했다.

Pattern Practice   p. 39
1 ❶ speak   ❷ sings, dances
  ❸ takes a nap

2 ❶ made   ❷ used
  ❸ We stayed

해석
1 ❶ 브라질 사람들은 포르투갈어를 사용한다.
  ❷ 보아는 노래와 춤을 잘 한다.
2 ❶ 나는 어제 시험에서 큰 실수를 저질렀다.
  ❷ 내 여동생은 지난 일요일에 하루 종일 스마트폰을 사용했다.

예문 해석
2 • H.O.T.는 90년대에 매우 인기 있었다.
  • 나는 매일 테니스를 쳤다.
  • 한국 전쟁은 1950년에 발발했다.

C 미래 시제

예문 해석
1 • 그녀는 내일 열심히 일할 것이다.
  • A: 전화가 울리고 있어.
    B: 제가 받을게요.
  • Jane: 어디 가?
    David: 극장에.
    Jane: 극장까지 차로 데려다 줄게.
    David: 고마워!

    John: Jane, 어디 가?
    Jane: David를 극장에 데려다 줄 거야.

Pattern Practice   p. 40
❶ will visit 또는 is going to visit
❷ will write 또는 am going to write
❸ will [is going to] go skiing next week

해석
❶ Ann은 이번 주말에 할머니를 찾아뵐 것이다.
❷ 나는 내일 남자친구에게 편지를 쓸 것이다.

예문 해석
2 • Jane은 전화를 받을 것이다.
  • 내 여동생은 새 드레스를 살 것이다.

Pattern Practice   p. 41
❶ is going to leave
❷ am going to meet
❸ am going to buy some books

해석
❶ 그는 내일 여기를 떠날 것이다.
❷ 나는 오늘 밤에 여자친구를 만날 것이다.
❸ A: 오후에 뭐 할 거야?
   B: 나는 책을 몇 권 살 예정이야.

D 진행 시제

예문 해석
1 • 내 남동생은 아주 열심히 공부하고 있는 중이다.
  • 나는 컴퓨터로 일하고 있는 중이다.
  • 나는 뜨거운 커피를 마시고 있는 중이다.
  • 너는 내 발을 밟고 있어!
  • 그녀의 친구는 지금 책을 읽고 있는 중이다.

2 • 네가 어제 전화했을 때 나는 잠을 자는 중이었다.
  • 그들은 두 시간 전에 수영장에서 수영하고 있었다.
  • Jane은 그녀의 엄마가 들어왔을 때 라디오를 듣고 있었다.
  • 나는 그때 시험 공부를 하는 중이었다.
  • 그녀가 들어왔을 때 그들은 TV를 보고 있는 중이었다.

Pattern Practice   p. 42
❶ am drawing   ❷ was listening
❸ were having   ❹ was talking
❺ is sleeping

해석
❶ 나는 지금 그림을 그리고 있는 중이다.
❷ Jane이 전화했을 때 John은 음악을 듣고 있었다.
❸ 너는 그때 아침을 먹고 있는 중이었다.
❹ 그 여자는 그때 통화하고 있는 중이었다.
❺ 조용히 해! 아기가 자고 있어.

예문 해석
3 • 그녀는 아름다운 정원을 갖고 있다.
  • 그는 좋은 사진기를 갖고 있다.
    cf. 나는 지금 점심을 먹고 있는 중이다.
  • 나는 그 게임을 좋아한다.
  • 그녀는 부모님을 사랑한다.
  • Monica는 파란 드레스를 입은 여자를 안다.

Pattern Practice   p. 43
❶ 옳은 문장   ❷ have   ❸ know

해석
❶ 우리 부모님은 맛있는 점심을 드시고 계셨다.
❷ 나는 새로 나온 스마트폰을 갖고 있다.
❸ 그들은 무엇을 해야 할지 알고 있다.

GRAMMAR PRACTICE

p. 44

A 1 practices   2 enjoy
    3 played   4 stopped
    5 is having

B 1 was   2 are going to go
    3 washes   4 bites
    5 is taking

C 1 ends → ended
    2 eat → ate
    3 come → came
    4 is usually beginning → usually begins
    5 will teach → taught

해석
A
1 그녀는 매일 두 시간씩 배구 연습을 한다.
2 그들은 방과 후에 농구하는 것을 즐긴다.
3 그는 어젯밤에 친구와 놀았다.
4 나는 간식을 사려고 멈췄다.
5 John은 지금 훌륭한 식사를 하고 있다.

C
1 제2차 세계대전은 1945년에 끝났다.
2 나는 지난주에 그 식당에서 피자를 먹었다.
3 그녀는 이 나라에 왔을 때 아기였다.
4 여름은 보통 6월에 시작한다.
5 김 선생님은 내가 6학년이었을 때 나를 가르쳤다.

SENTENCE WRITING PRACTICE

p. 45

A 1 My sister sleeps eight hours a day.
    2 My dad drinks coffee every morning.
    3 John took a trip to Jeju-do last year.
    4 Mary didn't go to the park yesterday.
    5 I am going to give a gift to Leo.

B 1 Who used my smartphone?
    2 John is always late for meetings.
    3 The earth goes around the sun.
    4 Mary is going to come to Korea next week.
    5 I take a shower every day.
    6 There was a car accident.
    7 America lost the Vietnam War.

UNIT 06 현재완료 시제

A 현재완료의 개념과 용법

예문 해석
1 ● 나는 지금 막 아이스크림 만드는 것을 끝냈다.
    ● 나는 센트럴 파크에 가 본 적이 있다.

Pattern Practice

p. 46

1 ❶ has lived
   ❷ Have, been
   ❸ He has gone

2 ❶ finished
   ❷ has been
   ❸ has known

해석
1 ❶ 그녀는 1988년부터 서울에서 살았다.
   ❷ N-타워에 가 본 적 있어?

2 ❶ Mary는 30분 전에 일을 끝냈다.
   ❷ 그녀는 지난주부터 아팠다.
   ❸ 내 삼촌은 2002년부터 그녀를 알고 있다.

GRAMMAR PRACTICE

p. 47

A 1 have been   2 has known
    3 lost   4 did you meet
    5 studied   6 have known
    7 finished

B 1 began   2 has been
    3 (has) finished   4 have been
    5 have lived

C 1 have been   2 went
    3 since   4 for
    5 has taught

해석
A
1 나는 싱가포르에 가 본 적이 있다.
2 Carol 선생님은 내가 아이였을 때부터 나를 알고 있다.
3 아버지는 시계를 잃어버리셨는데 나중에 다시 찾으셨다.
4 그녀를 처음으로 만난 때가 언제니?
5 나는 시험을 위해서 어제 열심히 공부했다.
6 내 친구와 나는 우리가 어렸을 때부터 서로 알고 지냈다.
7 그녀는 그녀의 숙제를 두 시간 전에 끝냈다.

B
1 아버지는 3개월 전에 스페인어를 배우기 시작했다.
2 그는 어젯밤부터 계속 아프다.
3 그녀는 지금 막 그것을 끝냈다.
4 나는 디즈니랜드에 두 번 가봤다.
5 나는 여기서 평생을 살아 왔다.

C
1 나는 L.A.에 세 번 가봤다.
2 나는 지난 금요일에 그의 사무실에 갔다.
3 지난 일요일부터 계속 비가 온다.
4 David는 이 회사에서 4년째 일하고 있다.
5 그녀는 10년째 영어를 가르치고 있다.

SENTENCE WRITING PRACTICE

p. 48

A 1 It has been hot for three days.
  2 I have seen the reporter several times.
  3 John has left his hat at home.
  4 Mom has just finished her meal.
  5 I have seen the movie before.

B 1 My girlfriend has just arrived at the airport.
  2 Mary has lost her smartphone.
  3 I have lived in Gimpo since 2013.
  4 Jane hasn't finished her homework yet.
  5 How long have you been in Korea?
  6 Have you ever played tennis?
  7 Did you finish [Have you finished] cleaning your room?

Chapter REVIEW TEST

p. 49

Ⓐ 1 goes   2 ended
  3 is taking   4 goes
  5 hates

Ⓑ 1 saw   2 reunited
  3 Did   4 has worked
  5 begins

Ⓒ 1 They have been to Russia twice.
  2 I won't go to the hospital tomorrow.
  3 Jane goes to Japan every year.
  4 Berlin is the capital of Germany.
  5 Korea is an independent country.

Ⓓ 1 I have studied English for ten years.
  2 My parents take a walk every morning.
  3 My friend looked very tired that day.
  4 Jane is cooking now.
  5 I have visited the national museum twice.

Ⓔ 1 Mary will be 20 years old next year.
  2 I'm going to meet Susan this afternoon.
  3 He played tennis with his brother-in-law.
  4 The teacher has taught her since she was a child.
  5 I haven't read the book yet.

해석

Ⓐ 1 우리 아빠는 한 달에 한 번 사업차 미국에 가신다.
  2 한국전쟁은 1953년에 종전되었다.
  3 그는 지금 샤워하고 있는 중이다.
  4 그녀는 주로 10시에 잔다.
  5 그의 동생[형]은 그를 싫어한다.

Ⓑ 1 David는 작년에 〈월드워Z〉를 봤다.
  2 동독과 서독이 1990년에 통일되었다.
  3 어제 그와 점심 식사를 같이 했니?
  4 John은 10년째 이 회사에서 일하고 있다.
  5 한국에서 여름은 보통 6월에 시작한다.

CHAPTER 04

조동사

UNIT 07 조동사의 형태와 의미

A 조동사의 형태

예문 해석

1 • 나는 기타를 칠 수 있다.
  • 그는 기타를 칠 수 있다.
  • 그녀는 오늘 아마도 슬플지도 모른다.

2 • 나는 영어 말하기를 잘 할 수 있다.
  • 그는 영어를 열심히 공부해야만 한다.
  • Jane은 아마 오늘 아플지도 모른다.

3 • 나는 기타를 칠 줄 모른다.
  • 나는 매운 음식을 다시는 먹지 않을 것이다.
  • 그녀는 아마 오늘 아프지 않을지도 모른다.
  • 너는 너무 많이 먹으면 안 된다.
  • 나는 컴퓨터 게임 하는 것을 좋아하지 않는다.

Pattern Practice

p. 52

❶ can speak   ❷ can play
❸ may be   ❹ can swim
❺ may be

해석

❶ Jane은 중국어를 잘 말할 수 있다.
❷ 그는 피아노를 칠 수 있다.
❸ Mary는 오늘 아마 행복할 것이다.
❹ 그녀는 수영을 아주 잘 할 수 있다.
❺ John은 아마 오늘 결석할지도 모른다.

예문 해석

4 • 그는 기타를 칠 줄 안다.
    → 그는 기타를 칠 줄 아니?
  • 나는 오늘 오후에 축구를 할 것이다.
    → 너 오늘 오후에 축구 할 거니?
  • 너는 친구들과 함께 롯데월드에 가도 된다.
    → 제가 친구들과 함께 롯데월드에 가도 될까요?
  • 그는 매일 운동을 해야만 한다.
    → 그는 매일 운동을 해야 하나요?
  • 그녀는 테니스 치는 것을 좋아한다.
    → 그녀는 테니스 치는 것을 좋아하니?

5 • 너는 내년에 영어 말하기를 아주 잘 할 수 있을 것이다.
  • 그녀는 아버지와 함께 거기에 가야만 할 것이다.
  • 나는 6개월 후에는 수영을 잘 할 수 있을 것이다.
  • 그녀는 다음 달에 뉴욕을 방문해야만 할 것이다.

Pattern Practice

p. 53

❶ must not eat   ❷ can't play
❸ will be able to   ❹ Can you play
❺ will have to

해석

❶ 너는 패스트푸드를 너무 많이 먹으면 안 된다.
❷ 나는 피아노를 칠 줄 모른다.
❸ 나는 내년에 수영을 잘 할 수 있을 것이다.
❹ 너는 바이올린을 연주할 수 있냐?
❺ 그는 내년에 교복을 입어야만 할 것이다.

B 조동사의 의미

예문 해석

1 **(1)** • 나는 그 수학 문제를 풀 수 있다.
　　 • 나는 그 수학 문제를 풀 수 없다.
　　 • 너는 그 수학 문제를 풀 수 있니?

　 (2) • 너는 그 컴퓨터 게임을 할 수 있다.
　　 • 너는 그 컴퓨터 게임을 할 수 없다.
　　 • 내가 그 컴퓨터 게임을 할 수 있나요?

　 (3) • David는 18살 이상일 리가 없다.
　　 • 그 이야기는 사실일 리가 없다.

2 **(1)** • 그녀는 아마 선생님일 것이다.
　　 • 그녀는 아마 선생님이 아닐 것이다.

　 (2) • 너는 컴퓨터실에 들어와도 된다.
　　 • 너는 컴퓨터실에 들어오면 안 된다.
　　 • 제가 컴퓨터실에 들어가도 됩니까?

Pattern Practice

p. 54

❶ 그녀는 팝송을 잘 부를 수 있다.
❷ 너는 집에 일찍 가도 된다.
❸ 그는 지금 집에 있을 리가 없다.
❹ 그는 오늘밤 파티에 올지도 모른다.
❺ 제가 당신 컴퓨터를 사용해도 될까요?

예문 해석

3 **(1)** • 그는 숙제를 9시까지 끝내야만 한다.
　　 • 그는 숙제를 9시까지 끝내야만 합니까?

　 (2) • 학생들은 담배를 피워서는 안 된다.
　　 • 당신은 여기에 주차를 하면 안 됩니다.

　 (3) • 너는 일요일에 일찍 일어나지 않아도 된다.
　　 • 나는 일찍 떠날 필요가 없다.

　 (4) • Jane은 틀림없이 18살 이상일 거야.
　　 • 그 이야기는 틀림없이 사실일 거야.

4 **(1)** • 나는 영어를 더 열심히 공부할 것이다.
　　 • 나는 너를 위해 무엇이든 할 것이다.

　 (2) • 내일은 날씨가 좋을 것이다.
　　 • 그 축제는 9월에 열릴 것이다.

Pattern Practice

p. 55

❶ 너는 설탕을 너무 많이 먹어서는 안 된다.
❷ 그녀는 지금 아픈 것이 틀림없다.
❸ 그녀는 거기에 갈 필요가 없다.
❹ 내일 날씨가 흐릴 것이다.
❺ 나는 이제부터 열심히 운동할 것이다.

GRAMMAR PRACTICE

p. 56

A 1 Can　　　　　2 May
　 3 Will　　　　　4 Can
　 5 can

B 1 It cannot [can't] be true.
　 2 He must be at home now.
　 3 We don't have to go to school on Sunday.
　 4 Students must not drink.
　 5 I must study English this afternoon.
　　 I have to study English this afternoon.

C 1 has to　　　　2 Can John speak
　 3 will be able to　4 will not [won't]
　 5 can't

해석

A

1 너는 이 돌을 들어 올릴 수 있니?
2 네 휴대전화 좀 써도 되니?
3 나한테 오렌지 주스 한 잔만 갖다 줄래?
4 내 부탁 하나만 들어 줄래?
5 A: Jane, 잠깐 이야기 좀 할 수 있니?
　 B: 물론이지. 무슨 일이야?

C

1 그는 10시까지 숙제를 끝내야 한다.
2 John은 영어 말하기를 아주 잘 할 수 있니?
3 그녀는 내년에 바이올린을 잘 연주할 수 있을 것이다.
4 나는 치과에 가지 않을 것이다.
5 Jane은 수영을 할 줄 모른다.

SENTENCE WRITING PRACTICE

p. 57

A 1 His girlfriend may be pretty.
　 2 I can swim well.
　 3 She will come back soon.
　 4 Can you solve this problem?
　 5 You must not play with fire.

B 1 I have to finish my homework by 7.
　 2 John may bring a digital camera.
　 3 You can [may] play computer games with your friends.
　 4 The story cannot be false.
　 5 Jane must be at home now.
　 6 Teenagers must not drink alcohol.
　 7 I don't have to study on Sunday.

A 조동사의 과거형

예문 해석

1 **(1)** • 나는 그 수학 문제를 풀 수 있었다.
  • 나는 그 수학 문제를 풀 수 없었다.

  (2) • 그는 돌아오지 않을지도 모른다고 말했다.
  • 그들은 그녀가 집에 있을지도 모른다고 생각했다.

  (3) • 나는 어제 그 보고서를 끝내야만 했다.
  • 나는 폭풍 때문에 여행을 취소해야만 했다.
  • 나는 어제 그 숙제를 할 필요가 없었다.
  • Jane은 지난주에 그 모임에 갈 필요가 없었다.

  (4) • 나는 그 책이 내 영어 공부에 아주 적합할 거라는 것을 알았다.
  • 나는 Jane이 David와 결혼할 거라고 생각하지 않았다.
  • 그는 주말에 낚시를 가곤 했다.

Pattern Practice
p. 59

❶ 나는 9살 때 수영을 아주 잘 할 수 없었다.
❷ 그녀는 어제 보고서를 제출해야만 했다.
❸ 나는 그와 싸울 필요가 없었다.
❹ 우리는 방과 후에 함께 놀곤 했다.
❺ 나는 그가 파티에 올 것이라고 생각했다.

예문 해석

2 • 제 부탁을 하나 들어 주실 수 있겠습니까?
  • 당신 휴대전화를 좀 써도 되겠습니까?
  • 창문 좀 열어 주시겠습니까?
  • 소금 좀 건네주시겠습니까?

3 • 그는 지금 틀림없이 아플 것이다.
  • 그는 그때 틀림없이 아팠을 것이다.
  • 그녀는 아마 지금 집에 있을지도 모른다.
  • 그녀는 아마 지난밤에 집에 있었을지도 모른다.
  • 그 이야기는 사실일 리가 없다.
  • 그 이야기는 사실이었을 리가 없다.

Pattern Practice
p. 59

1 ❶ Would you pass me the sugar, please?
  ❷ Could you speak a little louder?
  ❸ Would you tell me the story?

2 ❶ 그 소식은 사실이었을 리가 없다.
  ❷ 그녀는 그때 잠을 자고 있었던 것이 틀림없다.
  ❸ 문을 좀 열어 주시겠습니까?

B 조동사의 미래형

예문 해석

1 **(1)** • 나는 2년 후에는 영어 말하기를 꽤 잘 할 수 있을 것이다.
  • Jane은 내년에 기타를 꽤 잘 칠 수 있을 것이다.

  (2) • 우리는 6년 후에 대학에 들어가기 위해 시험을 보아야만 할 것이다.
  • 나는 내년에 교복을 입어야만 할 것이다.

2 • A: Jane은 어디 있느냐?
    B: 그녀는 아마 사무실에 있을 것입니다.
  • 당신은 앉아도 됩니다.
  • 전화벨이 울리네요. 내가 받을게요.
  • 당신이 그녀를 좀 도와주겠습니까?

Pattern Practice
p. 60

1 ❶ will be able to   ❷ will have to
  ❸ will be able to

2 ❶ 그는 아마 아플 것이다.
  ❷ 그는 오늘 오후에 컴퓨터 게임을 할 것이다.
  ❸ 제 숙제를 좀 도와주시겠습니까?

해석

1 ❶ 그녀는 내년에 영어를 잘 읽을 수 있을 것이다.
  ❷ 나는 내년에 중국에 가야만 할 것이다.
  ❸ 그는 내년에 영어를 잘 쓸 수 있을 것이다.

GRAMMAR PRACTICE
p. 61

A 1 Could   2 Could
  3 would   4 had to
  5 might

B 1 Could you turn up the volume of the TV, please?
  2 I had to do the dishes yesterday.
  3 Jane will be able to win the speech contest next year.
  4 I will have to wear a school uniform next year.
  5 I could not solve the problem.
    I was not able to solve the problem.
  6 The rumor cannot have been true.

C 1 had to   2 didn't have to
  3 could play   4 will be able to
  5 will have to [has to]

해석

A

1 당신 전화 좀 사용해도 됩니까?
2 제 부탁 하나 들어 주시겠습니까?
3 John은 그녀가 자기와 결혼 할 거라고 생각했다.
4 우리는 지난달에 그 계획을 취소해야만 했다.
5 그는 Jane이 아플지도 모른다고 말했다.

C

1 나는 지난달에 런던을 방문해야만 했다.
2 나는 어제 그 모임에 갈 필요가 없었다.
3 Jane은 어렸을 때 피아노를 잘 칠 수 있었다.
4 John은 6개월 후에 수영을 잘 할 수 있을 것이다.
5 Jane은 다음달에 뉴욕을 방문해야만 할 것이다.

A 1 Could you open the window, please?

2 I had to visit my grandmother last month.

3 She will have to leave for China next week.

4 He said he would study harder.

5 I was able to swim well when I was young.

B 1 I couldn't play the piano when I was young.

2 I had to take cold medicine yesterday.

3 We didn't have to go to school last Monday.

4 You will be able to write your English diary in five months.

5 Would you open the door, please?

6 Could you do me a favor?

7 I will have to attend the speech contest next month.

Chapter REVIEW TEST

p. 63

A 1 will be able to   2 had to

3 might   4 could

5 will have to   6 doesn't

7 must not

B 1 could   2 must not [mustn't]

3 can't   4 had to

5 may [might]   6 would

7 will

C 1 may → can

2 don't has to → don't have to

3 can't → couldn't

4 must be → cannot be

5 cannot be → must be

6 would → will

D 1 I will be able to swim well next year.

2 Children must not play with matches.

3 The rumor cannot be true.

4 You don't have to go to school tomorrow.

E 1 Jane must be hungry.

2 I could not play the guitar when I was young.

3 May I come in?

4 You may go home now.

F 1 The story cannot be true.

2 The story cannot have been true.

3 The story must be true.

4 May I have one more piece of pizza, please?

5 You must not play basketball here after 9 p.m.

해석

A 1 그는 내년에 영어 말하기를 잘 할 수 있을 것이다.

2 그녀는 지난달에 시험을 보아야만 했다.

3 나는 Jane이 집에 있을 거라고 생각했다.

4 나는 7살 때 자전거를 탈 수 있었다.

5 Jane은 내년에 교복을 입어야만 할 것이다.

6 그녀는 컴퓨터 게임 하는 것을 좋아하지 않는다.

7 학생들은 담배 피우고 술 마시면 안 된다.

B 1 그는 아주 똑똑한 사람이었다. 그는 4개 국어를 유창하게 말할 수 있었다.

2 너는 그것을 비밀로 해야만 한다. 누구에게도 말해서는 안 된다.

3 나는 내일 네 생일파티에 갈 수 없을 것 같아.

4 나 치통이 있었어. 그래서 어제 치과에 가야만 했어.

5 A: John은 어디 있니? – B: 그는 아마 자기 사무실에 있을 거야.

6 그녀는 아주 친절한 사람이었어. 그녀는 할 수 있으면 가난한 사람들을 도우려고 했어.

7 나는 약간 뚱뚱해. 이제부터 매일 운동할 거야.

C 1 A: 지금 급하십니까?

B: 아니요, 저 시간 많습니다. 기다릴 수 있습니다.

2 일요일이다. 나는 오늘 일하지 않아도 된다.

3 나는 어제 아팠다. 아무것도 할 수 없었다.

4 John은 방금 점심을 먹었다. 벌써 또 배고플 리가 없다.

5 너는 하루 종일 열심히 일했어. 틀림없이 아주 피곤하겠구나.

6 일기예보에 의하면, 내일 날씨는 흐릴 거라고 합니다.

CHAPTER 05

부정사

UNIT 09 부정사의 용법

A 부정사의 개념

예문 해석

● 친구들과 잘 지내는 것은 매우 중요하다.

● 그녀는 같이 놀 친구가 필요하다.

● 나는 상추를 사기 위해 식료품점으로 갔다.

B 명사적 용법

예문 해석

1 ● 밖으로 나가는 것은 나를 기분 좋게 한다.

● 수학을 공부하는 것은 어렵다.

● 고된 하루를 마친 후 휴식을 취하는 것은 좋다.

Pattern Practice

p. 67

❶ To play   ❷ to watch

❸ It is boring to be with her.

해석
❶ 게임을 하는 것은 많이 재미있다.
❷ 무대에서 그들이 춤추는 것을 보는 것은 흥미진진하다.
❸ 그녀와 함께 있는 것은 지루하다.

예문 해석
2 • 나는 그 경기를 관람하기로 결심했다.
• Mary는 스키를 타러 가고 싶어 한다.
• John은 저 컴퓨터를 사고 싶어 한다.
• 그들은 상을 탈 것을 기대한다.

3 • Jane의 꿈은 가난한 사람들을 돕는 것이다.
• 그녀의 취미는 인형을 가지고 노는 것이다.
• 엄마의 계획은 이번 여름에 하와이로 여행을 가는 것이다.

Pattern Practice
p. 67
❶ to play   ❷ to see
❸ They expect to meet [see] you soon.
❹ to memorize   ❺ to meet
❻ John's schedule is to visit the company.

해석
❶ 그녀는 야구 하는 것을 좋아하지 않는다.
❷ 나는 내일 David 만나기를 희망한다.
❸ 그들은 너를 곧 만나기를 기대한다.
❹ 나의 소원은 모든 영단어를 기억하는 것이다.
❺ 그녀의 계획은 오늘 밤에 최고경영자를 만나는 것이다.
❻ John의 계획은 GT 회사를 방문하는 것이다.

C 형용사적 용법

예문 해석
1 • 앉을 의자가 하나 있다.
• 마실 것 좀 주세요.
• 나는 쓸 펜이 필요하다.
• 나는 읽을 책을 찾을 수가 없다.
• 사용할 컴퓨터가 없다.

2 • 그 의장은 다음 달에 서울을 방문할 예정이다.
• 너는 규칙에 복종해야 한다.
• 시험에 합격하려면 열심히 공부해야 한다.
• 그는 다시는 그의 나라로 돌아오지 못할 운명이었다.

Pattern Practice
p. 68
1 ❶ to do   ❷ to ride
❸ It's time to sleep.

2 ❶ 행복하고자 한다면   ❷ 파티를 할 예정이다
❸ 따라야 한다   ❹ 시청할
❺ 건널

해석
1 ❶ 할 일이 많니?
❷ 나는 탈 자전거를 샀다.
❸ 자야 할 시간이다.

2 ❶ 행복하고자 한다면 건강해야 한다.
❷ 대통령은 내일 파티를 열 계획이다.
❸ 너는 가이드를 따라야 한다.
❹ 시청할 TV가 없다.
❺ 우리는 건널 다리를 찾아야 한다.

D 부사적 용법

예문 해석
1 • 나는 빵을 사기 위하여 가게에 갔다.
• David는 자라서 프로 게이머가 되었다.
• Jane은 새 스마트폰을 받아서 기뻤다.
• 어떤 스마트폰은 사용하기가 어렵다.
• Kimberly는 싸이를 만나게 되어서 흥분한 것임에 틀림없다.

2 • David는 너무 약해서 그 상자를 들 수 없다.
• 그녀는 너무 나이가 많아서 뛰어다닐 수 없다.
• Mary는 그 문제를 풀 정도로 똑똑했다.
• 그 나라는 가난한 사람들을 돌봐줄 정도로 충분히 부유하다.

Pattern Practice
p. 69
1 ❶ 그 나쁜 소식을 듣게 되어서
❷ 100살까지 살았다
❸ 그의 자전거를 자랑하기 위하여
❹ 떠나게 되어서
❺ 학생들을 가르치기 위해서

2 ❶ doing → do
❷ enough happy → happy enough
❸ slower → slow

해석
1 ❶ 그는 그 나쁜 소식을 듣게 되어서 유감을 표시했다.
❷ 그녀는 100살까지 살았다.
❸ John은 그의 자전거를 보여주기 위하여 여기에 왔다.
❹ Jeremy는 그의 나라를 떠나게 되어서 슬픈 것임에 틀림없다.
❺ 나는 학생들을 가르치기 위해서 영어를 전공했다.

2 ❶ 우리 엄마는 너무 바빠서 또 다른 일을 할 수 없다.
❷ 그는 그것을 알 정도로 현명하다.
❸ John은 너무 느려서 그 일을 할 수 없다.

GRAMMAR PRACTICE
p. 70

A 1 to swim, 혼자 수영하는 것은 위험하다.
2 to find, 그는 잠을 잘 곳을 찾기 위해 주위를 둘러보았다.
3 To visit, 다른 나라를 방문하는 것은 항상 흥미진진하다.
4 to write, 그녀는 쓸 종이 한 장이 필요하다.
5 to see, 나는 〈트랜스포머〉 최신작을 보기 위해 극장에 갔다.

B 1 주어(명사), 너무 많이 자는 것
2 목적어(명사), 널 다시 보기
3 보어(명사), 첫 번째 여성 대통령이 되는 것
4 명사 수식(형용사), 읽을
5 주어(명사), 일찍 일어나는 것

C 1 to wash   2 to be
3 To know ourselves   4 old enough to
5 to eat

해석
B
1 너무 많이 자는 것은 건강에 좋지 않다.
2 다시는 널 보고 싶지 않아!
3 그녀의 소망은 첫 번째 여성 대통령이 되는 것이다.

15

4 Mary는 읽을 책을 샀다.
5 일찍 일어나는 것은 무척 어렵다.

C
1 아빠는 내가 아빠 차를 세차하기를 원한다.
2 모든 사람들은 행복해지기를 원한다.
3 자신을 아는 것은 매우 중요하다.
4 John은 운전을 할 정도로 나이가 들었다.
5 우리는 그 식당에서 먹기로 결정했다.

SENTENCE WRITING PRACTICE

p. 70

A 1 We bought onions to make onion soup.
  2 We expect this country to be unified soon.
  3 I use messenger to talk to my friends.
  4 He grew up to be a famous actor.
  5 She wants to go to the beach.

B 1 To keep a diary in English is difficult.
    (또는 It is difficult to keep a diary in English.)
  2 It is difficult for me to drive a car.
  3 I don't want to see that movie.
  4 I like to play the violin.
  5 He decided not to play games.
  6 I'm happy to go with Jane.
  7 I need a car to drive.

UNIT 10 부정사의 의미상의 주어

A 의미상의 주어를 따로 쓰지 않는 경우

예문 해석
1 • 나는 너와 함께 가고 싶다.
  • David는 여기에 있기로 결정했다.
  • 그녀는 일할 정도로 충분히 나이가 들었다.

2 • 나는 그녀가 그 일을 하기를 원한다.
  • John은 내가 들어오는 것을 허락했다.
  • 그녀는 그에게 그 질문에 대답하라고 부탁했다.
  • Mary는 그녀의 아들에게 방을 청소하라고 말했다.

3 • 일찍 일어나는 것은 힘들다.
  • 강원도에서는 눈이 오는 일이 흔하다.

Pattern Practice
p. 72
❶ 일반인   ❷ I
❸ you   ❹ him
❺ Ms. Sanchez

해석
❶ 중국어를 배우는 것은 어렵다.
❷ 나는 너에게 뭔가를 말하고 싶다.
❸ 나는 네가 제시간에 오기를 기대한다.
❹ 그녀는 그에게 샤워를 하라고 말했다.
❺ Sanchez 씨는 복권에 당첨되고 싶어 한다.

B 의미상의 주어를 따로 써야 하는 경우

예문 해석
1 • 그렇게 말하다니 참 친절하구나.
  • 그렇게 생각하다니 참 어리석구나.
  • 가난한 사람들을 도와주다니 참 친절하구나.
  • 그렇게 행동하다니 참 무례하구나.

2 • 그렇게 말한 것은 너의 실수였다.
  • Mary가 John을 만나는 것은 힘들다.
  • 그녀가 그 일을 하는 것은 어렵다.
  • 그가 그의 숙제를 끝내는 것은 불가능하다.

Pattern Practice
p. 73
1 ❶ of you   ❷ of you
  ❸ of him   ❹ for Bill
  ❺ for them

2 ❶ of you → for you   ❷ of me → for me
  ❸ me → for me   ❹ go → to go
  ❺ for the team → the team

해석
2 ❶ 네가 그 박스를 들어올리는 것은 불가능하다.
  ❷ 이 책은 내가 읽기에는 너무 어렵다.
  ❸ 나는 쓸 돈이 없다.
  ❹ 그녀는 내가 집에 일찍 가기를 원한다.
  ❺ 나는 그 팀이 이기기를 기대한다.

GRAMMAR PRACTICE

p. 74

A 1 for   2 for
  3 of   4 me
  5 me

B 1 It will be difficult for him to finish the work in a week.
  2 It is easy for me to use a computer.
  3 It is kind of you to drive me home.
  4 The doctor got him to stop smoking.
  5 He told me to study.

C 1 use → to use   2 to be run → to run
  3 for me → me   4 of me → me
  5 for him 삭제   6 buy → to buy
  7 be → to be   8 sleeping → to sleep
  9 skiing → to ski

해석
A
1 그것은 그가 이해하기 어렵다.
2 나에게는 그 문제 풀기가 쉽다.
3 그녀가 사실을 말한 것은 현명했다.
4 내가 무엇을 해야 할지 얘기해줘.
5 의사는 나에게 쉬라고 조언했다.

C
1 리모콘을 쓰는 것은 쉽다.

2 나는 마라톤을 뛰고 싶다.
3 그는 나에게 열심히 공부하라고 말했다.
4 그들은 나에게 게임을 그만하라고 충고했다.
5 그는 그녀를 다시 만나기를 희망한다.
6 나는 간식을 사기 위해 가게로 갔다.
7 그 소녀는 자라서 프로그래머가 되었다.
8 그녀는 지금 자고 싶어 한다.
9 그 여자는 너무 나이가 많아서 스키를 탈 수가 없다.

SENTENCE WRITING PRACTICE

p. 75

A 1 It is easy for me to clean my room.
　2 They want me to solve the problem.
　3 Mom got me to do my homework.
　4 I asked my friend to make some cookies.
　5 She hopes to visit Los Angeles again next year.

B 1 She wants to read a magazine.
　2 It is kind of you to help sick people.
　3 It is not easy for a little girl to lift that bike.
　4 She studies hard to get good grades.
　5 The doctor advised me not to sleep too much.
　6 Jane is happy to finish her homework.
　7 We need to move the desk.

Chapter REVIEW TEST

p. 76

Chapter Review Test　　p. 76

A 1 to go　　　　　2 for
　3 for　　　　　　4 of
　5 to imagine　　6 to fix
　7 to get　　　　8 to read
　9 of　　　　　　10 To know

B 1 주어　　　　　2 보어
　3 주어　　　　　4 목적어
　5 목적어　　　　6 목적어
　7 목적어　　　　8 주어
　9 보어　　　　　10 주어

C 1 for you → of you　　2 be → to be
　3 cutting → to cut　　4 Work → To work
　5 to be write → to write

D 1 It is kind of you to wash the dishes.
　2 My plan is to go shopping this afternoon.
　3 Here is a CD for you to listen to.
　4 He didn't want to see her.
　5 It was pleasant for us to be with each other.

E 1 I want to collect coins.
　2 I decided to buy the ticket.
　3 He has a book to read.
　4 He has no friend to talk to.
　5 It is nice [kind] of you to say so.

F 1 I want to go to the movies tonight.
　2 David hopes to pass the exam.
　3 Mary needs to study vocabulary.
　4 She wants her son to become a soccer player.
　5 I decided to go on a trip tomorrow.

해석

A 1 우리는 밖으로 나가기로 결정했다.
　2 그가 다리를 건너는 것은 어렵다.
　3 그녀가 그 일을 끝내는 데 네 시간이 걸렸다.
　4 그가 그녀의 초대를 거절한 것은 무례했다.
　5 차가 없는 생활을 상상하는 것은 불가능하다.
　6 나는 Jack에게 내 차를 고쳐달라고 부탁했다.
　7 밤에는 길을 잃어버리기가 쉽다.
　8 Jane은 그 책을 읽기를 원한다.
　9 할머니를 도와주다니 참 친절하구나.
　10 자신을 아는 것은 쉽지 않다.

B 1 잠을 잘 자는 것은 건강에 좋다.
　2 내 취미는 컴퓨터 게임을 하는 것이다.
　3 조심스럽게 운전하는 것은 중요하다.
　4 아이들은 혼자 있는 것을 좋아하지 않는다.
　5 나는 외국어를 공부하고 싶다.
　6 David는 혼자서 가기로 결정했다.
　7 우리 엄마는 복권에 당첨되기를 희망한다.
　8 내가 저 상자를 들어 올리는 것은 불가능하다.
　9 그녀의 계획은 내년에 해외로 나가는 것이다.
　10 그를 설득하는 것은 불가능하다.

C 1 네가 그런 짓을 하다니 참 어리석었어.
　2 그녀의 목표는 최고경영자가 되는 것이다.
　3 그들은 그 제품의 가격을 내리기로 결정했다.
　4 같이 일하는 것은 팀웍을 기르는 데 도움이 된다.
　5 나는 역사 에세이를 써야 한다.

CHAPTER 06

동명사

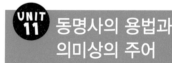

UNIT 11 동명사의 용법과 의미상의 주어

A 동명사의 용법

예문 해석

1 ● 컴퓨터 게임을 하는 것은 재미있다.
　● 수학을 공부하는 것은 나에게 어렵다.
　● 마우스를 제대로 쓰는 것은 컴퓨터를 사용할 때 중요하다.
　● 누군가를 때리는 것은 나쁜 짓이다.
　● 영어를 배우는 것은 매우 유용하다.

Pattern Practice

❶ Studying   ❷ Taking   ❸ Yelling
❹ Listening to Sistar's songs is always exciting.

해석
❶ 영어를 공부하는 것은 어렵다.
❷ 낮잠을 자는 것은 건강에 좋다.
❸ 누군가에게 소리지르는 것은 무례하다.
❹ 씨스타의 노래를 듣는 것은 항상 기분을 들뜨게 한다.

2 • David는 농구 하는 것을 즐긴다.
   • 옆에 앉아도 괜찮겠습니까?
   • Jane은 숙제 하는 것을 끝냈다.
   • 그녀는 탄산음료를 마시는 것을 중단했다.
   • 영어를 공부하는 것을 포기하지 마라.

3 • 내 취미는 영화 보러 가는 것이다.
   • 그녀의 습관은 손톱을 깨무는 것이다.
   • John의 문제점은 식사 전에 손을 씻지 않는 것이다.
   • 내 직업은 전화를 받는 것이다.

Pattern Practice
p. 81

1 ❶ watching   ❷ playing
   ❸ John stopped playing computer games.

2 ❶ Becoming   ❷ collecting
   ❸ Getting married is a big event in one's life.

해석
1 ❶ 나는 TV 보는 것을 좋아한다.
   ❷ Mary는 영화에서 그녀의 배역을 포기했다.
   ❸ John은 컴퓨터 게임을 하는 것을 멈추었다.

2 ❶ 위대한 가수가 되는 것은 쉽지 않다.
   ❷ Jane의 취미는 예쁜 인형을 수집하는 것이다.
   ❸ 결혼하는 것은 일생에서 큰 사건이다.

B 동명사의 의미상의 주어

예문 해석
1 • 그녀는 영어 공부를 즐긴다.
   • David는 보고서 작성을 끝냈다.
   • 그들은 등산을 좋아한다.
   • 문을 좀 닫아주시겠어요?
   • 나는 아침 일찍 일어나는 것이 싫다.

2 • 제가 여기에 앉아도 괜찮겠습니까?
   • 나는 그가 여기에 오는 것이 싫다.
   • John은 그녀가 춤추는 것을 즐겼다.
   • 나는 그가 게으른 것이 부끄럽다.

Pattern Practice
p. 82

1 ❶ I   ❷ My dad
   ❸ She   ❹ Mary
   ❺ Jane   ❻ me

해석
1 ❶ 나는 작년에 너와 함께 극장에 갔던 것이 기억난다.
   ❷ 우리 아빠는 물건 수리하는 것을 좋아하신다.
   ❸ 그녀는 다시 울기 시작했다.
   ❹ Mary는 어렸을 때 TV 보는 것을 좋아하지 않았다.

❺ 나는 Jane이 우리와 함께 노는 것이 싫다.
❻ 우리 엄마는 내가 노래를 잘 부르는 것에 대해 자랑스러워
하신다.

GRAMMAR PRACTICE
p. 83

A 1 smoking   2 doing
    3 Swimming   4 making
    5 coming

B 1 playing   2 Reading
    3 hitting   4 sending
    5 cooking

C 1 Exercising   2 scratching
    3 eating   4 smoking
    5 helping

해석
A
1 그는 건강을 위해서 담배를 끊었다.
2 그들은 그 일을 끝냈다.
3 수영은 몸을 보기 좋게 만든다.
4 그녀의 취미는 친구들을 위해 과자를 만드는 것이다.
5 나는 그녀가 남자친구와 함께 오는 것이 괜찮다.

C
1 너무 많이 운동하는 것은 건강에 해로울 수도 있다.
2 그녀의 습관은 피부를 긁는 것이다.
3 그녀는 아침식사로 스크램블 에그 먹는 것을 즐긴다.
4 John은 담배를 끊었다.
5 그녀를 도와줘서 고맙다.

SENTENCE WRITING PRACTICE
p. 84

A 1 Knowing yourself is very important.
    2 She finished studying math yesterday.
    3 Her hobby is listening to music.
    4 Planting trees is good for nature.
    5 My little sister likes pushing carts.

B 1 Using computers is easy.
    2 David's hobby is playing computer games.
    3 Stealing things is a very bad habit.
    4 Sleeping too little is bad for your health.
    5 She enjoys watching TV.
    6 Fixing laptops is difficult.
    7 I like hiking in the mountains.

UNIT 12 동명사와 부정사

A 동사의 목적어로 쓰이는 동명사와 부정사

예문 해석

1 • 그들은 해변에서 파티를 하는 것을 즐겼다.
  • 나는 지금 자고 싶다.
  • Mary는 시험을 다 치렀다.
  • David는 새 차를 사기로 결정했다.
  • 나는 그녀를 만나는 것을 피하려 한다.
  • 그녀는 숙제를 곧 끝내기를 희망한다.

Pattern Practice
p. 85

❶ writing   ❷ to win
❸ He wishes to meet her.

해석
❶ Jane은 보고서 작성을 끝냈다.
❷ Mary는 경기를 이길 것으로 기대된다.
❸ 그는 그녀와 만나는 것을 소망한다.

예문 해석

2 (1) • 나는 간식 먹는 것을 좋아한다.
      • 그녀는 슬픈 영화를 보다가 울기 시작했다.
      • David는 나에게 공을 던지기 시작했다.

  (2) • 나는 그녀를 위해서 책 사는 것을 잊었다.
      • 나는 그녀를 위해서 책 산 것을 잊었다.
      • 그들은 피곤했기 때문에 독서를 멈추었다.
      • 그들은 표지판을 읽기 위하여 멈추었다.
      • 나는 우유를 살 것을 기억했다.
      • 나는 저 가게에서 우유를 산 기억이 난다.

Pattern Practice
p. 86

❶ meeting   ❷ to study
❸ drinking   ❹ to wash
❺ John stopped to call her.

해석
❶ 그녀는 작년에 그들을 만난 것을 기억한다.
❷ 나는 최선을 다했다. 나는 열심히 공부하려고 했다.
❸ 아버지는 건강하기 위해 술을 끊으셨다.
❹ 너의 지저분한 손을 씻는 것을 잊지 마라!
❺ John은 그녀에게 전화하려고 멈추었다.

GRAMMAR PRACTICE
p. 87

A 1 to go   2 learning
  3 to receive   4 to check
  5 doing

B 1 sending   2 to quit
  3 to drink   4 to persuade
  5 looking

C 1 take → taking
  2 to answer → answering
  3 giving → to give
  4 to give → giving
  5 getting → to get

해석

A
1 그녀는 영화 보러 가는 것을 좋아한다.
2 그들은 자연에 대해 배우는 것을 즐긴다.
3 그는 오늘 밤에 소포 받을 것을 기대하고 있다.
4 Jane은 편지가 있는지 우편함을 확인하기 위하여 멈추었다.
5 Mary는 그 일을 하는 것을 회피했다.

C
1 그녀가 가장 좋아하는 활동은 낮잠을 자는 것이다.
2 Ann은 그의 질문에 대한 답을 피했다.
3 그 대통령은 가난한 사람들에게 돈을 주길 원한다.
4 John은 지난달에 그녀에게 선물 준 것을 기억한다.
5 Jane은 시험에서 좋은 점수를 받을 것을 기대하고 있다.

SENTENCE WRITING PRACTICE
p. 88

A 1 I will never forget visiting the White House.
  2 Jane quit playing the violin.
  3 She finished cleaning her room.
  4 I remember having dinner with them.
  5 I hope to work at this company.

B 1 My hobby is riding my bike.
  2 Reading books is interesting.
  3 Getting up early is difficult.
  4 Writing letters in French is difficult.
  5 My dream is to pass the exam.
  6 Do you mind my copying that?
  7 Stop talking on the phone.

Chapter REVIEW TEST
p. 89

A 1 coming   2 to arrive
  3 being   4 meeting
  5 talking

B 1 주어   2 보어
  3 목적어   4 주어
  5 목적어

C 1 write → writing
  2 Pass → Passing [To pass]
  3 play → playing [to play]
  4 ring → ringing [to ring]
  5 go → going

D 1 나는 문단속하는 것을 기억했다.
  2 나는 약간의 빵을 사기 위해 멈추었다.
  3 문 좀 닫아줄 수 있나요?

19

🇪 1 Why did you stop underlining?

E 1 Why did you stop <u>working</u>?
2 I expect <u>to go</u> abroad next year.
3 She hopes <u>to finish</u> her homework by 8:00.
4 I forgot <u>to give</u> you your book back.
5 <u>Playing computer games</u> is fun.
6 He <u>stopped to talk</u> to his friends.
7 Have you <u>finished cleaning the living room</u>?
8 I <u>forgot to attend the meeting</u>.

F 1 I enjoyed talking with Son Heungmin.
2 We expect Korea to win the World Cup someday.
3 Hacking computers is not good.
4 Would you mind me [my] sitting here?
5 I finished updating the files.

해석
A 1 집에 더 일찍 올 수 없겠니?
2 서울에 몇 시쯤 도착할 것 같니?
3 사람들은 가족과 함께 있는 것을 즐긴다.
4 나는 어젯밤에 그녀를 만난 것을 기억한다.
5 나는 시간이 없다. 나는 수다를 멈추고 숙제를 해야 한다.

B 1 결정을 하는 것은 쉽지 않다.
2 내 꿈은 큰 집을 사는 것이다.
3 우리는 리조트에서 수영을 즐겼다.
4 많은 책을 읽는 것은 아주 유용하다.
5 나는 그 일을 하는 게 싫다.

C 1 그는 그녀에게 편지 쓰는 것을 끝냈다.
2 공을 패스하는 것은 초보자에게 쉽지 않다.
3 나는 그녀와 테니스 치는 것을 무척 좋아한다.
4 그것은 시끄러운 소리로 울리기 시작했다.
5 John의 취미는 낚시를 가는 것이다.

CHAPTER 07

수동태

UNIT 13 능동과 수동

A 능동태와 수동태의 차이점

예문 해석
1 • 그는 방망이로 공을 쳤다.
• Mary가 상자를 운반했다.
• 그녀는 문법책을 샀다.
• 그녀는 창문을 깨뜨렸다.
• 선생님이 시험지를 돌렸다.

Pattern Practice p. 92
❶ put ❷ turned
❸ rescued ❹ elected
❺ He <u>wrote something on the wall</u>.

해석
❶ 그 학생은 펜을 내려놓았다.
❷ Jane이 불을 켰다.
❸ 그 소방관은 집 안에 있는 소년을 구했다.
❹ 사람들이 그를 의장으로 선출했다.

예문 해석
2 • 그 상자는 Mary에 의해 운반되었다.
• 그 창문은 그녀에 의해 깨졌다.
• 그 시험지는 선생님에 의해 돌려졌다.
• 나는 그 소식에 놀랐다.
• 그 차는 Jane에 의해 운전되었다.
• 그 궁전은 고대 이집트인들에 의해 지어졌다.
• David는 시험 결과에 실망했다.
• 컴퓨터는 숙제를 하고 게임을 하는 데 사용된다.

Pattern Practice p. 93
❶ was touched ❷ was cleaned
❸ was bought ❹ was carried
❺ The car <u>was repaired by the mechanic</u>.

해석
❶ 나는 그에 의해 감동받았다.
❷ 그 방은 나이든 여자에 의해 청소되었다.
❸ 그 다이아몬드 시계는 백만장자에 의해 구입되었다.
❹ 그 환자는 병원으로 이송되었다.

B 수동태 만드는 방법

예문 해석
1 • John이 그 창문을 깼다.
→ 그 창문은 ~
• John이 그 창문을 깼다.
→ 그 창문은 ~깨졌다.
• John이 그 창문을 깼다.
→ 그 창문은 John에 의해 깨졌다.

2 • Mary는 그 소식에 놀랐다.
• 나는 영어 공부에 흥미가 있다.
• Jane은 학교의 모든 사람들에게 알려져 있다.
• 그 길은 나뭇잎으로 덮여 있다.
• David는 그의 선생님을 만나는 것을 두려워한다.
• John은 Mary에게 실망했다.

Pattern Practice p. 94
1 ❶ I was punished by my mom.
❷ The story was written by Mary.
❸ The money was stolen by the thief at the bank.
❹ The meeting was held by the chairperson.
❺ The ball <u>was thrown by David</u>.

2 ❶ She was surprised at the event.
❷ The roof of the house was covered with snow.
❸ I was disappointed by his behavior.

해석

1 ① 엄마는 내게 벌을 주셨다.
　　→ 나는 엄마에게 벌을 받았다.
　② Mary가 그 이야기를 썼다.
　　→ 그 이야기는 Mary에 의해 쓰여졌다.
　③ 그 도둑이 은행에서 돈을 훔쳤다.
　　→ 그 돈은 은행에서 도둑의 의해 훔쳐졌다.
　④ 그 의장이 회의를 개최했다.
　　→ 그 회의는 의장에 의해 개최되었다.

2 ① 그 사건은 그녀를 놀라게 했다.
　　→ 그녀는 그 사건에 놀랐다.
　② 눈이 그 집의 지붕을 덮었다.
　　→ 그 집의 지붕이 눈으로 덮였다.
　③ 그의 행동은 나를 실망시켰다.
　　→ 나는 그의 행동에 실망했다.

GRAMMAR PRACTICE
p. 95

A 　1 stolen　　　　　2 was delivered
　　3 didn't give　　4 gives
　　5 was cleaned

B 　1 was invented　　2 was repaired
　　3 is taught　　　4 was caught
　　5 was invited

C 　1 used → are used
　　2 planned → was planned
　　3 written → was written
　　4 was make → was made
　　5 was reporting → was reported

해석

A
1 내 돈이 소매치기에 의해 도난당했다.
2 그 우편은 아침에 배달되었다.
3 그녀는 나에게 선물을 주지 않았다.
4 John은 매일 그녀에게 편지를 준다.
5 그 방은 Jane에 의해 청소되었다.

C
1 많은 연필이 매일 사용된다.
2 그 프로젝트는 그 팀에 의해 계획되었다.
3 〈해리 포터〉 책들은 J. K. Rowling에 의해 쓰여졌다.
4 이 스웨터는 나의 이모에 의해 만들어졌다.
5 그 뉴스는 그 기자에 의해 보고되었다.

SENTENCE WRITING PRACTICE
p. 96

A 　1 This house was built by Harry.
　　2 His car was hit by a ball.
　　3 The mouse was killed by the cat.
　　4 The phone line was cut by a terrorist.
　　5 This picture was painted by Mary.

B 　1 He was elected President again.
　　2 The box was made by my father.
　　3 America was discovered by Columbus.
　　4 *Diablo* was made by Blizzard.
　　5 Monica was rescued by firefighters.
　　6 The book was not written by Shakespeare.
　　7 Today's dinner was cooked by Mary.

UNIT 14 여러 가지 형식의 수동태

A 3형식(S + V + O)의 수동태

예문 해석

1 • 나는 이 케이크를 만들었다.
　→ 이 케이크는 나에 의해 만들어졌다.
　• Mary는 내 컴퓨터를 사용했다.
　→ 내 컴퓨터는 Mary에 의해 사용되었다.
　• 내 친구는 이 그림을 그리지 않았다.
　→ 이 그림을 내 친구에 의해 그려지지 않았다.
　• 그녀는 문을 열었다.
　→ 문은 그녀에 의해 열려졌다.
　• 나는 그 종이를 잘랐다.
　→ 그 종이는 나에 의해 잘렸다.

2 • 그는 전쟁에서 (누군가에 의해) 전사했다.
　• 스페인어는 멕시코에서 (사람들에 의해) 사용된다.
　• 그 타워는 1972년에 (그들에 의해) 세워졌다.

Pattern Practice
p. 98

1 ① The report, by Jane
　② Mary, by them
　③ The CD was found in the box by David.

2 ① Korean is spoken in Korea.
　② Her bike was stolen.
　③ The street was painted white.

해석

1 ① Jane은 보고서를 끝마쳤다.
　　→ 보고서가 Jane에 의해 끝내어졌다.
　② 그들은 Mary가 그 경기를 이길 것으로 기대한다.
　　→ Mary는 그들에게서 그 경기를 이길 것으로 기대받고 있다.

2 ① 사람들은 한국에서 한국어를 사용한다.
　　→ 한국어는 한국에서 사용된다.
　② 누군가가 그녀의 자전거를 훔쳤다.
　　→ 그녀의 자전거가 도난당했다.

B 4형식(S + V + I.O. + D.O.)의 수동태

예문 해석

1 (1) 그녀는 나에게 펜을 주었다.
　　→ 나는 그녀에게서 펜을 받았다.
　(2) 그녀는 나에게 펜을 주었다.
　　→ 펜이 그녀에 의해서 내게 주어졌다.

Pattern Practice

❶ A letter was written to me by Jane.
❷ Some chocolate was bought for him by her.
❸ He was paid 10 dollars.

해석

❶ Jane이 내게 편지를 썼다.
  → 편지가 Jane에 의해 내게로 써졌다.
❷ 그녀는 그에게 초콜릿을 사줬다.
  → 초콜릿은 그녀가 그에게 사주었다.

C 5형식(S + V + O + O.C.)의 수동태

예문 해석

1 • 그들은 그를 의장으로 선출했다.
    → 그는 그들에 의해 의장으로 선출되었다.
  • 그녀는 그를 행복하게 했다.
    → 그는 그녀에 의해 행복하게 되었다.
  • 너는 나를 더 나은 사람으로 만들었다.
    → 나는 너에 의해 더 나은 사람이 되었다.
  • 그의 거짓말이 선생님을 화나게 했다.
    → 선생님이 그의 거짓말에 의해 화가 나셨다.

Pattern Practice

p. 100

❶ They were heard singing by him.
❷ My parents were made proud by me.
❸ He was believed innocent by them.

해석

❶ 그는 그들이 노래하는 것을 들었다.
  → 그들이 노래하는 것이 그에게 들렸다.
❷ 나는 부모님을 자랑스럽게 만들었다.
  → 부모님은 나에 의해 자랑스럽게 되었다.
❸ 그들은 그가 결백하다는 것을 믿었다.
  → 그는 그들에 의해 결백하다고 믿어졌다.

GRAMMAR PRACTICE

p. 101

A 1 wasn't cleaned   2 invented
  3 were washed   4 to
  5 for

B 1 The boy was helped by Monica.
  2 The spy was given information by me.
  3 The information was given to the spy by me.
  4 Josh was made the captain by his coach.
  5 Five houses were burnt in the fire.

C 1 is taught → teaches
  2 written → was written
  3 was punish → was punished
  4 was published → were published
  5 was painting → was painted

해석

A

1 그 방은 Mary에 의해 청소되지 않았다.
2 Steve Jobs는 아이폰을 발명했다.

3 설거지는 Jane이 했다.
4 그 책은 나에 의해 그녀에게 주어졌다.
5 이 마우스는 여동생을 위해 나에 의해서 구입되었다.

C

1 Jones 선생님이 우리에게 영어를 가르친다.
2 이 기사는 Antonio에 의해 쓰여졌다.
3 John은 선생님한테 벌을 받았다.
4 그 책들은 그 회사에 의해 출판되었다.
5 우리 집은 흰색으로 칠해졌다.

SENTENCE WRITING PRACTICE

p. 102

A 1 The work will be done by her.
  2 The present was given to me by my father.
  3 The yellow house was built by a famous architect.
  4 Jane was invited to the party by John.
  5 This letter was sent to Paul by Mary.

B 1 The tablet computer was bought for me by him.
  2 The strange question was asked of me by him.
  3 She is called Sue by us.
  4 The vase was broken by her.
  5 The computer was turned on by me.
  6 The box was carried by my uncle.
  7 The watch was fixed by the repairman.

Chapter REVIEW TEST

p. 103

A 1 was made   2 be written
  3 wrote   4 broke
  5 is spoken   6 was killed
  7 was burnt   8 was stolen

  9 was given   10 made
  11 was written   12 was made
  13 gave   14 to

B 1 taking → taken
  2 runned → run
  3 A letter was written by her.
  4 by → with
  5 He was envied for his luck by them.
  6 to → for
  7 for → to
  8 by → with
  9 with → in
  10 by → with

C 1 I was given a watch by him.
  2 I was allowed to go to the movies by him.
  3 The street was covered with snow.
  4 She was surprised at the news.
  5 I was taken to the hospital by my uncle.
  6 Everything in the box was stolen by someone.
  7 I was scolded by my teacher.

8 This book <u>was read by many students</u>.

B 1 The car was driven by the man.
2 The plane was hijacked by a terrorist.
3 I was punished by my mom.
4 I am interested in film production.
5 Jane is called a walking dictionary.

해석
A 1 그 스마트폰은 중국에서 만들어졌다.
2 네 이름이 그것에 쓰여 있어야 한다.
3 사람들이 그들의 답을 그것에 썼다.
4 Jane은 꽃병을 깨뜨렸다.
5 영어는 미국에서 사용된다.
6 그 남자는 전쟁에서 전사했다.
7 그 집은 한 아이에 의해 불태워졌다.
8 Mary의 자전거가 지난주에 도난당했다.
9 그 선물은 우리에 의해서 그에게 주어졌다.
10 나는 그를 거기에 가도록 했다.
11 그 이메일은 어제 David에 의해 쓰여졌다.
12 이 영화는 1980년대 후반에 제작되었다.
13 Jane은 John에게 선물을 주었다.
14 그는 모두에게 알려져 있다.

B 1 이 사진은 그녀에 의해서 촬영되었다.
2 그 소년은 차에 치였다.
3 편지가 그녀에 의해서 쓰여졌다.
4 Mary는 그 결과에 만족한다.
5 그는 그의 행운 때문에 그들에 의해 부러움을 받았다.
6 그의 아버지가 그를 위해 새로운 차를 샀다.
7 그 돈은 누군가에 의해 그녀에게 주어졌다.
8 그 산은 눈으로 덮여 있다.
9 나는 그 이야기에 관심 없다.
10 네 점수에 만족하니?

A 직설법과 가정법

예문 해석
1 • 오늘 날씨가 흐리다.
  • 그는 정직하다.
  • David는 영어를 열심히 공부한다.
  • Jane은 내 숙제를 도와준다.

2 • 만약 내일 날씨가 좋다면, 우리는 소풍 갈 것이다.
  • 만약 그가 정직하다면, 나는 그와 함께 일할 것이다.
    → 만약 그가 정직하지 않다면, 나는 그와 함께 일하지 않을
    것이다.
  • 만약 David가 영어를 열심히 공부한다면, 그는 시험에 합격할
    수 있다.
  • 만약 Jane이 내 숙제를 도와준다면, 나는 숙제를 7시까지 끝낼
    수 있을 것이다.

Pattern Practice   p. 106
❶ 지금 밖에 눈이 오고 있다.
❷ 만약 내일 눈이 온다면, 우리는 스키 타러 갈 것이다.
❸ 만약 내일 눈이 오지 않는다면, 우리는 타러 가지 않을 것이다.
❹ 만약 내일 비가 온다면, 우리는 소풍을 가지 않을 것이다.
❺ 만약 내일 비가 오지 않는다면, 우리는 소풍을 갈 것이다.

B 가정법 현재

예문 해석
1 • 만약 이번 주말에 날씨가 따뜻하다면, 우리는 하이킹을 갈
    것이다.
  • 만약 내가 내일 시간이 있다면, 나는 여자친구와 함께 영화 보러
    갈 것이다.
  • 만약 네가 돈을 저축하면, 너는 집을 살 수 있을 것이다.
  • 만약 내가 너의 도움이 필요하면, 나는 너를 방문할 것이다.

2 • 만약 오늘 오후에 바람이 불지 않으면, 우리는 배드민턴을 칠 수
    있다.
  • 만약 내일 비가 많이 온다면, 축제가 취소될 것이다.
  • 만약 네가 시험에 합격하면, 나는 너에게 자전거를 한 대 사
    주겠다.
  • 만약 네가 Jane을 만난다면, 너는 그녀를 좋아할 것이다.
  • 만약 네가 서두르지 않는다면, 너는 학교에 늦을 것이다.

Pattern Practice   p. 107
❶ snows   ❷ will help
❸ don't call   ❹ don't leave
❺ will employ

해석
❶ 만약 내일 눈이 많이 온다면, 그 경기는 취소될 것이다.
❷ 만약 내가 충분한 시간이 있다면, 나는 그녀를 도울 것이다.
❸ 만약 내가 부모님에게 전화를 하지 않는다면, 부모님이 걱정할
  것이다.
❹ 만약 네가 일찍 일어나지 않으면, 너는 첫 기차를 타지 못할
  것이다.
❺ 만약 그녀가 정직하고 친절하다면, 우리는 그녀를 채용할 것이다.

GRAMMAR PRACTICE   p. 108
A 1 will employ   2 will cancel
    3 study   4 is
    5 can catch   6 can't play
    7 help   8 has
    9 don't save   10 will call

B 1 If you <u>pass</u> the exam, I <u>will buy</u> you a computer.
  2 If you <u>meet</u> Mary, you <u>will like</u> her.
  3 If he <u>speaks</u> English well, we <u>will send</u> him to America.
  4 If you <u>hurry</u> up, you <u>will be</u> able to arrive in time.
  5 If you <u>get</u> up early, you <u>won't be</u> late for school.
  6 If you <u>do</u> your best, you <u>can succeed</u>.
  7 If it <u>is not</u> fine tomorrow, we <u>will cancel</u> the picnic.

해석
A

1 만약 그녀가 2개 국어를 할 수 있는 사람이라면, 나는 그녀를 채용할 것이다.
2 만약 이번 주말에 비가 온다면, 우리는 여행을 취소할 것이다.
3 만약 네가 열심히 공부한다면, 나는 너에게 MP3 플레이어를 사 주겠다.
4 만약 내일 날씨가 좋다면, 우리는 테니스를 칠 것이다.
5 만약 네가 지금 떠난다면, 너는 마지막 버스를 탈 수 있을 것이다.
6 만약 오늘 바람이 분다면, 우리는 배드민턴을 칠 수 없을 것이다.
7 만약 네가 나를 도와준다면, 나는 그 일을 더 일찍 끝낼 수 있을 것이다.
8 만약 그가 내일 시간이 있다면, 그는 우리를 도와주러 올지도 모른다.
9 만약 네가 돈을 저축하지 않는다면, 너는 집을 살 수 없을 것이다.
10 만약 내가 너의 도움이 필요하다면, 나는 너에게 전화할 것이다.

SENTENCE WRITING PRACTICE
p. 109

A 1 If that shirt is not too expensive, I will buy it.
  2 If the rumor is true, I will not meet her.
  3 If I get a job, I will buy a nice car.
  4 If you eat too much, you will get fat.
  5 If you exercise regularly, you will be healthy.

B 1 If he is not busy, he will come to the party.
  2 If you read English newspapers, your English will improve.
  3 If you practice a lot, you can play soccer well.
  4 If you don't exercise, you may get fat.
  5 If you don't get up early, you may miss the first bus.
  6 If you want to play with your friends, you have to finish your homework first.

UNIT 16 가정법 과거

A 가정법 과거

예문 해석
2 • 나는 우산을 가지고 있지 않기 때문에 밖에 나갈 수 없다.
  → 만약 내가 우산을 가지고 있다면, 밖에 나갈 수 있을 텐데.

• 나는 아프기 때문에 파티에 갈 수 없다.
  → 만약 내가 아프지 않다면, 파티에 갈 수 있을 텐데.
• 나는 돈을 많이 가지고 있지 않기 때문에 큰 집을 살 수 없다.
  → 만약 내가 돈을 많이 가지고 있다면, 큰 집을 살 수 있을 텐데.
• 그녀는 그의 주소를 모르기 때문에 그에게 편지 하지 않을 것이다.
  → 만약 그녀가 그의 주소를 안다면, 그에게 편지 할 텐데.

3 • 나는 마술사가 아니기 때문에, 그를 토끼로 바꿀 수 없다.
  → 만약 내가 마술사라면, 그를 토끼로 바꿀 수 있을 텐데.
• 나는 새가 아니기 때문에 너에게 날아갈 수 없다.
  → 만약 내가 새라면, 너에게 날아갈 수 있을 텐데.
• 나는 돌고래가 아니기 때문에, 수영을 아주 잘 하지 못한다.
  → 만약 내가 돌고래라면, 수영을 아주 잘 할 수 있을 텐데.
• 그는 마법사가 아니기 때문에 내가 복권에 당첨되게 할 수 없다.
  → 만약 그가 마법사라면, 내가 복권에 당첨되게 할 수 있을 텐데.
• 나는 네가 아니기 때문에, 나는 그녀와 결혼하지 않을 것이다.
  → 만약 내가 너라면, 나는 그녀와 결혼할 텐데.

Pattern Practice
p. 111

1 ❶ If <u>I had enough money</u>, I <u>could buy the car</u>.
  ❷ If <u>he were not fat</u>, he <u>could run fast</u>.
  ❸ If <u>Jane knew his number</u>, <u>she would call him</u>.
  ❹ If <u>I were a bird</u>, I <u>could fly to you</u>.
  ❺ If <u>I had enough money</u>, I <u>could buy a notebook computer</u>.

2 ❶ As I <u>don't have</u> enough money, I <u>can't buy</u> the car.
  ❷ As <u>he is fat</u>, he <u>can't run fast</u>.
  ❸ If <u>Jane knew his mobile phone number</u>, she could call him.
  ❹ As <u>I am not a cheetah</u>, <u>I can't run very fast</u>.
  ❺ If <u>he were a bird</u>, he <u>could fly in the sky</u>.

해석
1 ❶ 나는 충분한 돈이 없기 때문에 그 차를 살 수 없다.
  ❷ 그는 뚱뚱하기 때문에 빨리 달릴 수 없다.
  ❸ Jane은 그의 전화번호를 모르기 때문에 그에게 전화하지 않을 것이다.
  ❹ 나는 새가 아니기 때문에, 너에게 날아갈 수 없다.
  ❺ 나는 충분한 돈이 없기 때문에, 노트북 컴퓨터를 살 수 없다.

2 ❶ 나는 충분한 돈이 없기 때문에 그 차를 살 수 없다.
  → 만약 내가 충분한 돈이 있다면, 그 차를 살 수 있을 텐데.
  ❷ 그는 뚱뚱하기 때문에 빨리 달릴 수 없다.
  → 만약 그가 뚱뚱하지 않다면, 빨리 달릴 수 있을 텐데.
  ❸ Jane은 그의 휴대폰 전화번호를 모르기 때문에 그에게 전화할 수 없다.
  → 만약 Jane이 그의 휴대폰 전화번호를 안다면, 그에게 전화할 수 있을 텐데.
  ❹ 나는 치타가 아니기 때문에, 아주 빨리 달릴 수 없다.
  → 만약 내가 치타라면, 아주 빠르게 달릴 수 있을 텐데.
  ❺ 그는 새가 아니기 때문에, 하늘을 날 수 없다.
  → 만약 그가 새라면, 하늘을 날 수 있을 텐데.

B 단순 조건절[가정법 현재]과 가정법 과거의 차이

예문 해석

1 ❶ 만약 그가 시험에 합격하면, 나는 그에게 자전거를 한 대 사줄 것이다.
 ❷ 만약 내가 이 나라의 대통령이 되면, 더 많은 일자리를 창출할 것이다.
 ❸ 만약 엄마가 내일 오면 나는 모든 것을 말할 거야.

2 ❶ 만약에 그가 시험에 합격한다면, 나는 그에게 자전거 한 대를 사줄 텐데.
 ❷ 만약 내가 이 나라의 대통이 된다면, 나는 더 많은 일자리를 창출할 텐데.
 ❸ 만약 엄마가 내일 온다면, 나는 모든 것을 말할 텐데.

Pattern Practice
p. 112

❶ 만약 내가 우리 팀의 주장이 되면, 나는 팀원들을 위해서 열심히 일할 것이다.
❷ 만약 내가 우리 팀의 주장이 된다면, 나는 팀원들을 위해서 열심히 일할 텐데.
❸ 만약 우리 엄마가 이번 일요일에 오면, 나는 엄마한테 네가 한 것을 말할 것이다.
❹ 만약 우리 엄마가 이번 일요일에 온다면, 나는 엄마한테 네게 한 것을 말할 텐데.

GRAMMAR PRACTICE
p. 113

A
1 could	2 lived
3 had	4 were
5 knew	6 were not
7 were	8 get
9 comes	10 came

B
1 If I had enough money, I could buy a nice smartphone.
2 If she were not sick, she could go camping.
3 If I were a magician, I could change him into a frog.
4 If I were you, I would accept his proposal.
5 If I knew her name, I could find her.
6 If I were rich, I could buy a big house.
7 If you studied hard, I would give you a present.

해석

A

1 만약 그가 우리 학교의 교장이라면, 그는 우리 학교를 바꿀 수 있을 텐데.
2 만약 내가 대도시에 산다면, 나는 원하는 것을 쉽게 살 수 있을 텐데.
3 만약 내가 많은 돈을 가지고 있다면, 나는 큰 집을 살 수 있을 텐데.
4 만약 내가 부자라면, 나는 가난한 사람들을 도울 텐데.
5 만약 그가 그녀의 전화번호를 안다면, 그는 그녀에게 전화할 텐데.
6 만약 John이 뚱뚱하지 않다면, 그는 더 빨리 달릴 수 있을 텐데.
7 만약 그가 치타라면, 그는 훨씬 더 빠르게 달릴 수 있을 텐데.
8 만약 네가 좋은 성적을 받는다면, 나는 너에게 선물을 하나 사 줄 것이다.

9 만약 Jane이 다음 주에 오면, 나는 그녀에게 네가 한 것을 말하겠다.
10 만약 Jane이 다음 주에 온다면, 나는 그녀에게 네가 한 것을 말할 텐데.

B

1 나는 충분한 돈이 없기 때문에, 멋진 스마트폰을 살 수 없다.
 → 만약 내가 충분한 돈이 있다면, 멋진 스마트폰을 살 수 있을 텐데.
2 그녀는 아프기 때문에, 야영을 갈 수 없다.
 → 만약 그녀가 아프지 않다면, 야영을 갈 수 있을 텐데.
3 나는 마법사가 아니기 때문에, 그를 개구리로 바꿀 수 없다.
 → 만약 내가 마법사라면, 그를 개구리로 바꿀 수 있을 텐데.
4 나는 네가 아니기 때문에, 그의 제안[청혼]을 받아들이지 않을 것이다.
 → 만약 내가 너라면, 그의 제안[청혼]을 받아들일 텐데.
5 나는 그녀의 이름을 모르기 때문에, 그녀를 찾을 수 없다.
 → 만약 내가 그녀의 이름을 안다면, 그녀를 찾을 수 있을 텐데.
6 나는 부자가 아니기 때문에, 큰 집을 살 수 없다.
 → 만약 내가 부자라면, 큰 집을 살 수 있을 텐데.
7 네가 열심히 공부하지 않기 때문에, 나는 너에게 선물을 주지 않을 것이다.
 → 만약 네가 열심히 공부한다면, 나는 너에게 선물을 줄 텐데.

SENTENCE WRITING PRACTICE

p. 114

A
1 If I were a doctor, I would help poor people.
2 If I had a lot of money, I could travel around the world.
3 If I knew her address, I would write a letter to her.
4 If I were you, I would marry him.
5 If I were a bird, I could fly high in the sky.

B
1 If I had a lot of money, I could buy a sports car.
2 If Jane were a teacher, she could teach you.
3 If I were you, I would reject her invitation.
4 If I were thin, I would be happy.
5 If you were over 18, you could take the job.
6 If we watched less TV, we could spend more time with our family.
7 If I had a car, I could drive you home.

Chapter REVIEW TEST
p. 115

A
1 get	2 had
3 passes	4 exercise
5 were	

B
1 If I had enough time, I could go to the meeting.
2 If the music were not so loud, I could read the book.
3 If it were sunny, we would go camping.
4 If he were healthy, he would play sports.
5 If I had the dictionary, I could lend it to you.

1 will not [won't] employ
2 would buy
3 is
4 help
5 helped

D 1 If you eat less, you can lose weight.
2 If he is smart, he will solve the problem.
3 If we watched less TV, we would have more time for reading.
4 If you practice every day, you will be able to speak English well.

E 1 If you want to receive a scholarship, you have to study hard.
2 If I were a magician, I would change her into a swan.
3 If you practice a lot, you will be able to play the piano well.
4 If I had a girlfriend, I would be happy.

F 1 If it rains tomorrow, we won't play soccer.
2 If you listen to PSY's songs, you will like them, too.
3 If he studied hard, he could pass the exam.
4 If you get good grades in this exam, I will buy you what you want.

해석

A 1 만약 내가 그 일자리를 얻는다면, 너에게 휴대폰을 사 주겠다.
2 만약 충분한 시간이 있다면, 그는 파티에 갈 수 있을 텐데.
3 만약 Jane이 그 시험에 합격하면, 나는 그녀에게 큰 선물을 주겠다.
4 만약 네가 규칙적으로 운동을 한다면, 너는 살을 뺄 수 있다.
5 만약 내가 너라면, 나는 그 기회를 잡을 텐데.

B 1 나는 충분한 시간이 없기 때문에, 그 모임에 갈 수 없다.
→ 만약 내가 충분한 시간이 있다면, 그 모임에 갈 수 있을 텐데.
2 음악이 너무 시끄러워서, 나는 이 책을 읽을 수가 없다.
→ 만약 음악이 너무 시끄럽지 않다면, 나는 이 책을 읽을 수 있을 텐데.
3 날씨가 화창하지 않아서, 우리는 캠핑을 가지 않을 것이다.
→ 만약 날씨가 화창하다면, 우리는 캠핑을 갈 텐데.
4 그는 건강하지 않기 때문에 스포츠를 하지 않는다.
→ 만약 그가 건강하다면, 스포츠를 할 텐데.
5 나는 그 사전이 없기 때문에 너에게 빌려 줄 수 없다.
→ 만약 내가 그 사전을 가지고 있다면, 너에게 빌려 줄 수 있을 텐데.

C 1 만약 네가 영어 말하기를 잘 하지 못한다면, 우리는 너를 채용하지 않을 것이다.
2 만약 내가 부자라면, 멋진 스포츠카를 한 대 살 텐데.
3 만약 내일 날씨가 좋다면, 우리는 야구를 할 것이다.
4 만약 네가 그녀를 돕는다면, 그녀는 그 일을 더 일찍 끝낼 수 있을 것이다.
5 만약 네가 그녀를 돕는다면, 그녀는 사업에서 성공할 수 있을 텐데.

UNIT 17 접속사의 종류

A 등위 · 종속 · 상관접속사

예문 해석
1 • 나는 문법 책과 듣기 책이 있다.
• David는 이쪽으로 뛰고 Jane은 저쪽으로 뛴다.
• 몇몇은 여기에 오겠지만 일부는 안 온다.
• 그녀는 아팠지만 어쨌든 학교에 왔다.
• 안에 있고 싶니, 아니면 밖으로 나가고 싶니?
• Fernando와 Eric 둘 중의 한 명이 이 어질러진 것을 치울 것이다.
• Jane은 매우 배고파서 음식을 많이 먹었다.
• 우리 사장님은 아팠고 그래서 그는 그날 결근하셨다.

Pattern Practice   p. 119

❶ so   ❷ but
❸ and   ❹ or
❺ and

해석
❶ 오늘은 국경일이라 나는 학교에 가지 않았다.
❷ John은 똑똑하지만 수학을 잘 못한다.
❸ 서둘러라, 그러면 제시간에 도착할 수 있다.
❹ A: 너는 하나를 선택해야 한다.
B: 이것 또는 저것 중에서 어떤 거?
❺ A: 연필 두 자루 가져왔니?
B: 응, 그랬어. 네 것과 내 것.

예문 해석
2 • 나는 그녀가 돌아올 때 갈 것이다.
• 그녀는 그가 돌아올 때까지 여기에 있을 것이다.
• 선생님 화 나시기 전에 가라.
• Jane은 일을 끝낸 후에 잤다.
• 뜻이 있는 곳에 길이 있다.
• 만약 당신이 가지 않으면 경찰을 부르겠소.
• 서두르지 않으면 기차를 놓칠 것이다.
• 친구가 David를 때려서 그는 울었다.
• 그가 아직 도착하지 않았기 때문에 우리는 아무데도 못 간다.
• 그들은 비록 가난하지만 행복하다.
• 비록 Mary가 지각은 했지만 선생님은 그녀를 혼내지 않았다.

Pattern Practice   p. 120

❶ When   ❷ Although
❸ because   ❹ Unless

해석
❶ 그녀가 일을 끝냈을 때 전화벨이 울렸다.
❷ 비록 그는 아이이지만 용감하다.
❸ 그는 물건들을 훔쳐서 체포되었다.
❹ 속도를 내지 않으면 너는 오늘 그것을 끝낼 수 없다.

예문 해석

3 (1) • 그녀는 예쁠 뿐만 아니라 귀엽기도 하다.
  (2) • Jane은 과학자가 아니라 선생님이다.
     • 나는 돈이 아니라 그의 건강에 대해 걱정한다.
  (3) • 너와 나 둘 중의 한 명은 그녀를 차로 집에 데려다 주어야
        한다.
     • 너는 이것과 저것 둘 중의 하나는 선택해야 한다.
  (4) • 사장은 잘생기지도 않고 키가 크지도 않다.
     • Terry와 Harry 둘 다 그것을 하지 않았다.
  (5) • 선생님과 학생 둘 다 아프다.

Pattern Practice

p. 120

❶ but also   ❷ nor
❸ but   ❹ or
❺ not only

해석

❶ 나는 축구를 할 뿐만 아니라 태권도도 한다.
❷ 나는 그의 부인과 아들 둘 다 모른다.
❸ David는 군인이 아니라 경찰관이다.
❹ 그녀는 일본인이거나 중국인이거나 둘 중 하나다.
❺ Tom은 방 청소를 해야 할 뿐만 아니라 설거지도 해야 한다.

GRAMMAR PRACTICE

p. 121

A 1 and   2 but
  3 when   4 because
  5 nor   6 am
  7 so   8 either

B 1 Both, and   2 Although
  3 or   4 Either, or
  5 so

C 1 and   2 but also
  3 nor   4 As [While, When]
  5 Although

해석

A

1 나는 손을 흔들어 인사를 하고 계단 아래로 내려갔다.
2 우리는 아름다운 섬으로 갔지만 끔찍한 교통 혼잡을 겪었다.
3 내가 학생들을 가르치고 있을 때 나의 부인이 내일 도착할 것이다.
4 어머니가 아프시기 때문에 나는 그녀를 위해서 저녁을 만들었다.
5 이 게임과 저 게임 둘 다 재미없다.
6 너뿐만 아니라 나도 졸리다.
7 그의 동생이 그날 아파서 집에서 쉬어야 했다.
8 나의 스페인 친구는 우리 아빠와 엄마 둘 다 모른다.

C

1 내 친구가 전화해서 내 자전거를 빌리고 싶다고 했다.
2 그녀는 요리를 잘 할 뿐만 아니라 노래도 잘 부른다.
3 인간은 선하지도 악하지도 않다.
4 나는 공원에서 걷다가 Jane을 만났다.
5 비록 그들은 경기에서 졌지만 잘 싸웠다.

A 1 The 2010 World Cup champion was not the
    Netherlands but Spain.
  2 Ki Sung Yueng plays not only for his club but
    also in the national team.
  3 When you called me, I was taking a bath.
  4 Be quiet, or you will be punished.
  5 She went to the hospital because she was sick.

B 1 Although I'm not very good at playing baseball,
    I'm good at playing soccer.
  2 The criminal is either John or David.
  3 Give this report to him, and he will present it to
    the boss.
  4 Do you want to see this movie or that movie?
  5 I left both my grammar book and my listening
    book at home.
  6 The girl that I like is neither Jane nor Mary.
  7 She called me while I was working.

Chapter REVIEW TEST

p. 123

A 1 because → so   2 or → nor
  3 but → so   4 and → but
  5 nor → or

B 1 My friend has both a laptop and a desktop
    computer.
  2 Not Jane but Mary won the game.
  3 You as well as I have to do the work.
  4 Although he is tired, he has been working all
    day long.
  5 Park at this place, or the car will be towed
    away.

C 1 Mary is not only smart but also diligent.
  2 Do the work first before they tell you to do it.
  3 Work hard, and you will succeed.
  4 Although he is a child, he is brave.
  5 Take an umbrella, or you will get wet.

D 1 He ran away because he was afraid of being
    punished.
  2 John started out early but arrived late.
  3 Do you like your mom or your dad?
  4 When I went into the room, there was a thief in
    there.
  5 Steve enjoys dancing although he is not good
    at dancing.

해석

A 1 그녀는 아파서 병원에 갔다.
  2 그 숙제는 쉽지도 않고 어렵지도 않다.
  3 나는 오늘 수업이 없어서 아침 10시까지 잤다.
  4 그녀는 똑똑할 뿐만 아니라 친절하기도 하다.
  5 너와 나 둘 중의 한 명은 거기에 가야 한다.

CHAPTER 10

관계사

UNIT 18 관계대명사

A 관계대명사 who, whom, whose

예문 해석
1 • 빵을 사고 싶어 하는 남자가 있다.
   • 저기에 서 있는 여자는 나의 엄마다.
   • 휴대폰 갖고 있는 분 계시면 빌려 주시겠어요?

Pattern Practice   p. 126

❶ who   ❷ who
❸ Monica saw Jessica who was riding a bike.

해석
❶ 나는 매우 예쁜 소녀를 만났다.
❷ 그녀는 수업에 지각한 아이를 혼냈다.
❸ Monica는 자전거를 타고 있는 Jessica를 봤다.

예문 해석
2 • 그녀는 Jack이 지난주에 결혼한 여자다.
   • David는 우리가 믿을 수 있는 사람이다.
   • 그는 내가 좋아하는 아이다.

Pattern Practice   p. 127

❶ whom   ❷ whom
❸ The man whom Antonio talked with was upset.

해석
❶ 나는 어제 만난 그 남자가 싫다.
❷ 내가 본 그 여자는 그 영화의 감독이었다.
❸ Antonio와 대화를 나눈 남자는 기분이 안 좋았다.

예문 해석
3 • 나는 아버지가 유명한 영화배우였던 소녀를 안다.
   • 나는 차가 흰색으로 칠해진 여자를 봤다.
   • 돈이 없어진 사람은 경찰에 신고해야 한다.

Pattern Practice   p. 128

❶ whose   ❷ whose
❸ I yelled at the person whose car was blocking my way.

해석
❶ 나는 제복이 젖은 경찰을 만났다.
❷ 나는 딸이 매우 유명한 남자를 안다.
❸ 나는 내 길을 막고 있는 차 주인에게 소리를 질렀다.

B 관계대명사 which, whose [of which]

예문 해석
1 • 그는 시간이 오래 걸린 숙제를 마침내 끝냈다.

• Mary는 David의 자동차였던 중고차를 샀다.
• 나는 비싼 CD를 버렸다.

Pattern Practice   p. 129

1 ❶ which   ❷ which

2 ❶ who   ❷ which
  ❸ who

해석
1 ❶ 이 책은 작년에 인쇄된 책이다.
  ❷ Jane은 자신의 더러운 차를 세차했다.

2 ❶ 여기서 사는 나이 많은 여자를 아니?
  ❷ 이 차가 지난주에 도난 당한 차이다.
  ❸ 나는 유명한 코미디언인 친구가 있다.

예문 해석
2 • 이 차는 내가 어제 산 차다.
   • 나는 아버지가 내게 사준 시계를 잃어버렸다.
   • 저 펜들은 내가 며칠 전에 잃어버린 것들이다.

Pattern Practice   p. 130

❶ which   ❷ which
❸ The car which she parked in front of my house is expensive.

해석
❶ 이것은 그녀가 지난주에 산 새 스마트폰이다.
❷ 그녀가 며칠 전에 이사 간 아파트는 아주 좋다.
❸ 그녀가 내 집 앞에 세워 둔 차는 비싸다.

예문 해석
3 • 이 집은 벽이 빨갛게 칠해진 집이다.
   • 나는 엔진이 아주 강한 기계를 봤다.
   • 창문이 아주 더러운 저 가게를 봐라.

Pattern Practice   p. 131

❶ whose   ❷ whose
❸ This is the car whose key was stolen.

해석
❶ 나는 겉 표지가 검정색인 이야기책을 샀다.
❷ 나는 팔 하나가 없는 로봇 장난감을 발견했다.
❸ 이 차가 열쇠를 도둑맞은 차다.

C 관계대명사 that

예문 해석
1 • 이곳이 내가 일하는 회사이다.
   • Jack은 짧은 검정 머리의 소녀를 봤다.
   • David가 만난 소녀는 내 누나이다.
   • Mary가 망가뜨린 컴퓨터는 내 것이다.

2 • 나는 공원에서 걷고 있는 아이와 그의 개를 봤다.
   • 이것이 그가 발명한 첫 번째 기계다.
   • 그녀가 내가 어제 만난 바로 그 사람이다.
   • Jessica는 내가 지난주에 만났던 같은 사람을 만났다.
   • Tom은 그 사고에서 생존한 유일한 사람이었다.
   • Jane은 내가 본 중에서 가장 아름다운 여자다.

p. 132

Pattern Practice

❶ that   ❷ that
❸ that [which]
❹ This is the tallest building that is located in Seoul.

해석
❶ Mary가 그 경주에서 첫 번째로 우승한 여자다.
❷ 나는 수영장에서 수영하고 있던 남자와 그의 애완동물을
  발견했다.
❸ 흰색으로 칠해진 그 아파트는 아름답다.
❹ 이것이 서울에 위치한 가장 높은 건물이다.

D 관계대명사 what

예문 해석
1 • 그가 말한 것은 사실이다.
  • 이것이 Jane이 한 것이다.
  • 나는 그녀가 말한 것을 믿는다.

2 • David가 한 짓은 매우 무례했다.
  • 그녀는 그녀가 할 수 있는 일을 할 것이다.
  • 중요한 것은 거짓말을 하지 않는 것이다.

3 • 그녀는 소위 천재다.
  • 이것이 그의 됨됨이를 보여준다.
  • 우리는 가진 것을 가지고 사람을 판단하면 안 된다.

Pattern Practice

p. 133

1 ❶ 주어   ❷ 목적어
  ❸ 보어

2 ❶ 사실처럼 보이는 것   ❷ 내가 원했던 것
  ❸ 그가 한 것   ❹ 한때 그녀였던 것

해석
1 ❶ 그녀가 한 것은 매우 이상했다.
  ❷ 나는 네가 최근에 한 짓을 알고 있다.
  ❸ 이것이 Mary가 한 것이다.

2 ❶ 사실처럼 보이는 것이 항상 사실은 아니다.
  ❷ 이것이 내가 원했던 것이다.
  ❸ 그는 그가 무슨 일을 했는지 나에게 말해줬다.
  ❹ Ann은 예전의 그녀가 아니다.

E 관계대명사의 생략

예문 해석
1 • 벤치에 앉아 있는 남자를 봐라.
  • 벽에 걸려 있는 시계를 붙잡고 있어라.
  • 나는 공원에서 뛰고 있는 소녀와 그녀의 개를 봤다.

2 • 나는 어제 만난 그 남자아이가 좋다.
  • 내 아내와 나는 그 모임에서 본 사람에 대해 얘기했다.
  • 내가 어제 산 장난감이 부서졌다.
  • 이 차는 작년에 내 부인이 판 자동차와 똑같다.

Pattern Practice

p. 134

❶ (who is)   ❷ 생략 불가능
❸ (who is)   ❹ (whom)
❺ (whom)   ❻ (which)

해석
❶ John을 가르치고 있는 여자는 나의 이모다.
❷ 이 건물을 소유하고 있는 남자는 나의 친구다.
❸ 나는 흥미로운 책을 읽고 있는 John을 봤다.
❹ 우리가 좋아하지 않는 선생님이 우리 반으로 들어오셨다.
❺ 그녀는 우리가 어제 같이 얘기를 나눈 의장이다.
❻ 나는 일주일 전에 잃어버린 시계를 찾았다.

GRAMMAR PRACTICE

p. 135

A 1 who   2 who
   3 which   4 whose
   5 which

B 1 who [that]   2 whose
   3 whose   4 which [that]
   5 that

C 1 whom → who   2 whose → which [that]
   3 which → whose   4 whom → who
   5 whom → which [that]

해석
A
1 Kevin은 분홍색 드레스를 입은 소녀를 계속 봤다.
2 피아니스트인 그녀의 어머니는 지난 일요일에 공연을 했다.
3 그가 산 스포츠카는 매우 비싸다.
4 나는 환자가 매우 아팠던 간호사를 안다.
5 내가 산 시계는 구식이었다.

C
1 내 옆에 앉은 남자는 잘생겼었다.
2 어제 내가 산 게임은 매우 재미있다.
3 매니저가 내 친구인 그 가수는 인기가 있다.
4 나는 우리 반 반장인 Jane을 좋아한다.
5 어젯밤에 마신 커피는 정말 맛이 없었다.

SENTENCE WRITING PRACTICE

p. 136

A 1 The picture which Mark took is awesome.
   2 I have a meeting which begins at 1:00.
   3 The woman who is standing there is my
      girlfriend.
   4 The bag which she bought was a fake.
   5 The pen on the desk is mine.

B 1 The restaurant (which [that] is) near my house is
      good.
   2 John likes a girl whose hair is long.
   3 The man (whom [that]) she met yesterday is a
      computer programmer.
   4 The movie (which [that]) I saw yesterday was
      scary.
   5 I know a woman whose father is a famous
      musician.
   6 I have a car whose color is red.
   7 The singer (whom [that]) they like the most is
      PSY.

UNIT 19 관계부사

A 관계부사 when, where, why, how

예문 해석

1 • 9시가 그가 일을 시작하는 시간이다.
  • 오늘이 John이 휴가에서 돌아오는 날이다.

2 • 이곳이 내가 태어난 장소다.
  • John이 사는 동네를 아니?

Pattern Practice   p. 137

❶ where   ❷ when   ❸ when

해석

❶ 이 병원이 내가 일했던 곳이다.
❷ 그가 돌아온 시간을 기억하니?
❸ 나는 네가 내게 첫 키스를 한 날을 기억한다.

예문 해석

3 • 그가 그것을 한 이유를 아니?
  • 이것이 Mary가 화가 난 이유다.
  • David는 Jane이 그를 떠난 이유를 알고 있다.

4 • 이것이 그가 문제를 푼 방법이다.
  • 이것이 그녀가 나에게 말하는 방식이다.
  • 그것이 그 일이 일어난 방식이다.

Pattern Practice   p. 138

❶ why   ❷ how
❸ the way [how]   ❹ the way [how]

해석

❶ 그녀는 시험에서 떨어진 이유를 알아냈다.
❷ 그녀는 나에게 어떻게 그 일을 했는지 물어봤다.
❸ 이것이 내가 그 보고서를 끝낸 방법이다.
❹ 그녀가 시험 준비를 어떻게 했는지 나에게 알려줄 수 있어?

GRAMMAR PRACTICE   p. 139

A 1 where   2 why
  3 when   4 where
  5 why

B 1 the reason why   2 how
  3 the day when   4 when
  5 where

C 1 which → where [at which]
  2 the way나 how 둘 중의 하나를 없앤다.
  3 which → when
  4 which → when
  5 which → when

해석
A
1 내가 어린 시절에 놀았던 공원은 지금 주차장이다.
2 이것이 그녀가 운 이유이다.

3 당신이 그것을 산 날짜를 얘기해 주시겠습니까?
4 내가 머물렀던 호텔은 깨끗하지 않았다.
5 나는 그녀가 화난 이유를 모르겠다.

C
1 이곳은 Jane이 일하는 공장이다.
2 나는 네가 그 문제를 푼 방법을 기억할 수 없다.
3 내일이 우리가 영화를 보러 갈 날이다.
4 우리가 스키 타러 간 날은 구름이 많이 끼었다.
5 가을은 과일이 많이 나오는 계절이다.

SENTENCE WRITING PRACTICE   p. 140

A 1 Sunday is the day when I have a day off.
  2 Tell me the reason why you can't play with me.
  3 Singapore is the place where we went for our honeymoon.
  4 Do you know how he fixed the computer?
  5 This is the house where I lived.

B 1 Winter is the season when we have snowball fights.
  2 Is it the city [town] where you lived?
  3 That is the department store where my uncle works.
  4 This is the house where I'm going to live.
  5 Tell me how you got connected to the Internet.
  6 Do you know the reason why John hates Jenny?
  7 Do you know the date when the World Cup begins?

Chapter REVIEW TEST   p. 141

A 1 who   2 whom
  3 whom   4 whose
  5 who   6 that
  7 why   8 where
  9 when   10 how
  11 that   12 which
  13 whom   14 where

B 1 the way나 how 둘 중의 하나를 없앤다.
  2 which → when   3 where → when
  4 which → where   5 how → why
  6 whose → which [that] 7 she 삭제
  8 it 삭제   9 who → which
  10 which → who

C 1 Do you know the date when Jane was born?
  2 I don't know the reason why Mom bought the smartphone.
  3 This is the place where I met my wife.
  4 Do you know the period when dinosaurs lived?

D 1 Bring me the book which is on the table.
  2 I saw an elephant which had a long tail.

3 The girl who is standing across the road is my sister.
4 What I want is a new computer.
5 I believe what you said.

B 1 This is the city where he succeeded.
2 Today is the day when I was born.
3 This is how she repaired the laptop computer.
4 The cloudy weather is the reason why she is depressed.

해석
A 1 나는 로스엔젤레스에 사는 친구가 있다.
2 그녀는 내가 너무나 사랑했던 여자이다.
3 나는 어제 본 그 남자를 기억한다.
4 나는 Jane이라는 이름을 가진 여자를 안다.
5 나는 의사가 된 아들이 셋 있다.
6 산책하고 있던 소녀와 그녀의 개는 내 이웃이다.
7 그 차를 좋아하지 않는 이유를 말해봐.
8 이 집이 그가 사는 집이다.
9 내가 그 드레스를 산 날은 토요일이다.
10 이것이 내가 그 문제를 푼 방법이다.
11 해야 할 것들이 많다.
12 그녀는 빨간색인 차를 가지고 있다.
13 Jane은 내가 어제 만난 사람을 알고 있다.
14 이곳이 작년에 우리가 있었던 곳이다.

A 1 그가 시험에 합격한 방법을 알고 있니?
2 David가 집에 도착한 날에 그의 개가 죽었다.
3 Mary는 그녀가 잠이 든 시간을 알지 못한다.
4 이 건물이 내 친구가 사는 곳이다.
5 그녀는 그녀의 차가 고장이 난 이유를 알지 못한다.
6 나는 내 친구가 쓴 책을 샀다.
7 일등상을 탄 Jane을 알고 있니?
8 그가 방문하고 싶었던 건물이 있었다.
9 어젯밤에 TV에 나왔던 쇼를 봤니?
10 외국에서 살았던 학생들이 많다.

• 그것은 그의 아이디어였다.
• 이것은 재미있는 책이다.
• 이것들은 최신 스마트폰이다.
• 나는 그의 아이디어를 좋아한다.
• 나는 이 책을 어제 읽었다.
• 많은 학생들이 휴대전화를 가지고 있다.
• 너는 그의 아이디어에 대해 어떻게 생각하니?
• 도와주셔서 감사합니다.
• 제가 숙제 하는 것을 도와줄 수 있나요?

Pattern Practice   p. 144
❶ 주어　　　　　　❷ 목적어
❸ 보어　　　　　　❹ 목적어
❺ 보어

해석
❶ 영어는 어렵지 않다.
❷ 그녀는 영어 말하기를 잘 할 수 있다.
❸ 내가 좋아하는 과목은 영어이다.
❹ 그는 많은 돈을 가지고 있다.
❺ 이것은 내 새 스마트폰이다.

예문 해석
2 (1) • 축구는 매우 인기 있는 스포츠이다.
　　　• 많은 사람들이 축구를 매우 좋아한다.
　(2) • John의 휴대전화는 내 것과 비슷하다.
　　　• 나는 나의 가장 친한 친구의 생일파티에 갔다.
　(3) • 그 영화의 제목이 뭐지?
　　　• 책상의 다리가 짧다.
　　　• 이 컴퓨터의 디자인이 아주 좋다.

Pattern Practice   p. 145
❶ 주격　　　　　　❷ 목적격
❸ 주격, 목적격　　❹ 소유격
❺ 목적격

해석
❶ 스타크래프트는 아주 재미있는 게임이다.
❷ 나는 스타크래프트를 좋아한다.
❸ Jane은 John을 사랑한다.
❹ Jane의 스마트폰은 내 것보다 더 크다.
❺ 나는 그녀를 알고 있다.

CHAPTER 11
명사와 관사

UNIT 20 명사

A 명사의 역할과 형태
예문 해석
1 • 그의 아이디어는 매우 창의적이다.
　• 이 책은 매우 재미있다.
　• 휴대전화는 아주 유용하다.

B 명사의 종류 및 단·복수
예문 해석
1 (1) • 나는 역사에 대한 책을 많이 가지고 있다.
　　　• 나는 잘생긴 남자애들을 많이 알고 있다.
　　　• 나는 컴퓨터를 가지고 있다.
　　　• 많은 가족들이 이 아파트에 살고 있다.
　　　• 우리 학교에는 30개 반이 있다.
　　　• 설악산의 높이는 1708미터 이다.
　　　• 나에게 좋은 생각이 있다.

　(2) • 한국은 중국과 일본 사이에 있다.
　　　• 지구는 둥글다.
　　　• 오늘 아침식사는 빵이다.
　　　• 한국인은 매일 밥을 먹는다.
　　　• 우리는 생존을 위해서 깨끗한 물이 필요하다.

- 돈은 우리 생활에서 중요하다.
- 아이들이 성장하기 위해서는 신선한 과일이 필요하다.
- 그들은 새로운 가구가 필요하다.
- 아름다움은 피부 깊이일 뿐이다. (외모의 아름다움은 시간이 지나면 사라진다는 뜻)
- 역사는 되풀이된다.
- 축구는 인기 있는 스포츠이다.

Pattern Practice
p. 146

❶ a computer   ❷ happiness
❸ Fruit is   ❹ 24 hours
❺ Jane likes

해석
❶ 그녀는 컴퓨터를 가지고 있다.
❷ 사람들은 행복을 원한다.
❸ 과일은 다이어트에 좋다
❹ 하루는 24시간이다.

예문 해석
2 (1) • 나는 책 두 권을 가지고 있다.
- 그는 버스 두 대를 가지고 있다.
- 그녀는 나에게 키스를 했다.
- 나는 요리할 그릇이 세 개 필요하다.
- 교회 두 개가 언덕 위에 있다.
- 그는 상자 두 개를 받았다.
- 그 나라에는 도시가 많이 있다.
- 내 동생은 장난감 세 개를 가지고 있다.
- 그녀는 감자 다섯 개를 가지고 있다.
- 삼촌은 라디오 두 대를 가지고 있다.
- 그는 나뭇잎 여러 개를 모았다.

(2) • 그는 아이가 세 명 있다.
- 들판에 황소 세 마리가 있다.
- 너 이 닭이니?
- 고양이가 한 마리가 쥐 세 마리를 쫓고 있다.

(3) • 그는 양 세 마리를 가지고 있다.
- 나는 물고기 세 마리를 잡았다.
- 나는 사슴 세 마리를 보았다.
- 그는 연어 세 마리를 잡았다.

Pattern Practice
p. 147

❶ three dishes   ❷ many toys
❸ ten sheep   ❹ a man

해석
❶ 그녀는 음식을 내기 위해 그릇 세 개가 필요했다.
❷ 내 여동생은 많은 장난감을 가지고 놀고 있는 중이다.
❸ 그 남자는 양 열 마리를 가지고 있다.
❹ 그들은 한 사람을 찾았다.

예문 해석
3 • 나는 차 세 잔을 원한다.
- 우유 세 잔이 있다.
- 나는 빵 세 조각을 먹었다.
- 그녀는 빵 세 덩어리를 샀다.
- 그는 치즈 세 조각을 먹었다.
- 나는 종이 세 장이 필요하다.
- 그는 주스 세 병을 샀다.

Pattern Practice
p. 148

❶ two cups of tea
❷ a piece of bread [a slice of bread, some bread]
❸ five sheets of paper
❹ three pieces of information
❺ two bottles of coke

해석
❶ 나는 차 두 잔이 필요하다.
❷ 나는 빵 한 조각[덩어리]을 먹었다.
❸ 나는 종이 다섯 장이 필요하다.
❹ 그녀는 나에게 정보 세 개를 주었다.
❺ 그는 콜라 두 병을 샀다.

GRAMMAR PRACTICE
p. 149

A   1 Jane's   2 today's newspaper
   3 a   4 children
   5 bread   6 girls'

B   1 I met three ladies yesterday.
   2 I will give you a piece of information.
   3 My sister's friends are very tall.
   4 Women live longer than men.
   5 He drank two glasses of water.

C   1 The color of my car   2 a piece of information
   3 many big cities   4 three pieces of paper
   5 two feet   6 three deer
   7 a lot of furniture [much furniture]

해석
A
1 Jane의 디지털 카메라는 내 것과 비슷하다.
2 우리 아빠는 오늘자 신문을 읽고 있는 중이시다.
3 그녀는 좋은 아이디어를 하나 가지고 있다.
4 그들은 아이가 넷 있다.
5 나는 빵 한 조각을 원한다.
6 Jane은 이화여자중학교에 다닌다.

C
1 내 차 색깔은 흰색이다.
2 나는 그 사고에 대한 정보를 하나 가지고 있다.
3 한국에는 많은 대도시들이 있다.
4 그녀는 종이 세 장을 가져왔다.
5 그 동물은 다리가 두 개 있다.
6 그는 사슴 세 마리를 잡았다.
7 그녀는 많은 가구를 샀다.

SENTENCE WRITING PRACTICE
p. 150

A   1 I have three baseballs.
   2 The size of my computer is small.
   3 How is today's weather?
   4 My brother has many toys.
   5 He rented three videos.

B 1 I have three pieces of information about the accident.
2 My mother bought five potatoes at the market.
3 My (little) brother has five teeth.
4 I had a glass of milk and two pieces of bread this morning.
5 She bought a piece of furniture yesterday.
6 The color of his car is white.
7 Can you bring me a sheet of paper? (또는 Can you bring a sheet of paper to me?)

UNIT 21 관사

A 부정관사 a/an의 용법

예문 해석
1 • 한 시간은 60분이다.
  • 그는 정직한 사람이다.
  • 그녀는 비 오는 날에 우산을 가지고 다닌다.
    cf 1. 그 도시에는 대학이 하나 있다.
    cf 2. 그는 독특한 소년이다.
    cf 3. 이것은 유럽 제품이다.

Pattern Practice p. 151
❶ a young man ❷ an umbrella
❸ an honest girl ❹ an apple
❺ a unique girl

해석
❶ 그는 젊은 남자이다.
❷ 그는 우산을 가져왔다.
❸ 그녀는 정직한 소녀이다.
❹ 나는 매일 사과 하나를 먹는다.
❺ 그녀는 독특한 소녀이다.

예문 해석
2 (1) • 나는 학생이다.
      • 그는 선생님이다.
      • 그녀는 책을 읽고 있는 중이다.
  (2) • 그녀는 고양이 한 마리를 가지고 있다.
      • 나는 책 한 권을 샀다.
      • Jane은 오늘 아침에 사과 하나를 먹었다.
  (3) • 나는 일주일에 한 번씩 수영을 간다.
      • 우리 엄마는 나에게 한 달에 만원을 주신다.
      • David는 일 년에 네 번 부모님을 방문한다.

Pattern Practice p. 152
❶ Jane은 선생님이다.
❷ 우리 어머니는 애완견을 기르셨다.
❸ 우리 아버지는 한 달에 한 번 등산을 가신다.
❹ 나는 일주일에 세 번 조깅한다.
❺ Jane은 오늘 아침에 사과 하나와 우유 한 잔을 먹었다.

B 정관사 the의 용법

예문 해석
1 • 나는 이틀 전에 책 한 권을 샀다. 나는 그 책을 그녀에게 줄 것이다.
  • 문을 닫아 주세요. (직역: 나는 네가 문을 닫기를 원한다.)
  • 테이블 위에 있는 MP3 플레이어는 내 것이다.
  • 나는 우리 반에서 가장 키 큰 학생이다.
  • 오늘은 4월의 첫째 날이다. (4월 1일이다.)
  • 태양은 지구보다 더 크다.
  • 나는 기타를 칠 수 있다.

2 • 이것은 책이다.
  • 이것은 그의 책이다.
  • 이것이 그가 딴 네 번째 금메달이다.
  • 이것이 그의 네 번째 금메달이다.

Pattern Practice p. 154
❶ The book on the desk ❷ the smartest student
❸ play the violin ❹ her second gold medal
❺ my first time

해석
❶ 책상 위에 있는 그 책은 그녀의 것이다.
❷ 그는 우리 반에서 가장 영리한 학생이다.
❸ 나는 바이올린을 잘 연주할 수 있다.
❹ 그녀는 자신의 두 번째 금메달을 땄다.
❺ 이번이 내가 여기를 처음 방문하는 것이다.

GRAMMAR PRACTICE p. 155

A 1 the   2 a
   3 a   4 The
   5 the   6 a
   7 The

B 1 He is the smartest [the brightest] student in our class.
2 She lives on the second floor of that apartment building.
3 This is his third gold medal.
4 Jane bought an apple and a book yesterday.
5 I go swimming three times a week.

C 1 an old house
2 the name of the girl
3 a book on music [books on music]
4 an airport
5 his third goal
6 four times a week
7 the seventh floor

해석
A
1 내 여자친구가 어제 나에게 사과 하나를 주었다. 나는 오늘 아침에 그 사과를 먹었다.
2 미안해요. 그것은 실수였어요.
3 나는 그녀에게 일주일에 한 번씩 편지를 쓴다.

4 저기 있는 고양이는 매우 귀엽다.
5 많은 사람들이 지구상에 산다.
6 근로자들은 노조를 설립했다.
7 책상 위에 있는 그 책은 Jane의 것이다.

C

1 내 친구들은 작은 마을의 한 오래된 집에서 산다.
2 우리가 어제 만난 그 소녀의 이름은 무엇이니?
3 나는 어제 음악에 대한 책을 한 권 샀다.
4 내가 살고 있는 근처에는 공항이 없다.
5 이것이 이번 경기에서 그의 세 번째 골이다.
6 David는 일주일에 네 번씩 운동하기로 결심했다.
7 Jane은 이 건물의 7층에 산다.

SENTENCE WRITING PRACTICE p. 156

A 1 I had an apple and a sandwich for lunch.
2 Jane is looking for a job.
3 The Earth goes around the Sun.
4 Bring me the book on the desk.
5 This is his first win.

B 1 She works eight hours a day.
2 What is the longest river in the world?
3 Jenny lives on the eighth floor of that building.
4 David plays the piano very well.
5 The Earth is bigger than the Moon.
6 Today is the last day of August.
7 The ball on the table is David's.

Chapter REVIEW TEST p. 157

A 1 babies   2 toys
  2 children   4 deer
  5 benches   6 teachers

  7 knives   8 roofs
  9 tomatoes   10 pianos
  11 glasses of water 12 bottles of coke

B 1 The   2 a
  3 the   4 an
  5 a   6 The
  7 the   8 the

C 1 The table's legs → The legs of the table
  2 many book → many books
  3 two tooth → two teeth
  4 breads → bread
  5 A book → The book
  6 a third → the third

D 1 I drank two glasses of juice.
  2 My brother has many toys.
  3 The Moon is smaller than the Earth.
  4 She is playing the piano now.

E 1 This is her second gold medal.
  2 I bought a computer game. The game is very interesting.
  3 I go skiing once a week in winter.
  4 She eats three potatoes every day.

F 1 The farmer has five sheep and two oxen.
  2 What is the title of the book?
  3 They work 5 days a week.
  4 Do you know the girl over there?
  5 I bought a book yesterday. The book is interesting.

해석

B 1 한 남자가 벤치 위에 앉아 있었다. 그 남자는 미국인이었다.
  2 A: 너는 얼마나 자주 영화 보러 가니?
    B: 한 달에 한 번 정도.
  3 서울은 한국의 수도이다.
  4 할머니는 시골의 오래된 집에서 살고 계시다.
  5 그는 선생님이고, 그녀는 대학교 학생이다.
  6 테이블 위에 있는 그 DMB 전화는 우리 아빠 것이다.
  7 달에 착륙한 첫 번째 인간은 누구인가?
  8 한라산은 남한에서 가장 높은 산이다.

C 1 그 테이블의 다리가 매우 길다.
  2 나는 역사에 대한 책을 많이 읽는다.
  3 그 아기는 이빨이 두 개 났다.
  4 그녀는 빵 두 조각을 먹었다.
  5 테이블 위에 있는 책은 내 것이다.
  6 그는 이 건물의 3층에 산다.

CHAPTER 12

대명사

UNIT 22 대명사의 종류와 용법

A 대명사의 종류

예문 해석

1 • 이것은 나의 컴퓨터다. → 이것은 나의 것이다.
  • 저것은 그녀의 차다. → 저것은 그녀의 것이다.
  • 그들은 내일 여기에 온다.
  • 그녀는 거울 속의 자신을 봤다.
  • 나는 연필 한 자루를 샀다. 그것은 저렴했다.

Pattern Practice p. 160

❶ they   ❷ Its
❸ theirs   ❹ hers

해석

❶ 펭귄은 날 수는 없지만 수영은 매우 잘 할 수 있다.
❷ 우리는 어제 집을 칠했다. 그것의 지붕은 흰색으로 칠해졌다.
❸ 공을 그들에게 돌려줘라. 그것은 그들의 것이다.
❹ 나는 Ann이 책을 사는 것을 봤다. 그 책은 그녀의 것이다.

예문 해석

2 **(1)** ● 밖이 어둡다.
　　● 어제 비가 많이 왔다.
　　● 금요일 밤이다!
　　● 2마일의 거리다.

　(2) ● 그가 그 일을 하는 것은 어렵다.
　　● 엎질러진 우유에 울어봤자 소용없다.
　　● 일찍 일어나는 것은 건강에 좋다.

Pattern Practice
p. 161

❶ 가주어　　　　　　　❷ 비인칭 대명사
❸ 대명사　　　　　　　❹ 비인칭 대명사

해석
❶ 과학을 공부하는 것은 어렵다.
❷ 오늘은 날씨가 좋다.
❸ 나는 그 펜을 잃어버렸다. 그것은 John의 것이었다.
❹ 오늘이 무슨 요일이지?

B 재귀대명사와 지시대명사

예문 해석

1 ● 그는 스스로를 비난했다.
　● 그 테러리스트는 총으로 자신을 쐈다.
　● 그 축구 선수는 자신을 축구 천재라고 불렀다.
　● 아버지가 손수 우리 집을 지으셨다.

2 ● 이것이 네 책이니? – 응, 그래.
　● 이것들이 네 책들이니? – 응, 그래.
　● 저것이 네 책이니? – 응, 그래.
　● 저것들이 네 책들이니? – 응, 그래.

Pattern Practice
p. 162

1 ❶ herself　　❷ herself　　❸ yourself
2 ❶ these　　　❷ That　　　❸ these, they

해석
1 ❶ 그녀는 파티에서 마음껏 즐겼다.
　❷ Jane은 혼자서 그 일을 했다.

2 ❶ 이것들이 너의 트럭들이니?
　❷ 저것은 너의 것이 아니다.
　❸ A: 이것들이 그녀의 연필이니?
　　B: 응, 이것들은 그녀의 것이야.

GRAMMAR PRACTICE
p. 163

A 1 himself　　　　2 me
　3 Its　　　　　　4 His
　5 theirs

B 1 my　　　　　　2 Our, theirs
　3 herself　　　　4 I
　5 their

C 1 That → It　　　　2 It's → Its
　3 themselves → their　4 is → are
　5 her → she

해석

A
1 John은 혼자서 그 공원으로 갔다.
2 내 선생님은 나를 많이 좋아하신다.
3 그것의 무게는 8킬로그램이다.
4 그의 남동생이 지금 여기에 오고 있다.
5 그 열쇠들은 그들의 것이다.

C
1 그녀가 그를 믿는 것은 가능한 일이다.
2 나는 작은 인형이 있다. 그것의 색깔은 빨갛고 파랗다.
3 Mary와 John은 각자 자신의 차가 있다.
4 그녀의 컵들은 빨간색이다. (그녀의 것들은 빨간색이다.)
5 그녀는 어디에 사니?

SENTENCE WRITING PRACTICE
p. 164

A 1 The lady asked his name.
　2 Every car has its owner.
　3 I don't know where she lives.
　4 It is important to have confidence in yourself.
　5 What day is it today?

B 1 She often speaks to herself.
　2 Can you do it by yourself?
　3 Is this game CD hers?
　4 Einstein is famous for his theory of relativity.
　5 It's getting dark. Let's go home.
　6 The novelist killed himself.
　7 It is 100 meters from my house to the store.

UNIT 23 부정대명사

A 부정대명사 one, other, another

예문 해석

1 ● 누구나 자신이 말한 것을 지켜야 한다.
　● 나 연필이 필요해. 하나 있니?
　● 나는 너의 파란 펜이 필요해. 그거 갖고 있어?

2 ● 그 과자 하나 더 먹어도 될까요?
　● 다른 사람들 아무도 여기에 오지 않는다.
　● 나는 그 컴퓨터들 중 하나를 사용 중이다. 내 친구는 다른 하나를 사용하고 있다.
　● 여기에 다섯 사람이 있다. 몇몇은 행복하다. 나머지는 행복하지 않다.

35

3 • 나는 고양이 두 마리가 있다. 한 마리는 흰색이고 다른 한
　　마리는 검정색이다.
　• 나는 자동차 세 대가 있다. 한 대는 검정색이고 다른 한 대는
　　빨간색, 마지막 한 대는 파란색이다.
　• 공이 세 개가 있다. 하나는 네 것이고 다른 하나는 그녀의 것이고
　　마지막 하나는 내 것이다.

Pattern Practice
p. 165

❶ One, the other　　　❷ One, another, the other
❸ one

해석
❶ 나는 열쇠 두 개가 있다. 하나는 내 차 열쇠이고 다른 하나는 내
　　집 열쇠이다.
❷ 그녀는 딸이 셋 있다. 한 명은 교수이고 다른 한 명은 치과의사,
　　그리고 한 명은 선생님이다.
❸ 나는 스카프를 찾고 있다. 하나 있니?

B 부정대명사 some, any

예문 해석
1 • 상자 안에 책이 여러 권 있다. 몇 권 줄까?
　• A: 돈 좀 있니? – B: 응, 조금 있어.
　• 이 집에는 벌레들이 많다. 그 집에는 있니?

C 부정대명사 each, all, both

예문 해석
1 • 각자 자신의 컴퓨터가 있다.
　• 각각의 사람은 음식을 가져와야 한다.

2 • 밤에는 모든 것이 조용하다.
　• 오늘 밤에 그들 모두 파티에 온다.
　• 그 의자 둘 다 칠해졌다.

Pattern Practice
p. 166

1 ❶ any　　　❷ some　　　❸ any
2 ❶ are　　　❷ are　　　❸ are

해석
1 ❶ A: 너 혹시 동전 있니? – B: 아니. 난 없어.
　❷ A: 너 돈 좀 있니? – B: 응, 나 있어.
　❸ 내가 빵을 조금 샀는데 엄마는 내게 전혀 먹고 싶지 않다고
　　말씀하셨다.

2 ❶ 둘 다 네가 사기에는 비싸다.
　❷ 그들 모두 화재로 죽었다.
　❸ 우리 모두 회의에 참석해 있다.

GRAMMAR PRACTICE
p. 167

A 1 it　　　　　　　　2 one
　3 One, the other　　4 was
　5 some

B 1 ones　　　　　　　2 it
　3 One, the other　　4 any

C 1 other → the other
　2 the others → the other
　3 some → any
　4 was → were

해석
A
1 이게 내가 제일 좋아하는 노래야. 마음에 드니?
2 내 차는 너무 오래됐다. 새것을 사야 한다.
3 Mary는 컴퓨터가 두 대 있다. 하나는 오래된 것이고 다른 하나는
　새것이다.
4 각각의 상자는 검정색으로 칠해졌다.
5 음식 좀 먹었어? – 응. 약간 먹었어.

C
1 나는 두 권의 책이 있다. 한 권은 문법책이고 다른 한 권은 독해
　책이다.
2 저기에 사자 두 마리가 있다. 한 마리는 수컷이고 다른 한 마리는
　암컷이다.
3 이 방에는 사람이 많아. 그 방에는 좀 있니?
4 선생님이 화가 많이 나셔서 학생들 모두 조용했다.

SENTENCE WRITING PRACTICE
 p. 168

A 1 If you have any money, lend me some.
　2 Do you have any pens?
　3 Jane has some time, but Mary doesn't have any.
　3 One should obey the law.
　4 I need a USB memory. Do you have one?

B 1 There are two books. One is thick, and the other
　　is thin.
　2 Do you have any books about science?
　3 Some of the students are tall.
　4 I need some erasers. Do you have any?
　5 I don't like any of them.
　6 If you have any water, give me some.
　7 Do you have any books? – No, I don't have any.

Chapter REVIEW TEST
p. 169

A 1 the other are → the other is
　2 the other → another, another → the other
　3 some → any
　4 theirselves → themselves
　5 any → some

B 1 any　　　　　　　　2 mine, yours
　3 It　　　　　　　　　4 it
　5 one

C 1 It is getting warmer these days.
　2 It is difficult to understand that.
　3 Show me another, please.
　4 He looked at himself in the mirror.
　5 A: What day is it today?
　　B: It's Monday.

D 1 A: Do you have any cups? – B: Yes, I have some.
　2 It's raining a lot.
　3 That car is his.
　4 All animals take care of their babies.
　5 I have two daughters. One has long hair, and
　　the other's is short.

해석
A 1 두 개의 휴대폰이 있다. 하나는 엄마의 것이고 다른 하나는
　　아빠의 것이다.
　2 나는 자동차가 세 대 있다. 한 대는 검정색이고 다른 한 대는
　　흰색이고 나머지 한 대는 노란색이다.
　3 네가 무슨 일을 하고 있는 건지 알고는 있니?
　4 그들은 매일 스스로를 돌본다.
　5 길에 차가 몇 대 있다.

CHAPTER 13

형용사와 부사

UNIT 24 형용사

A 형용사의 역할 및 형태

예문 해석
1 • 그녀는 친절한 사람이다. → 그녀는 친절하다.
　• 이것은 재미있는 책이다. → 이 책은 재미있다.
　• 나는 새 컴퓨터를 가지고 있다. → 내 컴퓨터는 새것이다.
　• 기린은 키가 큰 동물이다. → 기린은 키가 크다.
　• John은 잘생긴 소년이다. → John은 잘생겼다.
　• 야구는 인기 있는 스포츠다. → 야구는 인기 있다.

Pattern Practice　　　　　　p. 172
❶ is healthy　　　　❷ is small
❸ are big　　　　　❹ is beautiful
❺ is nice

해석
❶ 그는 건강한 아기이다. → 그 아기는 건강하다.
❷ 그녀는 작은 얼굴을 가지고 있다. → 그녀의 얼굴은 작다.
❸ 코끼리는 큰 동물이다. → 코끼리는 크다.
❹ 그녀는 아름다운 소녀이다. → 그녀는 아름답다.
❺ 이것은 멋진 자동차이다. → 이 자동차는 멋지다.

예문 해석
2 • 저 멋진 차를 봐.
　• Jane은 부지런한 학생이다.
　• 우리 할머니는 작은 마을에 사신다.
　• 한 예쁜 소녀가 어제 나를 방문했었다.

Pattern Practice　　　　　　p. 173
1 ❶ animal　　　　　❷ house
　❸ something

2 ❶ 설탕 한 스푼　　　❷ 의미 없는 이야기
　❸ 이기적인 행동

해석
1 ❶ 호랑이는 큰 동물이다.
　❷ 그녀는 큰 집에 산다.
　❸ 나는 차가운 뭔가를 마시고 싶다.

B 형용사의 다양한 쓰임

예문 해석
1 (1) • David는 만화책을 많이 가지고 있다.
　　　• 지난 겨울에 눈이 많이 왔다.

　(2) • 그녀는 아기를 위해 우유를 약간 샀다.
　　　• 나는 어제 책 몇 권을 샀다.
　　　• 나는 어제 아무 책도 사지 않았다.
　　　• 너는 어제 책 좀 샀니?
　　　• 아이스크림 더 먹을래요?

　(3) • 나는 역사에 대한 책을 몇 권 가지고 있다.
　　　• 나는 어제 우유를 조금 샀다.

　(4) • 도로에 차가 거의 없다.
　　　• 오늘은 비 올 확률이 거의 없다.

Pattern Practice　　　　　　p. 174
❶ much books → many books
❷ some milk → any milk
❸ a few book → a few books
❹ a few milk → a little milk
❺ many comic book → many comic books

해석
❶ David는 과학에 대한 많은 책을 가지고 있다.
❷ 나는 어제 우유를 조금도 사지 않았다.
❸ 그는 음악에 대한 책을 몇 권 가지고 있다.
❹ 그녀는 내일 우유를 조금 살 것이다.
❺ 그는 자기 방에 만화책을 많이 가지고 있다.

예문 해석
2 • 그는 피곤해지고 있다.
　• Jane은 슬퍼 보인다.
　• 이 우유는 상한 냄새가 난다.

3 • 부자들이 항상 행복한 것은 아니다.
　• 우리는 가난한 사람들을 무시해서는 안 된다.
　• 젊은이들은 노인들을 존경해야 한다.
　• 이 택시는 장애인용이다.

Pattern Practice　　　　　　p. 175
1 ❶ happily → happy　　❷ greatly → great
　❸ badly → bad

2 ❶ John은 항상 약자를 돕는다.
　❷ 의사들이 부상자들을 치료했다.
　❸ 젊은이들은 패션에 민감하다

해석

1 ❶ Jane은 행복해 보인다.
　❷ 그 이야기는 멋지게 들린다.
　❸ 이 빵은 안 좋은 냄새가 난다.

GRAMMAR PRACTICE

p. 176

A 1 beautiful　　　　2 much
　3 any　　　　　　4 a few
　5 happy　　　　　6 have

B 1 the homeless　　2 a few
　3 any　　　　　　4 some
　5 the sick [sick people]

C 1 something new　　2 much [a lot of] fruit
　3 a little juice　　　4 look sad
　5 The rich have

해석

A

1 한 아름다운 소녀가 어제 너에게 전화했다.
2 지난 여름에 비가 많이 오지 않았다.
3 어제 엽서를 좀 샀니?
4 나는 컴퓨터 게임을 몇 개 가지고 있다.
5 John은 아주 행복해 보인다.
6 부자들은 돈을 많이 가지고 있다.

C

1 그녀는 뭔가 새로운 것을 원한다.
2 John은 과일을 많이 먹지 않는다.
3 그녀는 가게에서 주스를 조금 샀다.
4 너는 오늘 슬퍼 보인다.
5 부자들은 비싼 자동차를 가지고 있다.

SENTENCE WRITING PRACTICE

p. 177

A 1 Soccer is a very popular sport.
　2 I want to drink something hot.
　3 Mary has a lot of dolls.
　4 I bought some apples at the store.
　5 Police took the injured to the hospital.

B 1 She is a pretty girl.
　2 People always want something new.
　3 He is very careless.
　4 He has few friends to play with.
　5 There is little milk in the glass.
　6 You look happy today.
　7 They give free meals to the homeless.

UNIT 25 부사

A 부사의 역할 및 형태

예문 해석

1 • John은 큰 소리로 말한다.
　• Jane은 춤을 잘 춘다.
　• 그 야구선수는 키가 아주 크다.
　• 나는 지금 정말로 행복하다.
　• 도와주셔서 정말로 감사합니다.
　• 그녀는 수영을 아주 잘 한다.
　• 보통, David는 집에서 저녁을 먹는다.
　• 다행히, 그가 경기에서 이겼다.

Pattern Practice

p. 179

1 ❶ drive　　　　　❷ beautifully
　❸ handsome

2 ❶ 형용사　　　　❷ 부사
　❸ 부사

해석

1 ❶ 비가 올 때는 주의 깊게 운전을 해야 한다.
　❷ 들어봐! Jane이 바이올린을 아주 아름답게 연주하고 있어.
　❸ 그는 아주 잘생긴 사람이다.

2 ❶ 그는 빠른 달리는 사람이다. (그는 달리기가 빠르다.)
　❷ 그는 빠르게 달린다.
　❸ 그녀는 지금 정말로 행복하다.

B 부사의 위치

예문 해석

1 • John은 풀장에서 빠르게 수영한다.
　• 그녀는 정말로 아름답다.
　• 나는 그녀를 아주 많이 좋아한다.
　• 불행하게도, 그녀는 암으로 죽었다.
　• 나는 최근에 그녀를 보지 못했다.

2 • Jane은 항상 다른 사람들에게 친절하다.
　• David는 가끔 학교에 늦는다.
　• Jane은 항상 아침에 일찍 일어난다.
　• David는 아침에 절대 일찍 일어나지 않는다.
　• Jane은 가끔씩 TV를 볼 수 있다.
　• David는 학교에 절대 늦지 않을 것이다.

Pattern Practice

p. 180

1 ❶ Jane can speak English well. (부사의 위치: 문장 끝)
　❷ David is a very clever boy. (부사의 위치: 형용사 앞)
　❸ Usually, I bring my lunch box. (부사의 위치: 문장 맨 앞)

2 ❶ always is → is always
　❷ goes usually → usually goes
　❸ may be sometimes → may sometimes be

해석

1 ❶ Jane은 영어를 잘 말할 수 있다.
　❷ David는 아주 영리한 소년이다.
　❸ 보통, 나는 점심 도시락을 싸가지고 다닌다.

2 ❶ 그녀는 항상 가난한 사람들에게 친절하다.
　❷ 그는 보통 학교에 일찍 간다.
　❸ 그녀는 가끔 학교에 늦을지도 모른다.

GRAMMAR PRACTICE

 p. 181

A 1 well　　　　　　2 carefully
　3 happily　　　　 4 slowly
　5 badly

B 1 Unfortunately　 2 very hot
　3 slowly　　　　　4 fast
　5 well

C 1 speak English well　2 always looks happy
　3 is never late　　　 4 can sometimes watch
　5 can often play

해석
A
1 Mary는 중국어를 잘 말할 수 있다.
2 도로가 미끄럽다. 나는 주의해서 운전해야 한다.
3 그 아이는 행복하게 노래하고 있다.
4 그녀는 느리게 달린다.
5 아이들이 나쁘게 행동한다.

B
3 David는 느리게 말한다.
4 Mary는 빠르게 달린다.
5 그녀는 요리를 잘 한다.

C
1 David는 영어를 잘 말할 수 있다.
2 그녀는 항상 행복해 보인다.
3 그는 학교에 절대 늦지 않는다.
4 너는 가끔 TV를 볼 수 있다.
5 너는 자주 컴퓨터 게임을 할 수 있다.

SENTENCE WRITING PRACTICE

p. 182

A 1 The basketball player is very tall.
　2 Fortunately, he passed the exam.
　3 He is sometimes late for work.
　4 I will never be late for school.
　5 She is really happy now.

B 1 I can swim very fast.
　2 He always gets up early in the morning.
　3 She is always kind to children.
　4 I will never forget the promise.
　5 I will never see her again.
　6 Unfortunately, he didn't pass the exam.
　7 He jumped up high from the ground.

Chapter REVIEW TEST

p. 183

A 1 some　　　　　　2 great
　3 a few　　　　　　4 fast
　5 is always　　　　 6 something new

B 1 The poor has → The poor have
　2 special something → something special
　3 some → any
　4 a few book → a few books
　5 never will swim → will never swim
　6 visits often → often visits
　7 very good → very well

C 1 The weather is getting hot.
　2 I want to drink something warm.
　3 He jumped very high.
　4 Unfortunately, he died of lung cancer.
　5 I have few books on science.

D 1 The young should respect the old.
　2 I didn't buy any bread yesterday.
　3 John is often late for meetings.
　4 You should drive carefully.
　5 He is always polite to teachers.
　6 I often play basketball on Sunday.
　7 I sometimes go shopping with my mom.

E 1 He has few books on music.
　2 She drinks little milk.
　3 She is sometimes rude to her brother.
　4 He never studies English on Sundays.
　5 I want something special
　6 She is often late for appointments.
　7 He always plays tennis in the morning.

해석
A 1 엄마는 나를 위해 과자를 조금 사셨다.
　2 그것은 대단한 것처럼 들린다.
　3 Jane은 몇 명의 친구가 있다.
　4 치타는 매우 빠르게 달릴 수 있다.
　5 David는 항상 낯선 사람들에게 친절하다
　6 나는 뭔가 새로운 것을 원한다.

B 1 가난한 사람들은 돈이 거의 없다.
　2 Jane은 항상 뭔가 특별한 것을 원한다.
　3 그녀는 어제 우유를 조금 샀니?
　4 나는 공상과학 책을 조금 가지고 있다.
　5 나는 바다에서 다시는 수영하지 않을 것이다.
　6 David는 자주 할머니, 할아버지를 방문한다. .
　7 그녀는 노래를 아주 잘 한다.

CHAPTER 14

비교

UNIT 26 비교급과 최상급

A 규칙 변화

Pattern Practice p. 186

❶ bigger – biggest
❷ busier – busiest
❸ crazier – craziest
❹ lazier – laziest
❺ fatter – fattest

B 불규칙 변화

Pattern Practice p. 187

1 ❶ more dangerous – most dangerous
  ❷ more powerful – most powerful
  ❸ more expensive – most expensive

2 ❶ more, less   ❷ worse   ❸ the best

GRAMMAR PRACTICE p. 188

A 1 bigger   2 the biggest
  3 funnier   4 more comfortable
  5 more slowly   6 worse

B 1 Jane is the smartest student in our class.
  2 You have to eat less, and exercise more.
  3 Summer is hotter than spring.
  4 I am happier than any other person.
  5 Seoul is larger [bigger] than Busan.

C 1 lazier than   2 more beautiful than
  3 more loudly than   4 stronger than
  5 busier than

해석
A
1 코끼리는 사자보다 크다.
2 John은 우리 반에서 덩치가 가장 큰 소년이다.
3 그의 이야기는 내 이야기보다 재미있다.
4 이 의자는 저 의자보다 편안하다.
5 거북이는 토끼보다 더 느리게 움직인다.
6 그 문제는 내가 생각했던 것보다 더 안 좋았다.

C
1 Jane은 David보다 게으르다.
2 Mary는 Jane보다 아름답다.

3 그 선생님은 다른 선생님들보다 더 크게 말한다.
4 나는 그보다 힘이 세다.
5 그녀는 항상 다른 학생들보다 더 바쁘다.

SENTENCE WRITING PRACTICE p. 189

A 1 He is older than me.
  2 Jane is the thinnest student in our class.
  3 Seoul is the largest city in Korea.
  4 Mary is more diligent than Jane.
  5 Mathematics is more difficult than English.

B 1 Health is more important than money.
  2 You should [have to] exercise more.
  3 I am happier than you.
  4 Elephants run more slowly than lions.
  5 Lions are more dangerous than lions.
  6 English is easier than science.
  7 Jane is smarter than John.

UNIT 27 원급 · 비교급 · 최상급

A 원급 비교[동등 비교] 용법

예문 해석
1 • 나는 너만큼 나이 들었어.
  • John은 David만큼 키가 크다.
  • Jane은 Mary만큼 수다스럽다.
  • 나는 그만큼 열심히 공부했다.
  • 나는 너만큼 영어 말하기를 잘 할 수 있다.

2 • 나는 너만큼 나이가 많지 않다. → 너는 나보다 나이가 많다.
  • John은 David만큼 키가 크지 않다. → David는 John보다 더 크다.
  • 나는 너만큼 바쁘지 않다. → 너는 나보다 더 바쁘다.
  • 나는 그만큼 열심히 공부하지 않았다. → 그는 나보다 더 열심히 공부했다.
  • 그녀는 나만큼 빠르게 달리지 못한다. → 나는 그녀보다 더 빠르게 달릴 수 있다.

Pattern Practice p. 190

1 ❶ as tall as   ❷ as fast as
  ❸ as big as

2 ❶ David is stronger than John.
  ❷ Lions are bigger than cats.
  ❸ Mary is busier than Jane.

해석
1 ❶ 그는 나만큼 키가 크다.
  ❷ Jane은 Mary만큼 빠르게 일할 수 있다.
  ❸ 사과는 오렌지만큼 크다.

2 ❶ John은 David만큼 강하지 않다. → David는 John보다 강하다.
  ❷ 고양이는 사자만큼 크지 않다. → 사자는 고양이보다 크다.
  ❸ Jane은 Mary만큼 바쁘지 않다. → Mary는 Jane보다 바쁘다.

40

B 비교급의 용법

예문 해석

1 • 나는 너보다 나이가 더 많다.
  • John은 David보다 키가 크다.
  • 우리 학교는 너희 학교보다 크다.
  • Jane은 나보다 그 일을 더 빨리 끝냈다.
  • 나는 그보다 더 열심히 공부했다.
  • 그녀는 나보다 더 빠르게 달릴 수 있다.
  • 나는 너보다 영어 말하기를 더 잘 할 수 있다.

2 • 그는 키가 매우 크다.
  • 그는 키가 나보다 훨씬 더 크다.
  • 그녀는 영어 말하기를 매우 잘 할 수 있다.
  • 그녀는 나보다 영어 말하기를 훨씬 더 잘 할 수 있다.

Pattern Practice
p. 191

1 ❶ older than   ❷ bigger than
  ❸ more thoughtful than

2 ❶ much [a lot, far, even] older
  ❷ very well
  ❸ much [a lot, far, even] sweeter

해석

1 ❶ 그녀는 너만큼 나이가 많다.
  ❷ 사자는 고양이보다 더 크다.
  ❸ Jane은 Mary보다 더 사려깊다.

2 ❶ 그녀는 나보다 나이가 훨씬 더 많다.
  ❷ 나는 영어 말하기를 매우 잘 할 수 있다.
  ❸ 꿀은 설탕보다 훨씬 더 달다.

C 최상급의 용법

예문 해석

1 • 그는 한국에서 키가 가장 큰 사람이다.
  • 나는 우리 가족에서 가장 어리다.
  • 우리 학교는 서울에서 가장 크다.
  • Jane은 우리 반에서 가장 수다스럽다.
  • 그는 세계에서 가장 빠르게 달릴 수 있다.
  • 그녀는 우리 반에서 영어 말하기를 가장 잘 할 수 있다.

2 • 그는 모든 학생들 중에서 가장 키가 크다.
  • 그녀는 네 명 중에서 가장 아름답다.
  • 치타는 모든 동물들 중에서 가장 빠르게 달린다.
  • 겨울은 사계절 중에서 가장 춥다.
  • 고래는 포유동물 중에서 가장 크다.
  • John은 식구들 중에서 가장 일찍 일어난다.
  • 어제는 일년 중에서 가장 더운 날이었다.
  • 너의 인생에서 가장 행복한 날은 언제였니?

Pattern Practice
p. 192

1 ❶ the most beautiful girl in
  ❷ the youngest in
  ❸ the smartest student in

2 ❶ the smartest of   ❷ the strongest of
  ❸ the hardest of

해석

1 ❶ Jane은 우리 반에서 가장 아름다운 소녀이다.
  ❷ David는 가족에서 가장 어리다.
  ❸ 그녀는 우리 학교에서 가장 똑똑한 학생이다.

2 ❶ 그녀는 모든 학생들 중에서 가장 똑똑하다.
  ❷ 그는 식구들 중에서 가장 힘이 세다.
  ❸ Jane은 동료들 중에서 가장 열심히 일한다.

GRAMMAR PRACTICE
p. 193

A 1 strong   2 pretty
  3 taller   4 clever
  5 tallest   6 most popular

B 1 He is three years older than me.
  2 Jane is much taller than Mary.
  3 I am the shortest in my family.
  4 Summer is the hottest of all four seasons.
  5 Mary is the cleverest of her family members.

C 1 as old as   2 the oldest in
  3 much smarter than   4 the oldest in
  5 the happiest moment 6 the best movie

해석

A

1 나는 그만큼 강하다.
2 Jane은 Mary만큼 예쁘다.
3 John은 David 보다 크지 않다.
4 그녀는 그만큼 영리하지 않다.
5 그는 우리 반에서 가장 키가 크다.
6 그녀는 우리 학교에서 가장 인기 있는 여자애다.

C

1 그는 보기만큼 나이가 많지 않다.
2 네가 가족에서 가장 나이가 많니?
3 Jane은 Mary보다 훨씬 더 똑똑하다.
4 그녀는 가족에서 가장 나이가 많다.
5 너의 인생에서 가장 행복한 순간이 언제였니?
6 네가 본 영화 중에서 가장 좋은 영화는 뭐니?

SENTENCE WRITING PRACTICE
 p. 194

A 1 I can run as fast as you.
  2 I am as busy as you.
  3 He spent less money than you.
  4 He is much stronger than me.
  5 Bill Gates was the richest man in the world.

B 1 Health is as important as money.
  2 Health is more important than money.
  3 Health is the most important thing of [in] our lives.
  4 Jane is much smarter than Mary.
  5 Can you type faster than me?
  6 What is the longest river in the world?
  7 This hotel is the cheapest hotel in Seoul.

Chapter REVIEW TEST

p. 195

A 1 more famous   2 more important
3 strong   4 taller
5 much   6 in

B 1 bigger, biggest
2 worse, worst
3 more difficult, most difficult
4 happier, happiest
5 less, least
6 more slowly, most slowly
7 more interesting, most interesting
8 more famous, most famous

C 1 the larger city → the largest city
2 sadest → saddest
3 very richer → much richer
4 as larger as → as large as
5 high than → higher than
6 more well → better
7 good → well

D 1 Honey is as sweet as sugar.
2 Yesterday was worse than today.
3 This winter is not as [so] cold as last winter.
4 I think swimming is more interesting than running.

E 1 There's plenty of food. You can have as much as you want.
2 Today is the hottest day of the year.
3 Jeju-do is the biggest island in Korea.
4 Jane is much smarter than John.

F 1 You have to exercise more to lose your weight.
2 Jane is not as [so] lazy as Mary.
3 She can speak English much better than him.
4 What is the highest mountain in the world?
5 Who is the richest person in the world?

해석
A 1 그는 형보다 더 유명하다.
2 건강이 명성보다 더 중요하다.
3 나는 슈퍼맨만큼 강하다.
4 그녀는 나보다 키가 더 크다.
5 Jane은 나보다 훨씬 더 나이가 많다.
6 그는 한국에서 가장 키가 큰 사람이다.

C 1 캐나다에서 가장 큰 도시는 어디인가?
2 너의 인생에서 가장 슬픈 순간이 언제였니?
3 그녀는 그보다 훨씬 더 부자이다.
4 유럽은 아시아만큼 크지 않다.
5 산은 언덕보다 높다.
6 Jane은 Mary보다 영어 말하기를 더 잘 할 수 있다.

CHAPTER 15

전치사

UNIT 28 전치사의 종류

A 시간의 전치사

예문 해석
2 • 나는 두 시간 동안 영어를 공부했다.
• John은 방학 동안에 미국을 방문했다.
• 너는 9시까지 집에 돌아와야 한다.
• David는 그녀를 9시까지 (계속) 기다렸다.

Pattern Practice   p. 198
① in   ② on
③ at   ④ for
⑤ during

해석
① 나는 봄에 태어났다.
② Jane은 12월 28일에 결혼했다.
③ 내일 5시에 만나자.
④ 그는 영어를 세 시간 동안 공부했다.
⑤ 그녀는 방학 동안에 중국을 방문했다.

B 장소의 전치사

Pattern Practice   p. 199
① on   ② along
③ under   ④ in front of

해석
① 그는 5층에 산다.
② 그는 강을 따라서 매일 3마일 달리기를 한다.
③ John은 나무 아래서 잠을 자고 있다.
④ 나는 그 건물 앞에서 그를 만날 것이다.

GRAMMAR PRACTICE

p. 200

A 1 at   2 on
3 on   4 in
5 at   6 over
7 at

B 1 David studied English for three hours.
2 He fell asleep during the movie.
3 Jane has to finish her homework by 10.
4 I will study English until 10.
5 Korea is between China and Japan.

42

1 this morning 2 in September
3 at 11 o'clock 4 in 1945
5 on the third floor 6 at the door
7 in front of

해석
A
1 나는 보통 8시에 학교에 간다.
2 John은 일요일에 컴퓨터 게임을 할 수 있다.
3 나는 생일에 파티를 열 것이다.
4 내 여자친구는 3월에 태어났다.
5 나는 가게에서 사과를 약간 샀다.
6 강 위에 다리가 하나 있다.
7 그는 회의에서 연설을 했다.

C
1 그녀는 오늘 아침에 일찍 일어났다.
2 Jane은 9월에 태어났다.
3 그는 보통 11시에 잠자리에 든다.
4 2차 세계대전은 1945년에 끝났다.
5 Mary는 이 건물의 3층에 산다.
6 나의 아버지가 문에 서 계시다.
7 은행 앞에 가게가 하나 있다.

SENTENCE WRITING PRACTICE

p. 201

A 1 The game starts at noon.
2 We first met on April third.
3 We are living in the 21st century.
4 She studied music in America for three years.
5 He worked hard during his life.

B 1 Jane will leave [is leaving] next Saturday.
2 I have to finish this report by Friday.
3 I will wait for you until 10.
4 She lives in New York.
5 Where is John? – He is at home.
6 There is a bridge across the river.
7 The picture on the wall is very nice.

UNIT 29 전치사의 목적어와 역할

A 전치사의 목적어

예문 해석
1 • David가 문에 서 있다.
• 그녀는 가게에서 주스 한 병을 샀다.
• 우리는 비 때문에 여행을 취소했다.
• 그는 연필로 편지를 썼다.
• 우리는 중국에 비행기로 갈 것이다.
• 그는 서울에 산다.
• Jane은 캐나다에 갔다.
• 나는 뉴욕에 갈 것이다.
• 학생들이 한국어를 공부한다.

• 그들은 물을 찾고 있다.
• 우리는 공기 없이 살 수 없다.
• 과거에는 소금이 돈으로 사용되었다.
• 우리는 쌀로 여러 가지 종류의 음식을 만들 수 있다.
• 운동은 건강에 좋다.
• 사람들은 사랑 없이는 살 수 없다.

Pattern Practice

p. 202

❶ the library ❷ Florida
❸ water ❹ water

해석
❶ Jane은 도서관에 갔다.
❷ 나는 작년에 플로리다에 갔다.
❸ 사람들은 물 없이 살 수 없다.
❹ 그들은 물을 찾고 있다.

예문 해석
2 • 너는 어디서 나를 기다리고 있었니?
• 나는 그녀와 함께 공원에 갈 것이다.
• 그와 그녀 사이에 테이블이 하나 있다.
• 한 어린이가 그들 뒤에 서 있다.
• 너는 이 음식을 우리를 위해 샀니?

3 • 도와주셔서 감사합니다.
• 나는 게으른 것이 부끄럽다.
• 그녀는 혼자서 나가는 것을 두려워한다.
• 오늘 밤 외식 하는 게 어때?
• 그는 기타 치는 데 관심이 있다.
• 나는 정직한 것에 자부심을 느낀다.

Pattern Practice

p. 203

❶ her
❷ him
❸ them
❹ accepting my invitation
❺ playing baseball
❻ going to a movie this weekend

해석
❶ 너는 이 케이크를 그녀를 위해 샀니?
❷ 그녀는 그를 기다리고 있다.
❸ 나는 그들과 함께 거기에 갈 것이다.
❹ 제 초대에 응해 주셔서 감사합니다.
❺ 그녀는 야구 하는 데 관심이 있다.
❻ 이번 주말에 영화 보러 가는 게 어때?

B 전치사의 역할

예문 해석
1 • 나무 아래 있는 그 개는 아주 귀엽다.
• 테이블 위에 있는 휴대전화는 내 것이다.
• Jane은 미국에서 온 학생이다.
• 너는 고양이를 데리고 있는 저 여자를 아니?
• 나뭇가지 위에 저 새를 좀 봐라.

2 • 그들은 두 시간 동안 야구를 했다.
• 그들은 극장에 도착했다.
• Jane은 일요일마다 교회에 간다.
• 나는 어제 11시에 그녀를 만났다.
• 그는 운동장에서 축구를 했다.

43

Pattern Practice
p. 204

❶ a girlfriend ❷ The man
❸ the girl ❹ arrived
❺ walks ❻ go

해석
❶ 그는 캐나다 출신의 여자 친구가 있다.
❷ 벤치에 앉아 있는 사람은 우리 삼촌이다.
❸ 나는 금발머리의 소녀를 알고 있다.
❹ David는 어제 공항에 도착했다.
❺ Jane은 학교에 걸어간다.
❻ 나는 토요일에 비행기로 런던에 갈 것이다.

GRAMMAR PRACTICE
p. 205

A 1 December 2 the party
3 your help 4 him
5 being a teacher 6 inviting me

B 1 The digital camera 2 a student
3 The woman 4 goes
5 played 6 met

C 1 with her 2 for helping
3 in playing 4 between him and her
5 for her 6 of being

해석
A
1 그녀는 12월에 태어났다.
2 John은 파티에서 그의 여자친구를 만났다.
3 나는 너의 도움 없이 성공할 수 없다.
4 나는 여기서 그를 기다릴 것이다
5 Mary는 선생님이 된 것에 대해 자랑스러워한다.
6 나를 초대해 주셔서 감사합니다.

B
1 책상 위에 있는 디지털 카메라는 Jane의 것이다.
2 그녀는 중국에서 온 학생이다.
3 벤치에 앉아 있는 여자는 우리 할머니이다.
4 그는 매일 학교에 간다.
5 그들은 코트에서 테니스를 쳤다.
6 John은 그녀를 7시에 만났다.

C
1 나는 그녀와 함께 은행에 갈 것이다.
2 그녀를 도와주셔서 감사합니다.
3 Jane은 바이올린 연주하는 데 관심이 있다.
4 그와 그녀 사이에 공이 하나 있다.
5 나는 그녀를 위해 이 책을 샀다.
6 그녀는 게으른 것에 대해 부끄러워한다.

SENTENCE WRITING PRACTICE

p. 206

A 1 She lives in Busan now.
2 He went to the park with me.
3 Thank you for coming.
4 How about going out tonight?
5 We played baseball for three hours.

B 1 I know the girl under the tree.
2 The man in the car is my uncle.
3 John played soccer with his friends for two hours.
4 I met her at the restaurant yesterday.
5 Look at the kites in the sky.
6 Jane knows the teacher in the classroom.
7 David is a student from Australia.

Chapter REVIEW TEST
p. 207

A 1 in 2 on
3 by 4 in
5 along 6 at

B 1 during 2 between
3 to 4 in
5 in [under] 6 at

C 1 with he → with him
2 for help → for helping
3 on summer → in (the) summer
4 on his party → at his party
5 by 10 → until 10
6 at every night → every night

D 1 I always go to school with her.
2 How about playing computer games together?
3 He is studying in the library.
4 John was in the hospital during summer vacation.
5 The road runs along the river.
6 Daegu lies between Daejeon and Busan.
7 Exercise is good for health.
8 A child is standing behind the car.

E 1 We can't live without water.
2 She is afraid of driving a car.
3 Look at the frogs in the pond.
4 We will have a big party on Christmas day.
5 He lives on the fifth floor of this building.

해석
A 1 나는 1994년에 태어났다.
2 금요일에 만나자.
3 나는 10시까지 숙제를 끝낼 것이다.
4 그는 19세기에 살았다.
5 그는 일요일마다 강을 따라 달린다.
6 Jane은 항상 아침 7시에 일어난다.

B 1 나는 여름방학 동안에 중국에 갈 것이다.
2 고양이 한 마리가 테이블과 의자 사이에 있다.
3 John은 작년에 음악을 공부하러 이탈리아에 갔다.
4 Jane은 사고로 다쳤다. 그녀는 지금 병원에 있다.
5 많은 종류의 물고기가 바다(속)에 산다.
6 내가 그녀를 10시에 공항에서 태워 오겠다.

C 1 Jane은 그와 함께 공원에 갔다.
2 제 동생을 도와주셔서 감사합니다.
3 그녀는 여름에 태어났다.
4 우리는 그의 파티에서 즐거운 시간을 가졌다.
5 나는 그녀를 10시까지 기다릴 것이다.
6 그는 매일 밤 부모님께 전화를 드린다.

주요 불규칙 동사 변화표

원형	과거	과거분사
be	was / were	been
begin	began	begun
break	broke	broken
bring	brought	brought
buy	bought	bought
catch	caught	caught
come	came	come
cut	cut	cut
do	did	done
draw	drew	drawn
drink	drank	drunk
drive	drove	driven
eat	ate	eaten
fall	fell	fallen
feel	felt	felt
find	found	found
fly	flew	flown
get	got	got(ten)
give	gave	given
go	went	gone
have	had	had
hear	heard	heard
keep	kept	kept
know	knew	known
leave	left	left
lose	lost	lost
make	made	made
meet	met	met
pay	paid	paid
put	put	put
read	read	read
ride	rode	ridden
run	ran	run
say	said	said
see	saw	seen
sell	sold	sold
send	sent	sent
sing	sang	sung
sit	sat	sat
sleep	slept	slept
speak	spoke	spoken
swim	swam	swum
take	took	taken
teach	taught	taught
tell	told	told
think	thought	thought
wake	woke	waken
write	wrote	written

원형	과거	과거분사
be		
begin		
break		
bring		
buy		
catch		
come		
cut		
do		
draw		
drink		
drive		
eat		
fall		
feel		
find		
fly		
get		
give		
go		
have		
hear		
keep		
know		
leave		
lose		
make		
meet		
pay		
put		
read		
ride		
run		
say		
see		
sell		
send		
sing		
sit		
sleep		
speak		
swim		
take		
teach		
tell		
think		
wake		
write		

탄탄한 영문법 실력으로 서술형 영작 문제부터 iBT 토플까지 대비!

iBT 고득점으로 가는

Grammar & Writing

2nd Edition

1

김민호·전진완 지음

정답 및 해석

DARAKWON